AF571537

LA LANGUE DU RÉCIT

Dans la même collection...

Pierre Anglade — *Inventaire étymologique des termes créoles des Caraïbes d'origine africaine*

Marc Arabyan — *Le paragraphe narratif : Etude typographique et linguistique de la ponctuation textuelle dans les récits classiques et modernes*

Elisabeth Bautier, — *Pratiques langagières, pratiques sociales : De la sociolinguistique à la sociologie du langage*

Fabienne Cuzin-Berche — *Le management par les mots : Etude sociolinguistique de la néologie*

Jacqueline Dahlem — *Nouvelle-Calédonie, Pays kanak : Un récit, deux histoires*

Nathalie Dubleumortier — *Glossolalie : Discours de la croyance dans un culte pentecôtiste*

Claude Fintz (éd.) — *La didactique du français dans l'enseignement supérieur : Bricolage ou rénovation ?*

Roselyne Koren — *Les enjeux éthiques de l'écriture de presse et la mise en mots du terrorisme*

Christian Lagarde — *Conflits de langues, conflits de groupes : Les immigrés espagnols du Roussillon*

Daniel Laumesfeld — *La Lorraine francique : Mosaïque culturelle et disssidence linguistique*

Fabienne Leconte — *La famille et les langues : Une étude sociolinguistique de la deuxième génération de l'immigration africaine dans l'agglomération rouennaise*

Christian March — *Le discours des mères martiniquaises : Diglossie et créolité, un point de vue sociolinguistique*

Dawn Marley — *Parler catalan à Perpignan*

Anne Méténier — *Le Black American English : Etude lexicologique et sémantique*

Pascal Singy — *L'image du français en Suisse romande : Une étude sociolinguistique en Pays de Vaud*

André Wlodarczyk — *Politesse et personne : Le japonais face aux langues occidentales*

ISBN : 2-7384-6937-X

« s é m a n t i q u e s »
sous la direction de Marc Arabyan

René Rivara

LA LANGUE DU RÉCIT

INTRODUCTION À LA NARRATOLOGIE ÉNONCIATIVE

L'Harmattan
5-7, rue de l'Ecole-Polytechnique
F - 75005 PARIS – FRANCE

L'Harmattan Inc.
55, rue Saint-Jacques
MONTRÉAL (Qc) - CANADA H2Y 1K9

Il faut, par un effort d'esprit, se transporter dans les personnages, et non les attirer à soi.

Flaubert,
Correspondance Conard,
5e série, p. 257.

Le travail sur la forme dans le roman revêt dès lors une importance de premier plan.

Michel Butor,
Répertoire,
p. 8.

Avant-propos

À l'exception du discours indirect libre qui, à toutes les époques, pouvait difficilement passer inaperçu, les ressources que la langue offre à la littérature n'ont guère attiré l'attention des critiques avant le milieu du XXe siècle. C'est seulement dans les années 1950 que la linguistique, qui fut un certain temps considérée comme la science pilote dans les sciences humaines, commença à susciter des études littéraires qui y cherchaient des instruments d'analyse nouveaux. Encore faut-il préciser que c'est surtout en tant qu'elle était d'inspiration structuraliste que la linguistique a attiré l'attention des spécialistes de littérature. Dans le domaine du roman et des récits en général, la recherche d'une *structure des récits* (qui inspirait déjà le célèbre ouvrage de V. Propp, *Morphologie du conte*), donna naissance à un courant de recherches qualifiées de « sémiotiques » ou de « structurales » dont les représentants les plus connus sont R. Barthes, A. Greimas, C. Brémond, T. Todorov, G. Genette. Ces recherches ont donné le jour à une nouvelle sous-discipline de la critique littéraire, la *narratologie*. Comme le dit à juste titre C. Brémond (1966, p. 60), ces études concernent en fait deux « secteurs » bien différents ; le premier est la recherche des « *lois qui régissent l'univers raconté* », c'est-à-dire des relations entre l'ensemble d'événements et d'« actants » qui donnent à un récit sa structure narrative et expliquent comment il évolue d'une situation initiale à une situation terminale. L'autre domaine concerne « *l'analyse des techniques de narration* » et traite de problèmes tels que les types de narrateur, la construction d'une dimension chronologique essentielle aux récits, la définition de ce qu'on appelait « point de vue », « regard », « perspective », etc., les procédés par lesquels un récit pouvait donner accès à ce qui est inaccessible à l'expérience humaine, la conscience d'autrui, celle des personnages mis en jeu par un narrateur qualifié d'« omniscient ».

Paradoxalement peut-être, c'est dans l'étude des techniques narratives que la linguistique a exercé le moins d'influence : l'étude de la « forme des récits », dont l'importance a été soulignée par M. Butor (1960), n'a presque rien retiré du recours aux méthodes et aux concepts de la linguistique structuraliste ni de la grammaire générative transformationnelle. Malgré le rôle majeur qu'ont joué ces deux approches théoriques dans le développement de la linguistique, l'une et l'autre avaient pour objet premier l'étude de la phrase, de ses unités constitutives et de leur agencement, et non pas les problèmes du récit. Ainsi s'explique par exemple le fait que, dans son *Discours du récit* (1972), Genette considère toujours, explicitement ou non, les faits grammaticaux comme secondaires.

ꕤ

Le présent travail a pour objet l'étude des techniques narratives, dont il tente de poser les bases en appliquant les enseignements de la linguistique énonciative. Il y est traité des problèmes du récit littéraire et de ceux de la fiction : on essaie en particulier de définir les propriétés générales (les « catégories ») par lesquelles on peut caractériser les différents types de récit. On pose des questions comme les suivantes, essentielles à l'analyse des récits : comment les ressources de la langue rendent-elles possible la construction d'une chronologie et le sentiment de la durée ? Quelle est la nature de la relation de l'auteur au public et du narrateur au lecteur ? Qu'est-ce qui régit l'emploi des temps dans le récit ? Quel est le rôle du discours rapporté dans la représentation de la conscience des personnages ? Quel statut doit-on donner à la fiction ou, en d'autres termes, qu'est-ce qui crée, dans la fiction, la « *suspension of disbelief* » des critiques anglo-saxons ? Peut-on définir le « point de vue » avec quelque précision ?

ଔ

Cet ouvrage est né de la constatation que ces problèmes n'ont pas reçu à ce jour de solution satisfaisante, comme en témoignent par exemple les discussions peu concluantes relatives à la nature exacte de la « focalisation », la façon d'appliquer sans réexamen à tous les textes la trop célèbre distinction récit / discours, la définition exacte du « monologue intérieur » et des moyens qu'il met en œuvre.

On se propose ici de poser les fondements d'une *narratologie énonciative* qui offre à la fois une théorie du récit et de la fiction et, plus concrètement, un ensemble cohérent de concepts explicatifs à tous ceux qui travaillent sur les œuvres littéraires narratives.

L'ouvrage, inspiré par la linguistique énonciative contemporaine, s'adresse d'abord aux spécialistes de littérature. Il a ainsi paru nécessaire, avant d'aborder l'analyse des récits, de présenter, aussi clairement que possible, sinon l'ensemble de la théorie linguistique utilisée, vaste entreprise non indispensable ici, et qui serait d'ailleurs prématurée, mais d'une part ses principes fondamentaux, d'autre part ses analyses des phénomènes linguistiques *qui touchent directement à l'énonciation littéraire*. Deux chapitres (le second et le troisième) sont ainsi consacrés uniquement à cette *introduction linguistique*. Ils n'apporteront rien, ou presque rien, aux linguistes énonciativistes. Destinés aux lecteurs littéraires, ils leur permettront, nous l'espérons, de lire facilement les chapitres suivants, munis d'une terminologie linguistique réduite à l'indispensable.

Les analyses narratologiques (où *concepts linguistiques* et *concepts narratologiques* sont soigneusement distingués) s'appuient régulièrement sur des extraits d'œuvres narratives *françaises ou anglaises* (auxquelles il faut ajouter un passage de *Crime et Châtiment* de Dostoïevski). Ces extraits, plus ou moins longs et plus ou moins longuement commentés, sont tirés d'une cinquantaine de romans ou nouvelles dont les éditions figurent à la bibliographie. Les extraits anglais sont traduits en note. Pour l'extrait de *Crime et Châtiment*, on a travaillé sur une traduction, après avoir vérifié qu'elle ne masque aucune des propriétés narratologiques étudiées.

Les œuvres citées vont du XVIIe au XXe siècle, ce qui nous a amené à proposer parfois de brèves remarques de caractère historique. Il doit être entendu cependant que le point de vue de l'ouvrage est fondamentalement *théorique*. Quant au choix des œuvres citées, il pourra paraître arbitraire, mais il a été dicté par le souci d'illustrer le mieux possible les phénomènes narratologiques.

Cette étude sera particulièrement utile d'abord au premier et au second cycles des Universités dans le cursus de littérature française et d'études de langues étrangères, et, plus encore, à la préparation des concours de l'Éducation Nationale qui comportent des épreuves écrites et orales où l'on attend des candidats une compétence solide dans l'analyse technique des textes.

ɞ

Conformément à la pratique des linguistes, une phrase considérée comme agrammaticale est précédée d'un astérisque ; une phrase de grammaticalité incertaine est précédée d'un point d'interrogation.

1

Les problèmes fondamentaux de la narratologie

1.1. Problèmes hérités de l'Antiquité, notions de *mimesis* et *diegesis*

On considère, à juste titre, que la narratologie, en tant que discipline autonome, ne date guère que d'un siècle. Ce sont les écrits d'Henry James, à la fin du XIXe siècle, qui ont attiré l'attention des critiques sur les formes multiples que peut prendre un récit, et sur le fait que les modalités des récits littéraires – de loin les plus complexes – résultent de choix faits par les romanciers et ne représentent pas une sorte de vêtement relativement peu important, ou même arbitraire, pour une substance du récit qui serait seule digne d'une étude littéraire.

Les Anciens, notamment Platon et Aristote, ont soulevé certains problèmes que pose le récit littéraire, mais sans établir, comme nous le faisons aujourd'hui, de relation privilégiée entre la narration et les genres narratifs. C'est dans le cadre général de la poétique, et notamment de leurs commentaires d'Homère, qu'ils ont distingué des types de récit (deux essentiellement), et ont marqué leur préférence pour l'un ou l'autre. Ainsi, il ne saurait être question de parler d'une narratologie antique : bien que la narration soit une partie obligée du discours éloquent, les procédés narratifs n'ont jamais attiré leur attention comme l'ont fait les techniques rhétoriques qui, on le sait, ont été abondamment analysées, souvent d'ailleurs, dans une perspective utilitaire, comme constitutives de l'art des orateurs, avocats et hommes politiques.

Un des problèmes de la narratologie est posé par Platon au chapitre III de la *République* (1950, p. 943-951) à propos des œuvres littéraires en général. S'interrogeant sur la manière dont le poète doit « dire les choses », Platon oppose les œuvres où l'auteur parle toujours en son nom propre et *expose* l'histoire (*diegesis*) et celles où il suit un principe d'*imitation*, et donne la parole à un personnage, essayant de nous donner l'impression que ce n'est pas lui qui parle. L'imitation (*mimesis*) s'oppose ainsi à l'exposition, ou récit (*diegesis*), où le poète raconte en son nom à la fois les événements qui ont eu lieu et les paroles qui ont été prononcées par les acteurs de l'histoire. Platon fait remarquer que, quand le poète suit le principe d'imitation, et fait abstraction des événements pour ne conserver que les paroles prononcées, on obtient le genre dramatique (tragédie et comédie). Inversement, dans l'épopée, le poète peut raconter en son nom toute l'histoire, ou donner la parole aux personnages pour « imiter » les échanges conversationnels. Platon manifeste à l'égard de l'imitation une méfiance fondée sur des raisons d'ordre à la fois moral, philosophique et esthétique : la capacité d'imiter des hommes très différents entre eux et différents du poète lui-même lui paraît suspecte, et il conclut qu'il n'y a pas place dans la Cité pour des hommes capables de se diversifier et « d'imiter toutes choses ». C'est clairement le *récit pur* qui a sa préférence, en partie parce qu'il « a en vue la même harmonie et s'en tient à une seule ».

Il n'est pas très surprenant sans doute qu'Aristote, dans sa *Poétique* (1965, ch. 2) prenne un parti différent. Dès le début, il pose, sans le discuter, le principe que l'objet de l'art est l'*imitation* de la nature humaine, et seule l'intéressent en fait les distinctions à faire entre les *moyens* utilisés par cette imitation. Le contraste entre le récit, où seul parle le poète, et l'imitation, où il fait parler les personnages, est, on le voit, beaucoup moins fort que chez Platon : la narration est encore, chez Aristote, une manière d'imiter.

Bien qu'ils n'accordent que quelques pages à l'esthétique du récit, les deux philosophes évoquent néanmoins plusieurs problèmes qui gardent leur intérêt pour la narratologie moderne. Le premier concerne la place à donner aux *paroles* des personnages dans une narration : pour Platon, il y a « imitation » lorsque le poète feint de ne plus parler en son nom, c'est-à-dire, pour lui, lorsque le héros semble s'adresser directement au lecteur. L'exemple qu'il donne du procédé d'imitation (la prière de Chrysis à Agamemnon, au début de l'*Iliade*) donne à penser qu'il ne peut s'agir dans ce cas que de la citation en discours direct, reproduction littérale d'un monologue ou d'un dialogue. D'où la question qui se pose encore à nous : comment et pourquoi un narrateur nous donne-t-il un accès direct aux *paroles* d'un personnage ? À l'époque moderne, la question a été élargie à la reproduction des *pensées* des personnages, et ce second problème est l'un de ceux qui ne sont pas encore résolus par les analystes du récit : « monologue intérieur », « discours indirect libre » sont des termes qui font encore l'objet de discussions.

Enfin, le terme même d'*imitation* soulève inévitablement de vastes problèmes qui ne relèvent pas de la seule narratologie. On retiendra seulement que, pour Platon, le poète « n'imite » au sens propre que quand il feint de se retirer pour *faire parler ses héros* (technique narrative qui n'a pas sa préférence). Appliquée au problème narratologique de la représentation des discours (et des pensées) des personnages, cette conception suffit à poser clairement la question des différents modes de reproduction des discours et pensées des acteurs d'une histoire, de leurs propriétés et de l'intérêt littéraire de chacun d'eux.

1.2. Problèmes récents

1.2.1. Les trois sens du mot « récit » : histoire, narration, récit

Le mot de *narratologie* désigne habituellement, dans l'usage contemporain, l'étude des *modalités des récits* (qu'ils soient de fiction ou non) : emploi ou non-emploi du pronom de 1re personne et accessoirement de la 2e (pronoms du dialogue) ; emploi des temps du passé ou des temps présents ou liés au présent (« present perfect » anglais, présent perfectif français, futur) ; expression d'un « point de vue » unique (narrateur ou personnage privilégié) ou, au contraire, des points de vue de personnages divers, etc. Il s'agit donc d'une étude de la *forme des récits*, ce qui exclut les travaux auxquels l'ouvrage célèbre de Propp, *Morphologie du conte*, a donné naissance, et qui analysent la structuration des récits et l'agencement des événements en termes d'« actants » et de « fonctions ». Ces recherches, illustrées notamment par les travaux de Greimas, C. Brémond et Todorov relèvent de ce qu'on pourrait nommer une « *narratologie du contenu* ».

La narratologie au sens le plus largement accepté maintenant traite donc de la forme des récits – ce qui nécessite que les différents sens du mot « récit » soient d'emblée nettement distingués.

Cette clarification est faite par Genette dans son *Discours du récit* (1972, p. 72) et elle peut être acceptée telle qu'elle est. Genette distingue trois sens du mot « récit » :

1. Le récit comme *objet* (le texte narratif, le discours qui relate les événements) ;
2. Le récit comme la série d'événements auxquels le texte donne une existence ;
3. Le récit comme l'*acte de narrer* pris en lui-même.

Reprenant cette distinction de Genette, j'utiliserai les mots suivants :

1. « *histoire* » (ou parfois « *diégèse* ») pour désigner le *contenu narratif* ;
2. « *récit* » pour désigner le *texte narratif* ;
3. « *narration* » pour désigner l'*acte producteur du récit*.

La « narration » – dont je montrerai qu'il faut la traiter comme une « énonciation », au sens de la linguistique contemporaine[1] –

---

1. J'entends par là la linguistique de l'énonciation, dont Benveniste peut être considéré comme le pionnier, et qui s'est développée, notamment en France, grâce en particulier aux travaux d'Antoine Culioli et de son école.

est elle-même une activité complexe : comme le dit Genette, il faut distinguer l'acte de Proust, l'auteur écrivant *La Recherche du temps perdu*, et l'acte de Marcel, le narrateur, racontant sa vie passée.

Nous ne disposons que du récit (du texte), qui seul nous informe d'une part sur l'histoire (le contenu narré), d'autre part sur la narration (l'acte créateur du récit), ou du moins sur les aspects pertinents de la narration, qui sont décelables grâce aux *traces* linguistiques et narratologiques qu'elle laisse dans le texte (emploi des pronoms, des temps verbaux, des déictiques en général, des termes « subjectifs »[2], etc.).

La narratologie ne saurait avoir pour objet le texte narratif pris en lui-même et seulement pour lui-même : vouloir en faire un objet clos, une structure fermée sur elle-même serait vouer son étude à l'échec (le terme d'« analyse des récits » peut en cela être trompeur. ; il ne sera utilisé ici, occasionnellement, que comme synonyme de « narratologie »). La narratologie porte au contraire sur les *relations* entre les trois objets définis plus haut, l'histoire, la narration, le récit.

L'étude des relations entre l'histoire et le récit narratif met en évidence, en particulier, les inévitables distorsions chronologiques qui visent à créer des temps forts dans l'histoire au détriment de périodes présentées comme pauvres en événements : le rythme de l'histoire et celui du récit ne sont jamais isochrones. C'est là le problème de la « *vitesse* » variable du récit rapporté à la vitesse de l'écoulement du temps « réel » de l'histoire. À ce problème de vitesse s'ajoute celui de l'*ordre* : les événements de l'histoire ne sont pas nécessairement rapportés dans l'ordre où ils ont lieu dans l'univers fictif de l'histoire : les « anachronies » (retours en arrière et anticipations) sont permises au narrateur, et remplissent une fonction littéraire.

L'étude des relations temporelles entre histoire et récit ne sera pas abordée ici, car je n'aurais guère, sur ce point, qu'à répéter ce

---

2. Je préciserai plus loin (chap. 2) la nature de ces éléments « évaluatifs » ou « affectifs », et le rôle qu'ils jouent dans l'expression du « point de vue ».

qui a été fort bien dit ailleurs : sous les rubriques « ordre », « durée » et « fréquence », Genette a analysé dans le détail le traitement du temps chez Proust (*Discours du récit*, 1972, p. 77-183). Je ne puis qu'y renvoyer le lecteur car, par delà l'œuvre de Proust (où le temps remplit naturellement une fonction littéraire majeure), l'analyse de Genette et les concepts qu'elle utilise sont applicables à tous les récits (sauf un certain nombre de romans expérimentaux) et elle a donc valeur d'essai de narratologie générale[3].

Si le traitement du temps (relation entre histoire et récit) est incontestablement une des *catégories* selon lesquelles les récits doivent être analysés et, peut-être, répertoriés, il n'en va pas de même des caractéristiques fondamentales des récits qui mettent en jeu la narration (l'énonciation narrative), et ses relations avec le récit. Des termes nombreux et divers ont été proposés pour définir et analyser ces autres catégories du récit : *instance narrative, types majeurs de récit, types de narrateurs, point de vue, perspective, focalisation, mode, distance* sont les plus répandus. Cette simple énumération, fort incomplète, suffit à indiquer (outre la multiplicité des études) qu'aucun consensus n'a été atteint dans ce domaine. Bien que la narratologie soit parfois considérée comme une discipline mineure, préoccupée de mécanismes grammaticaux sans mystère, tels que l'emploi des pronoms ou des temps verbaux, il faut bien reconnaître qu'elle est en fait une discipline bien vivante, dont la difficulté tient, pour une bonne part, au fait qu'elle est par nature liée à la fois au progrès des études littéraires et à ceux de la linguistique.

Heureusement (mais ce fait même pose des problèmes nouveaux en narratologie), la linguistique contemporaine a fait des progrès considérables depuis l'apogée du structuralisme vers le milieu du siècle. La grammaire générative transformationnelle, conçue et développée par Chomsky et ses disciples, a inspiré un nombre encore inégalé d'études portant sur le langage et sur des langues naturelles fort différentes. Néanmoins, malgré ses apports linguis-

---

3. Sur les problèmes du temps dans les récits, on peut lire également l'ouvrage de P. Ricœur, *Temps et récit*, Paris, Seuil, 1995.

tiques majeurs, elle n'a pas – sauf sur certains points particuliers – éclairé le phénomène de la narration (de l'énonciation narrative) : comme les théories qui l'ont précédée, elle reste, malgré l'ampleur de ses ambitions, une grammaire de la phrase, c'est-à-dire de l'objet fini, résultat d'opérations nombreuses et complexes, mais s'exerçant sur des séquences de symboles. Laissant dans l'ombre les conditions de la production du sens par les énoncés proférés en situation, ainsi que les règles qui régissent l'enchaînement des énoncés dans la construction d'un *discours* (narratif ou non), elle ne pouvait éclairer le phénomène complexe qu'est la narration. Elle ne pouvait donc pas proposer à la narratologie cette théorie de l'énonciation dont celle-ci ne peut se passer.

Genette a, en fait, aperçu cette carence de la linguistique des années 1970, et les difficultés dont souffrait la poétique à la même époque. On lit dans son *Discours du récit* (p. 226) :

> *On sait que la linguistique a mis quelque temps à entreprendre de rendre compte de ce que Benveniste a nommé la* subjectivité dans le langage, *c'est-à-dire de passer de l'analyse des énoncés à celle des rapports entre ces énoncés et leur instance productrice – ce que l'on nomme aujourd'hui leur* énonciation. *Il semble que la poétique éprouve une difficulté comparable à aborder l'instance productrice du discours narratif, instance à laquelle nous avons réservé le terme, parallèle, de* narration.

Ce passage, d'une importance théorique fondamentale en narratologie, ne comporte qu'une inexactitude : la difficulté qu'éprouve la poétique à aborder le phénomène de narration n'est pas simplement « comparable » aux lenteurs avec lesquelles la linguistique a entrepris l'étude de l'énonciation ; elle en est la conséquence directe, car la narration, activité productrice des récits, n'est rien d'autre qu'une énonciation d'un type particulier, l'énonciation narrative, caractérisée par une *situation d'énonciation* tout à fait spécifique, et par la mise en jeu d'un système *de contraintes et de pouvoirs* à l'intérieur duquel se meut le narrateur littéraire.

Ayant bien vu que la narratologie ne pouvait se passer des concepts de la linguistique, Genette et d'autres auteurs ont utilisé les ressources que la linguistique de l'époque pouvait leur offrir, et qui commençait à peine à esquisser une théorie de l'énonciation, avec des notions comme celles de déictiques, de relation d'interlocution, de types de discours tels que l'« histoire » et le « discours » définis dans un article célèbre de Benveniste (1966)[4].

Le présent ouvrage défend les deux thèses suivantes :

a. A l'exception du temps, catégorie narratologique portant sur la relation histoire - récit, les catégories de la narratologie (mode, voix, point de vue, etc.) ne peuvent être définies qu'après une analyse proprement linguistique de l'énonciation. Ce sera la tâche des deux prochains chapitres.

b. Les échecs et insuffisances de la narratologie contemporaine, la confusion qui entoure le terme de « focalisation », les efforts infructueux pour établir une typologie même sommaire des récits ne sont dus qu'à l'absence d'une linguistique énonciative indispensable à l'étude de la narration littéraire et qui, après les tout premiers articles de Benveniste, publiés en volumes en 1966, ne s'est vraiment fait connaître que dans les années 1980, et ne cesse de se développer à ce jour.

1.2.2 Deux grands types de récits : l'autobiographique et l'anonyme[5]

Les controverses, je l'ai dit, sont nombreuses parmi les théoriciens du récit littéraire, mais elles semblent souvent porter sur le sens à donner à des termes (tels « point de vue » ou « focalisation ») qui s'imposent apparemment à beaucoup, sinon à tous, mais sous lesquels on range des phénomènes différents.

---

4. Il importe de souligner d'une part que le mot « histoire » de Benveniste, strictement linguistique, n'a pas de rapport avec le concept que désigne ce mot en narratologie ; d'autre part que l'opposition histoire/discours proposée par l'article de Benveniste soulève des problèmes délicats en linguistique énonciative. Elle n'apparaît pas nécessairement comme une opposition entre deux *modes d'énonciation*, et encore moins comme une dichotomie. Nous reviendrons sur ce point.

5. Le terme de récit (narrateur) « anonyme » est employé par Danon-Boileau (1982), qui dit « explicite » là où nous disons « autobiographique ».

La distinction entre les récits « en 1re personne » et « en 3e personne » (ou « impersonnels ») est du moins un fait qui n'est guère discuté : il y a un contraste fondamental entre, par exemple, *l'Étranger* de Camus et le *David Copperfield* de Dickens d'une part et, d'autre part, *le Père Goriot* de Balzac ou *Point Counterpoint* de Huxley. Dans le premier cas, l'histoire est contée au lecteur par un narrateur qui se désigne par le pronom de 1re personne et, inévitablement, nous donne des événements une version qui est la sienne (sauf quand il rapporte les paroles d'un ou de plusieurs des personnages). La *forme* du récit peut alors être commodément qualifiée d'*autobiographique*, puisque le narrateur est censé nous raconter une histoire à laquelle il a pris part, et qui peut même être présentée comme *son* histoire, l'histoire de son enfance, de sa formation ou d'une période privilégiée de sa vie.

Dans le cas d'un récit « en 3e personne », personne, apparemment, ne s'adresse au lecteur. Pour reprendre une formule célèbre de Benveniste (1966, p. 241), « les événements semblent se raconter eux-mêmes ». C'est bien là, en effet, l'impression première qu'éprouve le lecteur, qui croit d'abord voir les événements se dérouler devant lui malgré l'emploi habituel des temps du passé. La formule doit pourtant être à la fois précisée et fortement nuancée. D'une part, selon Benveniste lui-même (et contrairement à l'énoncé hâtif selon lequel « personne ne parle ici »), il s'agit bien ici d'une *apparence* (d'où le verbe « semblent »). D'autre part, le mot « événements » appelle une clarification : il désigne apparemment non seulement les événements au sens usuel du terme, mais aussi les faits de conscience (sentiments, croyances, décisions, etc.) qui ont lieu dans l'esprit des personnages. Cette remarque suffit à soulever les problèmes délicats de l'*accès à la conscience des personnages*, qui seront évoqués plus bas sous le titre de « récits de pensées ».

C'est en partie de façon négative que l'on peut le mieux caractériser les récits en 3e personne : ils ne laissent pas apparaître de narrateur qui se désigne par *Je*[6]. Mais il importe d'ajouter que

6. Je reviendrai sur le cas marginal — mais il faut bien en rendre

les récits qu'il est commode d'appeler « anonymes » s'opposent aux récits autobiographiques par une propriété majeure, quoique non grammaticalement manifestée : ils ne sont pas limités à la vision unique du narrateur - personnage présent dans l'histoire. Le récit impersonnel possède ce *pouvoir* extraordinaire d'emmener librement le lecteur d'un lieu à l'autre, et de le transporter d'une époque à une autre sans recourir, explicitement ou non, à la mémoire ou à la faculté de prévision d'un narrateur - personnage. En un mot, *il nous déplace librement dans le temps et dans l'espace*. Il possède en outre le pouvoir, dont le roman du XXe siècle a usé abondamment, de donner au lecteur *accès à la conscience des personnages* ; si le « récit » ou la « description » des pensées et états d'âme des personnages sont chose fréquente dans les romans des siècles classiques (*La vie de Marianne* de Marivaux, *Manon Lescaut* de Prévost par exemple), on peut considérer comme l'innovation majeure du roman contemporain le recours systématique à la technique du « stream of consciousness » ou au « monologue intérieur », qui nous mettent en contact direct avec la vie intérieure des personnages : W. Faulkner, J. Joyce, V. Woolf sont probablement les romanciers dont l'œuvre illustre particulièrement bien ce pouvoir d'« imitation » au sens strict (platonicien) de la parole intérieure des personnages.

Ces pouvoirs dont est pourvu le narrateur « anonyme » le distinguent radicalement du narrateur « autobiographique », dont la vision est celle d'un personnage plongé dans l'histoire qu'il raconte, quelle que soit l'importance, très variable, du rôle qu'il y joue.

Même si la notion de narration anonyme appelle une clarification, il apparaît inévitable d'attribuer à la distinction « 1re personne » / « 3e personne » une importance majeure, et d'en faire, au moins provisoirement, un des critères essentiels dans l'ébauche d'une typologie des récits.

---

compte — où le pronom de 1re personne apparaît dans un roman anonyme. Cet usage est sensiblement plus fréquent dans les romans des siècles classiques qu'à l'époque moderne. Le *Tom Jones* de Fielding et le *Roman comique* de Scarron en sont des exemples.

1.2.3. Les instances narratives

Le processus par lequel une œuvre de fiction, née de l'imagination d'un écrivain, va finalement être lue par un lecteur individuel est beaucoup plus complexe que tout acte de communication entre deux personnes, qu'il s'agisse d'une lettre personnelle (qui n'implique que deux participants) ou même d'un ouvrage de caractère scientifique. Ce fait a obligé les théoriciens du récit littéraire à poser le concept d'« instance narrative », généralement accepté aujourd'hui – mais qui suscite encore certaines divergences.

Une série de termes désignent les *instances* (dont seuls *l'auteur* et *le lecteur* particulier sont des êtres humains de chair et d'os) grâce auxquelles on peut analyser le parcours que suit le texte narratif depuis sa conception jusqu'à sa lecture.

La notion d'*écrivain* doit être immédiatement écartée de la liste de ces instances narratives : « écrivain » dénote un rapport à des institutions littéraires et le mot n'implique aucune relation à la fiction en général, ni à une œuvre de fiction particulière.

Auteur, en revanche, doit être considéré comme la première instance assumant une des fonctions mises en jeu par la production d'un texte narratif de fiction. Il est d'abord « celui qui imagine »[7], mais cette fonction implique qu'il reste extérieur à l'univers qu'il crée, et donc n'est pas, *stricto sensu*, concerné par l'analyse des récits. Il est bien connu, cependant, que – notamment dans les *commentaires* que l'on trouve dans certains romans – affleurent des considérations, souvent morales, ou esthétiques, ou techniques qui, n'étant visiblement pas dues au narrateur, doivent être considérées comme des *interventions* de l'auteur dans son œuvre. Une conception peut-être trop rigide de la narratologie conduit à voir dans ces « intrusions » de l'auteur des manquements au code narratif auquel tout récit est censé se conformer. Le *Je* qui apparaît dans une œuvre de fiction ne peut pas, cependant, renvoyer à

---

7. Cordesse (1986), utilisant le modèle de Greimas (1979), pose, pour décrire la production du texte de fiction, les fonctions suivantes : la *fiction* (qui imagine ?), l'*écriture* (qui écrit ?), la *narration* (qui raconte ?), l'*action* (qui agit ?), la *focalisation* (qui voit ?).

l'auteur : celui-ci ne peut se désigner que dans le *paratexte* (dédicaces, préfaces, postfaces, introductions au récit de fiction, qui accompagnaient souvent les œuvres littéraires des siècles classiques, et n'ont pas entièrement disparu à l'époque contemporaine).

Le *narrateur* est une instance fondamentale et complexe de la production des récits de fiction. Personne ne peut sérieusement nier la nécessité de distinguer ces deux types de narrateurs : le *narrateur autobiographique* qui connaît l'histoire pour l'avoir vécue et se désigne nécessairement par le pronom de 1re personne, plus ou moins fréquemment selon l'importance du rôle qu'il a joué ; l'autre type de narrateur, que j'ai appelé *anonyme* (plutôt qu'« omniscient »), est au contraire absent de l'histoire, et décrit l'univers du récit de fiction de l'extérieur, sans que le lecteur puisse jamais le situer précisément ou se le représenter. Sa relation au monde fictif du récit rappelle celle d'un démiurge, maître de l'univers du récit, qu'il constitue et qu'il a le pouvoir de révéler de la manière et au moment qu'il choisit.

Le narrateur anonyme n'est rien d'autre que l'historien d'événements fictifs : il a dans l'histoire qu'il raconte, un statut narratologique proche de celui de l'historien dans le récit des faits réels dont il a connaissance grâce à des sources et documents divers jugés authentiques. L'accès aux consciences individuelles est évidemment le privilège du seul narrateur anonyme de la fiction.

Il est donc impossible de manifester un scepticisme quelconque à l'encontre du concept de narrateur anonyme sans critiquer de la même façon le statut de l'historien et sa relation aux événements qu'il rapporte : l'opposition fiction / histoire suffit à rendre compte de la différence qui les sépare. Le mariage résigné d'Eugénie Grandet a la même « réalité », dans le monde fictif du roman de Balzac, que le mariage politique de Napoléon avec Marie-Louise d'Autriche dans le monde réel. Les modalités narratologiques et linguistiques sont les mêmes dans les deux cas, et on doit admettre une fonction de narrateur dans les deux types de texte[8].

Il est clair que le narrateur – qu'il soit autobiographique ou anonyme – n'est pas un être de chair et d'os, mais bien ce qu'on a appelé une « instance narrative » ; c'est un être *abstrait* pourvu d'une conscience : c'est l'auteur *en tant qu'il assume la fonction de narrer une histoire* selon des modalités qu'il choisit, et *délègue* au narrateur ainsi construit les pouvoirs et les caractéristiques narratologiques de l'une ou l'autre espèce de narrateur : Balzac est l'auteur, mais non le narrateur d'*Eugénie Grandet*, de même que Camus est l'auteur, mais non le narrateur de *La Peste*.

Si le concept de narrateur anonyme mérite une étude détaillée, celui de narrateur autobiographique, d'autre part, appelle, semble-t-il, une distinction entre *deux instances narratives*. Cette distinction est, au moins apparemment, rendue nécessaire par la nature même des textes narratifs, quels qu'ils soient : ils sont écrits par un narrateur qui, pour pouvoir raconter une histoire – vraie ou fictive – doit inévitablement la connaître au moment où il écrit, ce qui est une raison de l'emploi presque universel des temps du passé dans la narration. Le prétérit en anglais, le passé simple et l'imparfait en français sont les temps de base du récit. Si l'on admet que l'objet de la narratologie est de mettre au jour les *lois* de la narration, l'emploi des temps du passé est certainement l'une d'elles, qui n'a guère été violée que dans certains romans expérimentaux modernes, tels *La Modification* de M. Butor[9].

---

8. J'ai indiqué plus haut le caractère malencontreux de la phrase — probablement hâtive — de Benveniste dans l'article déjà cité (1966, p. 241), « Personne ne parle ici », phrase insuffisamment corrigée par la suivante : « les événements semblent se raconter eux-mêmes ».

9. Le cas de *L'étranger* de Camus, écrit au passé composé, est exceptionnel. Remarquable à plusieurs égards, ce roman doit être considéré comme expérimental. À l'époque contemporaine, on trouve dans la littérature française des récits au passé composé, tels ceux de Ph. Djian, Le Clézio, S. de Beauvoir. En anglais, en revanche, le présent perfectif qui n'est nullement un équivalent exact du passé composé, et qui, notamment, est incompatible avec une date, ne peut en aucun cas être le

Le fait que le narrateur soit censé connaître, dès la première ligne, l'histoire qu'il va raconter ne pose pas de problème narratologique dans le cas du récit anonyme, où le narrateur désincarné ne saurait prendre forme humaine : il ne peut se décrire ni se nommer (bien que, surtout dans les romans des siècles classiques, il se désigne parfois par *Je* ou *nous*). Son savoir n'est pas celui d'un être humain, d'où le qualificatif d'« omniscient » qu'on lui attribue. En revanche, le narrateur autobiographique, qui raconte une histoire vécue, même s'il y joue un rôle mineur, a le pouvoir de parler de lui-même au moment de l'histoire qu'il choisit, et la fin de cette histoire peut coïncider avec le moment où il écrit. Même s'il en va autrement (comme dans un roman de formation), ou si la fin de l'histoire n'est pas située explicitement par rapport au moment de la narration, le narrateur autobiographique a le pouvoir de parler de ce qu'il est devenu, et de se comparer à ce qu'il était dans le passé.

Il peut aussi comparer entre elles deux époques de sa vie passée, pouvoir que lui donnent les souvenirs qu'il est censé en avoir conservés. Un exemple de ce survol du passé nous est fourni dès la première page du roman de J. Braine, *Room at the Top* (1957), où le héros, arrivant dans une ville inconnue où il fera son éducation sentimentale et sociale, s'interroge sur l'impression simplement acceptable que va produire sa tenue vestimentaire ; Braine écrit alors :

> *Later I learned, among other things, never to buy cheap raincoats... and not to have my clothes match too exactly in shade and colour.*[10]

Le narrateur qui s'exprime dans ces quelques lignes n'est visiblement pas le Joe Lampton dont nous est racontée l'arrivée à Warley, mais *un autre* Joe Lampton plus expérimenté, et qui connaît des réalités que le jeune voyageur ignorait. On voit donc se dédoubler le narrateur du récit autobiographique : d'un côté, le

---

temps de base d'un récit.

10. « J'appris plus tard, entre autres choses, à ne jamais acheter d'imperméables bon marché... et à ne pas porter de vêtements de couleurs et de tons trop exactement assortis ».

« *narrateur - personnage* » dont la vie, les aventures, les sentiments, l'activité nous sont contés et qui fait partie intégrante de la « diégèse » (l'histoire). De l'autre, le « *narrateur-narrant* », qui sait tout de sa propre histoire, et même éventuellement de ce qui s'est passé entre la fin de l'histoire et le moment où il écrit, et qui a le *pouvoir* d'intervenir dans le récit de son passé, muni des connaissances acquises après la période de sa vie qu'il raconte. Ce fait proprement narratologique – qui n'est pas rare dans les récits en 1re personne – a parfois conduit à distinguer du narrateur - personnage ce « narrateur-narrant » ou « *scripteur* » – termes qui indiquent suffisamment la fonction qu'il remplit dans le récit autobiographique.

Le problème narratologique posé par la distinction du scripteur et du personnage est celui du statut de ces deux « instances », et même du sens exact qu'il faut donner à ce terme d'instance dans l'analyse des récits. Qu'il y ait des différences de « point de vue » (d'opinions, de savoir) et, souvent, d'âge, entre le « narrant » et le « narré » a paru incompatible avec le fait que le pronom *Je* les désigne l'un et l'autre[11]. Nous nous demanderons plus loin si cet emploi narratif du pronom de 1re personne diffère ou non de celui qu'il a dans le discours quotidien, dans le but d'élucider, si possible, la relation entre les deux « instances » dont il s'agit.

1.2.4. « Récit d'événements », « récit de paroles » et « récit de pensées »

Les événements racontés dans les œuvres de fiction, si divers qu'ils puissent être, sont de la même nature que ceux dont les vies humaines sont remplies. Seuls, sans doute, devraient être mis à part ceux qui peuplent les récits de science-fiction, et qui, d'une certaine façon, pourraient être qualifiés de « doublement fictifs ». La narration de ces événements pose d'abord le problème narratologique que j'appellerai la « *distance* » : un événement donné (une

11. Genette va jusqu'à en conclure (1972, p. 252) que la première personne est alors grammaticalement ambiguë. J'examinerai plus loin (cf. 4.2.2.) le comportement linguistique de ces deux types d'occurrences du pronom *Je* dans les récits autobiographiques.

rencontre, un accident, un crime, etc.) peut être décrit avec plus ou moins de détails, c'est-à-dire qu'il est « vu » de plus ou moins loin. L'importance qui lui est donnée dans le texte répond naturellement à une intention littéraire : il s'agit parfois, mais pas nécessairement, de lui attribuer dans l'histoire, donc dans l'œuvre, une importance grossièrement proportionnelle à la longueur du texte qui lui est consacré. Ainsi, le meurtre du frère de Manon Lescaut par un inconnu nous est-il raconté en cinq lignes par des Grieux (*Histoire du Chevalier Des Grieux et de Manon Lescaux*, 1972, p. 133). C'est qu'il n'a pas, dans l'histoire du héros narrateur, une importance bien grande.

Les « récits d'événements » posent, de façon générale, le problème de ce que j'appellerai le « *point de vue* », terme souvent utilisé dans des sens divers et concurrencé par d'autres, notamment celui de « focalisation » qui, défini dès le départ de façons différentes, a suscité d'innombrables controverses et interprétations divergentes sans jamais conduire à une clarification véritable des problèmes fondamentaux de la narratologie[12].

La multiplicité des emplois qui ont été faits du mot « point de vue », et celle de termes concurrents définis parfois de façon peu rigoureuse (« perspective », « mode », « aspect », « restriction de champ », « focalisation ») obligent à donner des définitions claires pour chacun des termes qui seront employés.

« *Point de vue* », en narratologie comme dans l'usage commun du mot, signifie « une façon de voir (un ou plusieurs événements) propre à un sujet humain ». L'utilité des termes « point de vue » et « façon de voir » est démontrée par le fait bien connu qu'un même événement, observé par plusieurs témoins, donne généralement lieu à des descriptions différentes : chacun des témoins va exprimer son « point de vue ».

La narration d'un événement est sans doute toujours l'expression d'un certain point de vue, qui peut être plus ou moins forte-

12. Selon la définition que l'on donne du « point de vue », la « distance » pourra ou non être considérée comme un des aspects de la catégorie narrative du « point de vue » (sur ce point, voir le chapitre 4).

ment marqué mais qui, d'une façon ou d'une autre, est toujours présent, et manifeste une *subjectivité*. Ainsi, le point de vue selon lequel, dans *La Chartreuse de Parme*, la bataille de Waterloo est perçue par Fabrice del Dongo se caractérise par l'intérêt passionné de Fabrice pour la bataille, et par le fait que, contrairement à ses espoirs, il n'en a qu'une perception fragmentée.

La nature exacte du « point de vue » et ses moyens d'expression, ainsi que sa relation aux autres catégories du récit devront être analysés tout d'abord dans le cas, apparemment le plus simple, des « récits d'événements ».

Il est habituel d'opposer le récit d'événements au « *récit de paroles* », qui désigne presque toujours deux ordres de réalités distincts : d'une part, les discours effectivement prononcés par les acteurs du récit (notamment les dialogues), d'autre part les pensées qui habitent la conscience de ces mêmes acteurs, et que l'on doit considérer comme un discours intérieur. La langue nous offre en effet les mêmes ressources pour retranscrire les paroles et les pensées : la citation en « discours direct », le discours indirect « classique » et le discours indirect libre[13].

La reproduction des paroles prononcées pose des problèmes spécifiques, en particulier celui de la *fidélité* plus ou moins grande de leur restitution par le récit. Celle-ci met en jeu le choix de l'un des procédés linguistiques énumérés, dont seule la citation en discours direct offre, en première apparence, une image strictement exacte des discours rapportés : la reproduction littérale de ces paroles réalise l'*imitation* la plus parfaite possible dans un texte de fiction.

Toutefois, malgré sa spécificité, le récit de paroles ressemble d'une certaine façon au récit d'événements : les discours effectivement prononcés (mis à part les monologues, qui supposent la solitude du personnage), sont perçus par le ou les destinataires, ainsi que par les simples témoins. En ce sens, le récit de paroles pose les mêmes problèmes que le récit d'événements ; il s'agit dans

---

13. Ces phénomènes, d'importance capitale en narratologie, seront décrits en détail au chapitre 3.

les deux cas de narrer des faits observables, accessibles au même type de narrateur : soit un narrateur - personnage (héros de l'histoire ou simple témoin), soit un narrateur anonyme qui, libre de se mouvoir dans le temps et l'espace, peut raconter une scène quelconque comme s'il y avait assisté.

☙

Du point de vue narratologique, la retranscription des pensées attribuées aux personnages pose des problèmes différents et plus complexes. De plus, certains procédés linguistiques (notamment le discours indirect libre) sont essentiellement utilisés pour la transcription des pensées, bien que, contrairement à ce qui a parfois été écrit, ils soient également aptes à la reproduction des paroles. À côté des notions usuelles de « récits d'événements » et « récits de paroles », on posera donc une troisième catégorie, qui soulève sans doute les problèmes les plus délicats de la narratologie : le « *récit de pensées* ». Ce mot désignera tous les textes narratifs qui, de façon littérale ou non, viseront à reproduire l'activité mentale d'un personnage.

Les récits de pensée se distinguent des autres récits par le fait fondamental qu'ils mettent en contact *deux consciences* : celle d'un narrateur qui, d'une façon ou d'une autre, nous donne accès au monde intérieur d'un personnage, et celle du personnage lui-même. Il s'agit donc de l'expression d'un point de vue sur un autre point de vue qui, lui, n'a d'existence que dans l'esprit du personnage concerné, et *n'est pas directement accessible*. Le lecteur aura reconnu au passage le problème littéraire qui occupe tant d'œuvres majeures à l'époque moderne, et que visent à résoudre les techniques narratives abondamment discutées par les critiques : le « courant de conscience » (« flow of consciousness »), le monologue intérieur. Des études nombreuses traitent de cette question, ce qui s'explique aisément si l'on considère le fait que le récit de pensées pose à la fois les problèmes du récit d'événements (distance, point de vue), ceux du récit de paroles (degré de fidélité du type de retranscription, qui implique lui aussi une distance plus ou moins grande) et enfin ceux qui sont propres au récit de pensées (statut « épistémique » qu'il faut pouvoir attribuer au narrateur pour expliquer qu'il ait accès à la conscience des personnages). Les problèmes des récits de paroles et récits de pensées seront examinés plus loin ; on peut noter dès à présent que cette étude doit inévitablement rendre compte des ressources que la langue offre à la reproduction des paroles et des pensées : citation littérale, discours indirect « classique » (introduit par un verbe du type de *dire* ou *penser*), discours indirect libre[14] et enfin simple résumé des discours prononcés ou intérieurs.

1.3. Notions controversées et problèmes essentiels

1.3.1. Un terme séduisant et confus : la « focalisation »

Si plusieurs des termes analysés rapidement ci-dessus font l'objet d'un consensus assez large, il en va autrement d'une notion due à Genette (1972), qui présente la double particularité étonnante d'avoir connu un succès exceptionnel (aucun spécialiste de littérature ne l'ignore), et d'avoir engendré à la fois des critiques nombreuses, des efforts considérables de clarification et des tentatives de récupération multiples : c'est la notion de « focalisation ».

Beaucoup de ceux, chercheurs ou enseignants, qui s'occupent d'œuvres narratives, espèrent apparemment trouver dans la notion de focalisation un instrument d'analyse qui éclaire tel ou tel phénomène mais, le plus souvent, ils sont obligés de dire avec précaution dans quel sens ils prennent le mot, pour éviter le risque d'apporter plus de confusion que de lumière[15].

---

14. Malgré certains avis contraires, le discours indirect libre n'est pas une invention du XIXe siècle. Il a en fait toute une histoire, retracée par M. Lips (1926), qui montre en particulier qu'il n'était pas inconnu en ancien français et que, contrairement aux autres grands écrivains du XVIIe siècle, La Fontaine y a fréquemment recours, aussi bien dans les *Contes* que dans les *Fables* (*op. cit.*, p. 117 sv.).

15. Cette situation si remarquable est celle de la narratologie française, dont Genette est assurément le représentant le plus connu. Mais les discussions concernant la « focalisation » ont, depuis longtemps, largement passé les frontières.

Le succès du mot « focalisation » est certainement dû pour une part à la référence à la photographie et au cinéma, référence justifiée par les analogies réelles entre le « regard » qu'une caméra d'une part, et un narrateur d'autre part promènent sur une scène filmée ou racontée. Ainsi, une caméra très mobile, difficile à situer dans l'espace, produit une impression très comparable à celle que peut donner une narration impersonnelle (« anonyme »), qui se meut elle aussi librement dans l'espace et le temps.

La notion de focalisation a souffert, dès son introduction par Genette (1972), d'avoir reçu au moins deux définitions différentes qu'on ne peut guère considérer comme équivalentes. Elle désigne un « mode de régulation de l'information narrative », et elle est en cela très proche du « point de vue », tel que j'ai tenté de le définir provisoirement plus haut (le fait que la bataille de Waterloo soit vue, dans *la Chartreuse de Parme*, par les yeux de Fabrice est ainsi un fait de « focalisation »). Mais le point de vue désigne une façon de voir les choses et les événements qui a des aspects à la fois *qualitatifs* et *quantitatifs* : un point de vue incorpore des perceptions, des opinions, des jugements de valeur et, d'autre part, une certaine quantité d'information sur les faits racontés. C'est la raison pour laquelle on a appelé « omniscient » le type de narrateur qui peut nous communiquer une information non limitée *a priori*. Ainsi, chez Genette (1983), la focalisation reçoit une deuxième définition, « *restriction de champ* », dont l'intérêt est de désigner des degrés de régulation de « l'information narrative », qui est, au moins virtuellement, maximale dans le cas de la narration anonyme, et minimale lorsqu'un récit est strictement limité au point de vue d'un seul personnage.

Si donc la focalisation désigne « la manière dont l'information narrative est fournie au lecteur », on ne peut qu'hésiter entre deux interprétations de la fonction ainsi exercée : il s'agit de l'*incarner* dans la vision d'un ou plusieurs individus (narrateur ou personnage), ou bien de *restreindre* ou d'*élargir*, selon le cas, le champ de la narration. Mais ces deux définitions ne sont pas équivalentes : selon la seconde, la fonction de focalisation est purement quantitative.

La focalisation est présentée par Genette (1972 et 1983) comme une catégorie majeure du récit, plus importante en fait que celle de la « *voix* », ou type de narrateur, au point que, d'une part, il estime possible de dresser une liste exhaustive des focalisations concevables, et d'autre part – entreprise particulièrement ambitieuse – de dresser un inventaire des types de récits où la focalisation représente le critère fondamental, plus important visiblement que le narrateur, qui n'est que rarement évoqué.

Ayant à la fois utilisé et critiqué les analyses de plusieurs de ses prédécesseurs, Genette propose une typologie à trois termes des faits de focalisation et donc des types de récit (1972, p. 206) :

a. Le récit *non focalisé* (ou à « *focalisation zéro* »), qui ne présente le point de vue d'aucun personnage particulier, et correspond à ce qu'on nomme couramment « récit à narrateur omniscient ».

b. Le récit à *focalisation interne*, qui présente le point de vue d'un personnage ; toutefois, cette focalisation interne peut être « fixe » (centrée sur un seul personnage, comme Strether dans *The Ambassadors*, de James), ou « variable » (comme dans *Madame Bovary*, où le « personnage focal » serait d'abord Charles Bovary, puis Emma, puis Charles à nouveau).

c. Le récit à *focalisation externe*, où le narrateur et le lecteur voient agir des personnages dont les pensées et motivations restent secrètes. Genette semble d'abord éprouver quelques difficultés à illustrer ce type de focalisation : il cite deux textes mineurs d'Hemingway (*The Killers* et *Hills like white elephants*), puis D. Hammett, pour indiquer finalement que la focalisation externe caractérise souvent, sinon des œuvres, du moins des passages, notamment de récits d'aventures (Dumas, Vercors) où un personnage reste longtemps énigmatique, pour enfin révéler son « vrai caractère » (comme Phileas Fogg dans *Le Tour du monde en 80 jours*)[16].

---

16. Le *Salammbô* de Flaubert aurait constitué, du point de vue de Genette, le meilleur exemple de « focalisation externe » maintenue d'un bout à l'autre d'une œuvre. La même remarque vaut pour la

Cette typologie, célèbre en France, mais bien connue aussi de nombreux auteurs étrangers, notamment anglo-saxons, a été très critiquée, et Genette a répondu à certaines de ces critiques dans son *Nouveau discours du récit* (1983). Une discussion détaillée de cette controverse n'aurait pas ici sa place. Il reste possible, en dernière analyse, de maintenir les critiques suivantes à l'encontre de la théorie de la focalisation :

a. La typologie de Genette est hétérogène. La focalisation, telle qu'elle est analysée, met en jeu d'un côté le sujet qui voit, d'un autre les objets qui sont vus. Les deux premiers types de focalisation (focalisation zéro et focalisation interne) s'opposent quand au *sujet* de la vision (désincarné et insaisissable dans le premier cas, propre à un personnage dans le second cas).

En revanche, la focalisation externe ne concerne que l'*objet* de la focalisation, qui est vu du dehors.

Cette critique, formulée par M. Bal (1981), est reprise et développée dans un article de P. Vitoux (1982). Elle conduit à distinguer d'abord la focalisation en tant qu'elle concerne le *regard* porté sur les objets du récit, c'est-à-dire le « focalisateur » (terme de M. Bal) : la focalisation zéro (sujet focalisateur indéfinissable) et la focalisation interne (focalisateur-personnage) s'opposent ici de façon binaire. En tant qu'elle concerne les *objets* du récit (y compris naturellement les personnages), la focalisation concerne le *focalisé*, qui peut être vu de l'extérieur (focalisation externe) ou accessible au regard du focalisateur (focalisation interne). Ici encore, nous sommes en présence d'une opposition binaire (entre deux types de focalisation-objet).

En conséquence, la notion de focalisation interne, ambiguë, éclate et donne naissance à deux notions : la « focalisa-

---

classification ternaire brièvement esquissée par Todorov (1967, p. 79-81), qui correspond à celle des trois focalisations de Genette : la « vision du dehors » de Todorov, qui n'est autre que la « focalisation externe » de Genette, est beaucoup plus rare que les autres, et Todorov ne l'illustre que par un passage du roman *The Glass Key* de D. Hammett.

tion interne sujet » (on a le point de vue d'un personnage) et la « focalisation interne objet » (les états de conscience d'un personnage sont vus et décrits – mais du point de vue d'un focalisateur extérieur).

b. La notion de focalisation interne de Genette, de par son ambiguïté fondamentale, appelle une autre critique : elle rend impossible une analyse exacte des textes auxquels elle est censée s'appliquer, ceux qui, d'une manière ou d'une autre, ont pour objet la représentation du monde intérieur des personnages. Dans un premier temps, Genette déclare qu'en focalisation interne, le lecteur est en position de *voir avec* le personnage (1972, p. 206 et *passim*) – dans les termes de M. Bal, on a alors une focalisation sujet. Il s'agit là de focalisation interne *au sens strict*, c'est-à-dire d'une « *vision avec* » le personnage. Genette précise non sans raison que cette situation n'est vraiment réalisée que dans les récits en *monologue intérieur*. Bien qu'il ne définisse jamais ce phénomène, on ne peut que souscrire à cette affirmation, à condition de l'assortir d'une définition correcte du monologue intérieur. Je montrerai plus loin qu'il faut entendre par là les textes dans lesquels le lecteur est mis en présence de sa pensée telle qu'elle est formulée dans sa conscience : *son discours intérieur nous est livré dans sa littéralité*. La langue fournit deux techniques pour parvenir à ce résultat : la citation en discours direct, et le discours indirect libre[17].

On regrette qu'ayant donné une définition stricte de la focalisation interne, Genette ait ensuite élargi cette notion à tous les textes relatifs à la conscience des personnages, de façon à inclure les descriptions et analyses, *faites de l'extérieur*, de la vie intérieure des personnages ; on passe à ce moment-là de la

17. Cette formulation comporte une légère approximation (sans inconvénient ici) pour ce qui est du discours indirect libre, dans lequel les marques de temps et les pronoms personnels ne sont pas ceux que « pense » le personnage. Le discours indirect libre sera analysé au chapitre suivant, pour lui-même et pour l'intérêt qu'il présente en narratologie.

focalisation sujet à la focalisation objet : le lecteur n'est plus au contact de la conscience du personnage ; celle-ci lui est décrite du point de vue du narrateur. Il devient alors impossible d'analyser les textes, et de distinguer le monologue intérieur de la simple analyse psychologique. Un passage de *l'Éducation sentimentale* (1985, p. 221) suffit à mettre en évidence cette incapacité de la « focalisation interne » au sens large à décrire exactement le texte, où le discours intérieur du héros, Frédéric Moreau, se mêle à des éléments de *récit* et d'*analyse psychologique* qui nous montrent Frédéric « de l'extérieur » et ne relèvent en rien du monologue intérieur (je sépare les fragments du texte pour faciliter la lecture) :

> *Frédéric, en se couchant, résuma la soirée.*
> → récit
> *D'abord, sa toilette..., depuis la coupe de l'habit jusqu'au nœud des escarpins, ne laissait rien à reprendre ; il avait parlé à des hommes considérables, avait vu de près des femmes riches, M. Dambreuse s'était montré excellent et Mme Dambreuse presque engageante.*
> → *(pensée de Frédéric)* monologue intérieur
> *Il pesa un à un ses moindres mots, ses regards, mille choses inanalysables et cependant expressives.*
> → analyse psychologique
> *Ce serait crânement beau d'avoir une pareille maîtresse. Pourquoi non, après tout ? Il en valait bien un autre ! Peut-être qu'elle n'était pas si difficile ?*
> → monologue intérieur

En conclusion, la notion de focalisation est ouverte aux critiques suivantes :

- Dans la première définition qui en est donnée, elle ne permet pas d'établir une typologie satisfaisante des textes, qui est une de ses ambitions majeures ;
- Prise dans sa deuxième acception (« restriction du champ »), elle n'a plus de contenu que quantitatif (quantité d'information), et se vide d'une partie de la substance du « point de

vue », qu'elle prétend remplacer ;

– La notion de « focalisation interne » (au sens large) ne permet pas de distinguer le monologue intérieur de l'analyse psychologique menée par le narrateur.

À ces critiques, il faut en ajouter une autre, qui concerne le fondement même de la « focalisation » comme catégorie autonome du récit.

1.3.2. Une distinction calamiteuse entre deux instances : « qui perçoit », « qui parle »

À condition de le définir correctement de façon à lui faire désigner ce qui a été ci-dessus appelé « point de vue » et sera précisé plus loin, le terme même de « focalisation » pourrait trouver sa place dans la théorie du récit. Son succès porte d'ailleurs à croire qu'il est, en lui-même, très séduisant.

Son défaut le plus grave est que, par sa conception même, cette notion rend incompréhensible *le fonctionnement de la narration* (au sens défini par Genette lui-même).

La caractéristique fondamentale de la focalisation est en effet d'être, non seulement une « catégorie » (une fonction) du récit, comme la distance (au sens défini ci-dessus) ou la maîtrise du temps : la focalisation devient une *instance narrative autonome* et, très précisément, une instance *distincte du narrateur*. Tel est le sens de la formule (trop) célèbre qui sépare le personnage dont le point de vue nous est fourni (celui qui *perçoit*) et le narrateur, celui qui *parle* (1972, p. 203).

En 1972, Genette présente cette séparation, qui lui paraît fondamentale, comme « presque universellement méconnue » (par ses prédécesseurs, Percy Lubbock, Georges Blin, Robert Pen Warren et Cleanth Brooks en particulier ; *op. cit.*, p. 203). En 1983, au contraire (p. 43), il la déclare « couramment admise » – et il est vrai que, en France notamment, elle avait acquis une réputation considérable, due en partie aux controverses qu'elle avait suscitées.

La focalisation de Genette est d'abord présentée comme *une fonction sans support*, je veux dire *sans instance narrative qui l'as-*

sure. Dans leurs essais de clarification, M. Bal et P. Vitoux (*op. cit.*), voulant sauver la notion, se voient contraints de distinguer une *focalisation* et un *focalisé*. Leur analyse clarifie effectivement la notion de focalisation, en la modifiant, et ouvre la voie à l'établissement d'une typologie cohérente des focalisations (cf. ci-dessus). Leurs études seraient en fait totalement convaincantes si elles donnaient un statut au focalisateur : il faudrait soit prouver qu'il est une *instance autonome*, soit montrer qu'il *s'identifie à une autre instance indiscutable*, le narrateur ou un personnage. Du moins établissent-elles clairement la nécessité de postuler un *auteur* de la focalisation (ou des différentes focalisations que l'on peut détecter dans un texte).

Or, précisément, dans *Nouveau discours du récit* (1983), Genette semble rejeter à la fois les notions de focalisateur et de focalisé, du moins s'ils doivent s'appliquer à un personnage. (Mais que dire d'un personnage dont un narrateur anonyme analyse les états d'âme, sinon qu'il est l'objet d'une focalisation, donc « focalisé » ?) Quant à « focalisateur », Genette déclare que, « *s'il s'appliquait à quelqu'un* », ce ne pourrait être qu'un narrateur, c'est-à-dire celui qui « focalise le récit ».

Je montrerai plus loin qu'en effet le phénomène narratologique qu'on appelle « focalisation » ou « point de vue » *ne peut être exercé que par un narrateur* (narrateur principal ou personnage qui a momentanément la parole). Malheureusement, cette remarque parfaitement juste, qui précisément donne un support à la fonction de focalisation, est formulée par Genette à l'irréel, et ne présente visiblement pour lui aucun intérêt véritable : la question est expédiée en cinq lignes.

La distinction initiale *qui perçoit ? / qui parle ?* n'est finalement pas rejetée, mais au contraire présentée par Genette en 1983 comme couramment admise. Rien d'essentiel n'a donc changé dans la théorie de la focalisation. Celle-ci présente désormais les deux inconvénients majeurs, qui doivent conduire à la faire rejeter pour sortir de la confusion régnante :

a. La théorie est contradictoire : la question *qui perçoit ?*, destinée à amener le terme même de focalisation (1972, p. 206) présuppose clairement une *instance* (auteur, narrateur, personnage...) qui assume la fonction en question. Elle présuppose un « focalisateur », qui possède, ou se voit déléguer par le narrateur le pouvoir d'exercer cette fonction.

Or, précisément, Genette (1983) refuse l'idée d'un focalisateur, aussi bien que d'un focalisé. Il laisse entendre que, tout bien considéré, *le récit se focalise lui-même*, à la manière dont, pour quelques auteurs, « l'histoire se raconte elle-même ».

b. L'idée même de distinguer, dans un récit, une instance « qui parle » (un narrateur ou un personnage) et une instance (différente de la première) « qui perçoit », c'est-à-dire qui voit ou qui sait tout ce qui est raconté dans le texte, et lui imprime son point de vue a véritablement de quoi surprendre. Le cas de figure le moins défavorable à cette curieuse distinction est celui où un narrateur de type anonyme nous dépeint l'univers intérieur d'un personnage : s'il utilise le discours indirect « classique », il ne reproduit pas fidèlement les pensées du personnage, et reste maître de ses formulations. En vertu de son statut de narrateur, il *sait* que le personnage a telle pensée ou éprouve tel sentiment, ou perçoit telle scène concrète. Mais ce n'est pas ce narrateur qui pense, qui ressent ou qui perçoit, et il ne saurait donc nous dire tout cela *avec les mots du personnage* : tout le monde (même Genette) reconnaît le caractère non littéralement fidèle du discours indirect ordinaire (introduit par un verbe tel que *penser*, *sentir*, etc.). Le personnage, dans ce cas, ne peut donc pas être « celui qui perçoit », pas plus qu'il n'est celui qui parle.

Si le narrateur veut effectivement nous présenter les perceptions, les pensées, les sentiments du personnage, et cela de façon littéralement exacte, il utilise, on le sait, la citation en discours direct : mais alors, précisément, le personnage est *à la fois* celui qui *perçoit* et celui qui *parle*. Il nous dit ce qu'il perçoit, et *comment* il le perçoit, c'est-à-dire qu'il nous fait part de son point de vue. *Il ne peut le faire que parce qu'il a la parole.*

Il en est de même si le narrateur utilise le discours indirect libre, à une différence près, non pertinente ici. Je montrerai plus loin de façon précise qu'en discours indirect libre, on « entend » essentiellement la « voix » ou du moins les « mots » du personnage cité.

Ainsi, la distinction fondamentale entre *qui perçoit* et *qui parle*, fondement de la focalisation comme fonction (à plus forte raison comme instance) autonome est totalement inacceptable. L'idée que les perceptions, les sentiments et les savoirs d'un être humain puissent être verbalisés par un être quelconque (un autre être humain, ou un être fictif construit par abstraction) paraîtrait également inacceptable à un psychologue de la cognition ou à un théoricien de la connaissance : il y a là une impossibilité qui existe dans les récits littéraires comme dans la vie quotidienne. Les êtres humains qui peuplent les univers de fiction ne sont pas, en cela, différents des êtres humains réels : les auteurs, sauf dans certains types d'œuvres bien particuliers[18], mettent en scène des personnages pourvus des mêmes facultés que les hommes réels.

1.3.3. L'objet et les problèmes de la narratologie

Ce survol, inévitablement trop lent pour les uns et trop rapide pour les autres, des concepts les plus utilisés dans l'analyse des récits de fiction avait pour but de poser les bases de la problématique narratologique. J'ai tenté de présenter aussi précisément que possible certains résultats, l'existence d'un certain nombre de propriétés définitoires, ou « catégories », des œuvres de fiction, qui méritent au moins d'être soumis à d'autres analyses, menées dans une optique nouvelle, qui n'a que peu inspiré les études faites jusqu'ici. J'essaierai d'utiliser les données les plus solides de la linguistique contemporaine (linguistique « énonciative » et « pragmatique ») pour éclairer la fonction de *narration* en

18. On peut en effet concevoir des romans de type fantastique ou merveilleux, où un personnage serait pourvu du pouvoir magique de voir directement dans la conscience des autres et de percevoir ce qu'ils perçoivent. J'admets que, dans un tel cas, on pourrait distinguer un homme « qui perçoit » et un homme (différent) « qui parle », mais ceci ne paraît pas suffisant pour légitimer la conception de la « focalisation » comme fonction générale autonome des récits de fiction.

la traitant comme un cas remarquable du phénomène langagier fondamental qu'est l'*énonciation*. Considérant que les propriétés du récit, notamment l'existence de types de narrateurs, d'instances narratives, et de points de vue reflétés par les textes ne peuvent être étudiées sans référence aux propriétés de la langue, je tenterai de montrer que la linguistique contemporaine peut renouveler certains au moins des problèmes de la narratologie, alors que les théories linguistiques de type structuraliste ou transformationniste ne pouvaient guère servir l'analyse des récits.

C'est donc par souci de clarification que j'ai été amené à mettre en évidence, à côté des acquis positifs des travaux existants, deux thèses qui ont apporté de la confusion dans les études narratologiques : d'une part la thèse d'une « focalisation », fonction dominante autonome à l'œuvre dans le récit et fondement essentiel d'une typologie des récits ; d'autre part la thèse qu'une fonction narrative (et notamment cette « focalisation ») peut s'exercer dans l'élaboration des récits comme par elle-même, sans qu'on ait à spécifier une instance narrative qui l'assure. Cette idée d'une histoire qui se focalise elle-même, ainsi que celle d'une histoire qui semble « se raconter elle-même » (Benveniste, *op. cit.*, p. 241), sont parfaitement inacceptables, comme plusieurs auteurs l'ont aperçu, sans en tirer toutes les conséquences.

ଓଃ

J'ai recensé jusqu'ici quatre catégories du récit de fiction, qui ont fait l'objet d'une définition au moins provisoire et qui, en première analyse, semblent devoir jouer un rôle essentiel dans la théorie du récit :

1. *Le temps*, minutieusement analysé par Genette (1972) et par Ricœur (1995), que je n'étudierai pas ici. Cette catégorie concerne les relations entre l'*histoire* et le *récit*, au sens défini. Elle recouvre trois sous-catégories : la *durée* (rapport entre la vitesse du récit et celle du temps de l'histoire) ; l'*ordre* (respect ou non-respect par le récit de l'ordre dans lequel les événements ont lieu) ; la *fréquence* (répétitions, annonces, rappels d'un événement lui-même unique ou récurrent).

2. Le type de *narrateur* : l'autobiographique et l'anonyme. Cette catégorie du récit concerne les relations entre la *narration* et le *récit* ; elle est également appelée « *voix* », terme particulièrement approprié lorsqu'il s'agit des problèmes du récit de paroles et de pensées : en discours rapporté il est crucial de déterminer si l'on « entend » la voix du narrateur ou du personnage ou un mélange des deux.

   Sur ce point en particulier, la linguistique de l'énonciation est un instrument d'analyse irremplaçable.

3. La *distance*. J'utiliserai ce terme pour évoquer le *champ* (plus ou moins vaste) couvert par un fragment donné de récit, c'est-à-dire dans le sens qu'il a dans le vocabulaire de la photographie ou du cinéma : un rapprochement du regard du narrateur produit un « gros plan », un éloignement procure une vision plus ou moins panoramique ou simplement lointaine.

   On a appelé *résumé* un passage bref qui survole soit un laps de temps important dans lequel il n'arrive rien d'important, soit des événements qui auraient pu être racontés en détail, mais qui sont réduits à leur plus simple expression. Inversement, un événement raconté dans toutes ses péripéties, qui occupera donc un certain nombre de pages, est ordinairement appelé une *scène*. Ce terme s'applique bien, par exemple, à une conversation rapportée intégralement.

   Le passage d'une scène à un résumé produit un effet d'*accélération du rythme* du récit. Ainsi, dans *La Chartreuse de Parme*, après avoir relaté en détail le premier contact de Fabrice avec une unité de l'armée impériale, le narrateur nous dit en trois lignes comment Fabrice fut envoyé en prison dans une ville voisine dont le nom n'est même pas précisé[19].

   J'examinerai plus loin les raisons que l'on peut avoir de considérer la distance (au sens indiqué) comme un aspect du *point de vue*.

---

19. « Et, quoi que pût dire Fabrice, [...], l'officier l'envoya à la prison de B***, petite ville du voisinage, où notre héros arriva sur les trois heures du matin, outré de fureur et mort de fatigue » (1948, p. 35).

4. Le *point de vue*. Tous les théoriciens du récit sont d'accord sur la présence dans les récits de fiction de phénomènes que, pour beaucoup, le terme de « point de vue » décrit assez bien. Bien que ces traits échappent à une définition rigoureuse et n'aient pas fait, à ma connaissance, l'objet d'une étude exhaustive, la plupart des critiques admettraient sans doute qu'ils manifestent la subjectivité du langage : dans un récit de fiction, la majorité des énoncés portent des marques de l'identité de l'instance responsable de l'énoncé, narrateur ou personnage. L'absence de termes clairement subjectifs (adjectifs appréciatifs, etc.) peut elle-même être considérée comme un fait de point de vue.

   Le « point de vue » caractérise rarement une œuvre entière. Si c'est le cas, il manifeste le regard du *narrateur primaire*. À l'inverse d'un personnage qui a momentanément la parole et qui est donc, pour un temps, « narrateur », le narrateur primaire est le gestionnaire de l'ensemble du récit ; c'est à lui que s'appliquent les termes d'*anonyme* et d'*autobiographique*.

Cette liste provisoire des catégories du récit étant dressée, le premier problème qui se pose est de l'évaluer, et de la modifier si une étude détaillée le suggère. Cette recherche ne peut qu'être accompagnée d'une interrogation théorique sans doute prématurée : sera-t-il possible de dresser un jour une liste strictement exhaustive des catégories de tous les récits, de façon que tout récit (ou fragment de récit) puisse être suffisamment caractérisé par l'énumération de ses propriétés narratologiques ?

Si l'on croit être parvenu à établir un répertoire au moins provisoirement satisfaisant, un autre problème se pose, lié au premier : quelles sont leurs relations ? Quelles contraintes pèsent sur leurs possibilités combinatoires ? Y a-t-il des catégories dominantes qui définissent de grands types de récits ? (On sait par exemple qu'il a été écrit que tous les récits sont « fondamentalement » en 1re personne).

Les deux questions précédentes se posent aussi à propos des romans expérimentaux : y a-t-il une liste exhaustive possible des modèles classiques de récits et des altérations et transformations que ces modèles peuvent subir ?

Ces trois grandes interrogations sont un essai de définition de l'objet de la narratologie, considérée, comme elle l'est souvent à l'heure actuelle, comme une discipline autonome. Quant au champ de recherche sur lequel cette discipline doit porter, il a été fort bien défini par Barthes (1966, p. 1 sv.) :

> *Innombrables sont les récits du monde* [...] ; *le récit est présent dans le mythe, la légende, la fable, le conte, la nouvelle, l'épopée, l'histoire, la tragédie, le drame, la comédie, la pantomime,* [...], *le cinéma, les comics, le fait divers, la conversation.*
>
> *Une telle universalité du récit doit-elle faire conclure à son insignifiance ?* [...] *Comment opposer le roman à la nouvelle, le conte au mythe, le drame à la tragédie* [...] *sans se référer à un modèle commun ?*
>
> *Devant l'infini des récits, la multiplicité des points de vue auxquels on peut en parler (historique, psychologique, sociologique, esthétique, etc.), l'analyste se trouve à peu près dans la même situation que Saussure, placé devant l'hétéroclite du langage et cherchant à dégager de l'anarchie apparente des messages un principe de classement et un foyer de description.*
>
> [...] *nul ne peut combiner (produire) un récit sans se référer à un système implicite d'unités et de règles.*

On aura remarqué que ce texte définit l'objet et esquisse la méthodologie à la fois de ce que j'ai appelé la « narratologie de contenu » et l'analyse de la *forme* des récits, qui est seule l'objet du présent travail. Son intérêt est d'affirmer un double principe épistémologique qui doit guider la narratologie formelle :

- Elle doit postuler l'existence d'un système de règles auquel chaque récit peut être rapporté ;
- Elle doit porter sur l'ensemble de récits le plus vaste et le plus divers possible[20].

Un autre postulat épistémologique dont, je l'espère, l'ensemble de ce travail montrera le bien-fondé, est que, si la linguistique

20. On traitera ici des *récits littéraires*, ce qui exclut notamment l'histoire, qui est citée dans le texte de Barthes.

énonciative est un instrument nécessaire de la narratologie, celle-ci n'en est pas moins avant tout une sous-discipline de la critique littéraire. Ceci implique notamment que tout concept utilisé dans l'analyse des récits doit clairement relever de la linguistique ou de la narratologie. Certaines discussions sur la nécessité de rapprocher ou, au contraire, de bien distinguer discours indirect libre et monologue intérieur auraient gagné à observer ce principe. Sans une distinction claire des deux disciplines concernées, il n'est pas possible de discerner d'une part les ressources expressives immenses qu'une langue donne à la littérature, d'autre part en quoi les œuvres littéraires parviennent à échapper à certaines contraintes que comportent les règles de langue, et à faire dire à la langue plus qu'elle ne dit dans ce qu'il est convenu d'appeler le « langage ordinaire ».

2

L'énonciation

L'idée du présent ouvrage, qui s'adresse à tous ceux, linguistes ou spécialistes de littérature, qu'intéressent les problèmes du récit littéraire, vient d'une double constatation. D'une part, l'étude méthodique de ces problèmes, la narratologie, est née, au sein des recherches littéraires, du sentiment qu'elle est susceptible d'éclairer des aspects importants des œuvres narratives, roman et nouvelle en particulier. Certes, il n'est pas question ici de prétendre qu'aucun ouvrage de critique littéraire ne saurait être satisfaisant s'il ne comporte pas une analyse des procédés narratifs. D'un autre côté, parmi les nombreux instruments théoriques qu'utilisent les spécialistes de littérature (critique historique, psychanalytique, marxiste, thématique, structuraliste, etc.), il est permis de penser que la narratologie doit occuper une place à part. Plus précisément, elle n'est pas une théorie née dans une discipline extérieure, et importée dans l'étude littéraire pour expliquer des aspects jusque là inaperçus des œuvres : elle est d'emblée une étude proprement littéraire qui, à un certain moment, se systématise, tente de définir strictement des types de récits et les lois qui les régissent, et acquiert par là un certain degré d'autonomie au sein de la critique littéraire. Elle n'est pas une « théorie » (comme la critique marxiste ou psychanalytique), mais un des domaines de la recherche littéraire, en un mot une sous-discipline de la littérature.

La deuxième des deux constatations évoquées plus haut est que la narratologie ne peut se passer de certains au moins des concepts de la linguistique. Elle ne peut éviter non plus d'étudier, d'abord en eux-mêmes, certains phénomènes proprement linguistiques, dont les divers types de discours rapporté sont sans doute l'exemple le plus évident.

Or jusqu'ici, l'apport de la linguistique à l'analyse du récit littéraire ne semble pas avoir été très fructueux[1]. Avant d'évoquer Benveniste, dont il critique à juste titre la thèse d'un « *récit* » *sans narrateur* (1983, p. 68), Genette énumère pêle-mêle des théories linguistiques qui ne sont d'aucun secours en littérature, et dont il prédit, les affrontant dans un même champ clos, qu'elles discuteront indéfiniment les subtilités du discours indirect libre (*ibid.*, p. 35).

Je tenterai de montrer dans ce chapitre que, si Genette a raison de dire que les linguistes structuralistes et transformationnistes n'apportent à peu près rien à la narratologie, en revanche une linguistique de type énonciatif, qui considère le discours humain comme une activité (la construction du sens par un énonciateur pour le bénéfice d'un interlocuteur) peut, en traitant la narration littéraire comme un type spécifique d'énonciation, permettre l'élaboration ou l'élucidation de concepts proprement narratologiques (comme « monologue intérieur ») et expliquer plusieurs des propriétés fondamentales du récit.

Ce chapitre et le suivant (dont le lecteur excusera, j'espère, certains aspects soit schématiques, soit didactiques) visent à expliciter en quoi une linguistique énonciative se distingue radicalement des autres et pourquoi, en vertu de ses principes fondamentaux, elle peut apparaître comme le type même de linguistique qui peut servir l'étude du récit littéraire.

2.1. La langue et la communication

Bien qu'on ne sache rien des conditions dans lesquelles le langage humain a pris naissance (nous ne possédons de données empiriques que sur la naissance de l'écriture, avec les signes cunéiformes de

---

1. Il convient tout de même de mentionner notamment les travaux de J. Simonin, Kuroda, Metz et Danon-Boileau (cités dans la bibliographie).

Mésopotamie et les hiéroglyphes d'Égypte), tous les spécialistes, sans doute, admettraient que le lent processus d'élaboration et de développement de signes vocaux (précédés puis accompagnés de signes gestuels) a été suscité et constamment soutenu par le besoin vital éprouvé par les hommes de communiquer avec leurs semblables.

On sait que cette question des fonctions du langage a été étudiée notamment par Jakobson (1963) qui, s'inspirant du « schéma de la communication », où *destinateur* et *destinataire* désignent les locuteurs en présence, dresse une liste de six fonctions : fonction *expressive* (ou *émotive*), centrée sur le destinataire ; fonction *conative* (influence exercée sur le destinataire) ; fonction *phatique* (visant simplement à maintenir le contact entre les partenaires)[2] ; fonction *métalinguistique* (grâce à laquelle on peut utiliser une langue naturelle pour analyser cette langue elle-même) ; fonction *poétique* (qui vise à mettre l'accent sur le message « pour son propre compte ») ; enfin, fonction *référentielle* (qui permet à la langue de parler du monde). Cette fonction n'est dominante – pour Jakobson – que par son entrée en jeu dans de « nombreux messages ».

Je me bornerai ici à faire les deux remarques suivantes :

a. Si la fonction « communication » ne figure pas dans cette célèbre liste des fonctions du langage, c'est qu'elle est impliquée par le « schéma de la communication », où *destinateur* et *destinataire* représentent les locuteurs en présence : il va de soi, pour Jakobson, que les fonctions qu'il énumère sont *subordonnées au phénomène même de la communication*, qui est l'objet de son étude.

b. On peut penser cependant que la fonction « expressive » et la fonction « poétique » n'attribuent aucun rôle effectif au destinataire et que, dans ce cas, la langue cesse ou peut cesser d'être l'instrument d'une communication quelconque. L'idée d'un poème, ou d'un journal intime qui ne sont destinés à personne n'est nullement inconcevable.

---

2. Cette notion, on le sait, est due à Malinowski (« The problem of meaning in primitive language », in Ogden & Richards, 1953).

Le problème qui se pose en fait dépasse la portée de ces remarques et n'est pas résolu par le texte de Jakobson.

Il est de définir une fonction fondatrice du langage, telle qu'elle détermine de façon inhérente la structure des langues, et qu'elle reste en jeu de façon observable dans tous les textes, même ceux qui sont les moins aptes à la manifester.

Cette fonction est la communication avec un ou plusieurs destinataires, réels ou imaginaires, présents ou absents, mais dont l'existence est inscrite dans la forme même des énoncés, et la grammaire des langues naturelles.

Cette thèse – qui concerne la nature même du langage – est loin d'être évidente, et elle a, en fait, été combattue par certains linguistes, dont Kuroda (1973) et Banfield (1973). Cette dernière considère qu'elle défend la même position que Benveniste (1966) qui, on le sait, décrit le style du « récit » (opposé au « discours »), soutenant que, dans ce type d'énonciation, « il n'y a même plus de narrateur ». La thèse commune à ces auteurs, et qu'il importe de disqualifier, est que le langage n'est pas structuré en fonction d'une relation entre un destinateur et un destinataire qui, sous une forme ou une autre, est présente dans toute utilisation du langage.

Le phénomène dont Banfield tire ses arguments est le discours indirect libre. Je proposerai au chapitre 3 une analyse énonciative du discours indirect libre où, à travers la complexité incontestable des faits, le rôle d'un narrateur et d'un narrataire apparaissent néanmoins.

ʗ

Il existe un contre-argument apparent à la théorie qui considère la communication entre deux partenaires (dans le cas le plus simple) comme la fonction constitutive et toujours manifestée du langage. Ce contre-argument est l'existence, au moins apparente, de situations où un locuteur parle (au sens strict du terme, c'est-à-dire à haute voix) alors qu'il est *dans une solitude totale* (cas des monologues de théâtre), ou qu'il est persuadé de n'être entendu par personne (cas des apartés). La vie courante elle-même offre des exemples de passants distraits ou préoccupés qui « se parlent à eux-mêmes ». Mais précisément l'expression fait problème : ou bien un locuteur peut se parler de la même façon qu'il parle à un interlocuteur sans qu'aucun indice permette de discerner un destinateur et un destinataire d'une nature quelconque et dans ce cas la thèse est fausse qui fait des langues, de façon inhérente, l'instrument de la communication. Ou bien il existe une sorte de « paralangage », un dialecte solipciste de chaque langue, réservé aux monologues, et il reste à le découvrir.

Ce dilemme disparaît si l'on pose le problème en termes stricts, et si on lui cherche une solution dans l'étude détaillée des monologues de théâtre, qui nous fournissent des données empiriques immédiatement utilisables. (On peut certes s'interroger sur la vraisemblance psychologique des monologues et apartés du théâtre, mais on ne peut guère soutenir qu'ils reposent sur un usage anomal du langage.) Si X est strictement identique à X, alors X ne peut pas parler à X comme il parlerait à Y ; c'est cette impossibilité radicale que veulent lever les spécialistes du langage dramatique (Schérer, 1950 ; Larthomas, 1972) lorsqu'ils attribuent à un *dédoublement* du locuteur ce phénomène gênant qu'est le monologue.

Cette réponse, fondamentalement correcte, appelle cependant un examen détaillé des textes qui montre comment, du point de vue linguistique, s'expriment ces discours adressés par un locuteur à une partie de lui-même qui devient un destinataire. Un tel examen, mené sur des monologues de comédies et tragédies françaises, fait apparaître les faits suivants :

a. Un personnage qui monologue peut « se parler à lui-même » (parler à une partie de lui-même) en utilisant le pronom de 2e personne, et le vocatif qui en est solidaire ou, au contraire, l'impératif-optatif de 1re personne du pluriel. On opposera ainsi :

 Rentre en toi-même, Octave (Corneille, *Cinna*, IV, 2)

 et

 Voyons-le venir et jouons serré.
 (Beaumarchais, *Le Mariage de Figaro*, II, 5)

 Rien, dans ces énoncés, que l'on peut aisément multiplier, n'indique qu'ils ne s'adressent pas à un interlocuteur bien réel et distinct du personnage.

b. La différence que le français met en évidence entre ces deux types de fragments monologaux peut être caractérisée en termes psychologiques et littéraires. On peut affirmer, en schématisant un peu, que l'emploi de la 2ᵉ personne (avec ses vocatifs et ses impératifs) manifeste un *déchirement* intérieur, une division du personnage, parfois même un conflit entre la conscience morale et une tentation qu'il convient de repousser : chez Corneille, le moi d'Octave qui s'énonce est son surmoi, et la tentation qu'il repousse est posée, grâce à la 2ᵉ personne, comme un *autre,* distinct de son moi le plus authentique.

Au contraire l'emploi de *nous* et des impératifs-optatifs (*Courons à la vengeance*) atteste qu'il n'y a pas de vrai conflit entre deux aspects du personnage. Celui-ci se dédouble seulement en deux êtres, dont l'un s'adresse à l'autre (le destinataire toujours muet) pour souligner *l'accord* qui existe entre eux : une décision est prise, qui lie et réunit les deux parties en présence[3].

Il est donc possible de caractériser les deux « interlocuteurs » qui s'affrontent ou s'accordent dans les monologues : le dédoublement des personnages est un dialogue au sens linguistique du terme.

Nous sommes ainsi amenés à nouveau à faire une distinction entre les termes relevant de la narratologie et de la critique littéraire en général, et ceux qui appartiennent à la seule linguistique : « monologue » garde son utilité dans l'analyse des récits et du drame, mais le mot ne désigne aucun phénomène linguistique repérable. Pour le linguiste, le dédoublement qui donne naissance à presque tous les monologues[4] instaure un destinataire qui, certes, restera muet, mais auquel le personnage adresse des messages qu'aucune propriété linguistique ne signale. Les monologues ne violent donc en

---

3. On pourra trouver une analyse plus détaillée de ces phénomènes dans A. et R. Rivara (1990).

4. Dans certains cas, le personnage qui soliloque s'adresse à une entité abstraite ou concrète, fictive ou non, qui peut faire l'objet d'une personnification ; ainsi, dans les stances de Rodrigue, l'épée du héros tient-elle lieu d'interlocuteur :

   Digne ennemi de mon plus grand bonheur,
   Fer qui causes ma peine...

rien le schéma jakobsonien de la communication, ni le principe constitutif du fonctionnement langagier. Ils sont seulement un des cas, certes remarquables, où la situation d'énonciation ne permet pas au destinataire de répondre[5].

ɞ

L'objet des pages qui précèdent n'était pas d'enrichir la discussion quelque peu académique sur le nombre des fonctions du langage : il ne s'agissait nullement d'ajouter une fonction (comme, par exemple, la fonction ludique) aux six que distingue Jakobson, ni même de montrer que la fonction de communication est la plus fondamentale. Il s'agissait de montrer que la raison d'être du langage humain est de permettre la communication entre un *énonciateur* et un *destinataire* et que cette fonction constitutive se manifeste dans tous les types de discours (y compris les monologues) parce qu'elle détermine la structure des langues humaines.

À moins de soutenir que le récit littéraire utilise une langue spécifique, essentiellement différente de la langue commune, on est donc tenu de *définir le statut de l'énonciateur* qui est auteur d'un récit (Qui, précisément, raconte l'histoire ?) et du *destinataire* (À qui exactement s'adresse le récit ?). De ces deux problèmes, souvent évoqués dans des études littéraires, le premier est le plus délicat ; la question des types de narrateur a, on le sait, soulevé des discussions multiples. J'essaierai de montrer plus loin qu'une analyse linguistique de l'énonciation littéraire et de ses particularités permet au moins d'éclairer le problème d'un jour nouveau, et de disqualifier certaines des solutions qui ont été proposées.

---

5. Ce jeu des pronoms personnels dans un soliloque qui, au théâtre, est nécessairement audible, se retrouve dans les monologues intérieurs du type « citations de pensée » des récits de fiction, et avec les mêmes implications psychologiques (sur ce point, voir chap. 5).

2.2. L'énonciateur, repère-origine, et le système des pronoms personnels

Les situations d'énonciation, les conditions d'utilisation de la langue sont, on le sait, infiniment variées. Dans la conversation quotidienne, deux interlocuteurs sont face à face. Il peut y avoir, en outre, plusieurs destinataires pour un seul énoncé. Dans une communication téléphonique, l'éloignement des deux partenaires impose certaines contraintes. Dans une émission de radio ou de télévision, le destinataire est un vaste public plus ou moins défini, et qui n'a pas le pouvoir de répondre immédiatement ni par le même canal. Dans un discours public (politique, syndical, scientifique, etc.), les destinataires, s'ils sont physiquement présents, sont trop nombreux pour pouvoir répondre, d'égal à égal, à l'orateur. Dans la correspondance épistolaire, la réponse est différée, ce qui introduit à la fois des libertés et des contraintes. Dans la presse et les ouvrages imprimés, le destinataire est un public nombreux et mal défini, qui en outre n'a qu'un pouvoir de répondre différé et limité. Les situations d'énonciation peuvent devenir plus complexes encore, comme dans les débats télévisés, notamment politiques, où le destinataire se dédouble : il y a d'une part un interlocuteur présent avec qui il faut bien argumenter, mais aussi un public nombreux et muet, à qui s'adresse en fait, indirectement, une part essentielle de ce qui est dit.

Chacun de ces types de « discours » mérite une étude particulière. Pourtant, c'est à partir d'une situation fondamentale, la conversation quotidienne, qu'on peut définir les particularités des autres et, surtout, c'est elle qui détermine la structure des langues.

ꕥ

Un échange langagier ne peut avoir lieu qu'entre deux partenaires qui, chacun à son tour, jouent leur rôle, tout en continuant à prêter attention à l'autre : à chaque instant, l'un, celui qui a la parole, construit un énoncé qui aura pour l'autre une signification, cependant que celui-ci – dans les conditions normales d'une conversation – écoute, entend, comprend et interprète le message qui lui est adressé, auquel, le plus souvent, il répondra d'une façon appropriée, c'est-à-dire qui tient compte de ce qui aura été dit. Ceci constitue la *relation d'interlocution*, sans laquelle le langage ne pourrait servir la communication entre les hommes.

Dans la production d'un énoncé, l'énonciateur a le pouvoir et la contrainte, s'il veut se désigner, de dire *Je*[6]. Corrélativement, il doit utiliser le pronom de 2e personne (*tu* / *vous*) pour désigner son interlocuteur. Ce qui est crucial ici est évidemment le fait qu'une signification référentielle s'attache non pas à un mot, mais *à celui qui le prononce « sérieusement »*[7] (qui « l'*énonce* ») : la langue à elle seule ne suffit pas à signifier, il faut qu'elle soit l'objet d'un *acte d'énonciation* dont les partenaires sont connus. *Je* et *tu* (ou les désinences verbales des 1re et 2e personne en latin, italien, espagnol par exemple) sont donc les *marqueurs linguistiques des fonctions mises en jeu dans l'énonciation* : ce fait suffit à démontrer que les langues naturelles ne sont pas de simples systèmes de symboles, et qu'*elles ne signifient que par et dans des actes d'énonciation*.

La relation d'interlocution qui rend les énonciations possibles n'existe pas a priori entre deux locuteurs qui sont en présence l'un de l'autre : elle doit être « mise en route ». Dans bien des cas, un *vocatif* (marqué par un cas spécifique dans certaines langues) est alors nécessaire, qui va à la fois désigner et appeler un locuteur, pour faire de lui un destinataire : *Monsieur l'agent !*, *Docteur !*, *Philippe !*, etc. Il s'agit, dans ce cas, de « vocatifs d'appel ». Lorsque la relation d'interlocution est établie, le vocatif est encore utilisé, mais il ne fait plus

---

6. On sait que certains auteurs, dont deux célèbres, Jules César et Charles de Gaulle, se désignent par des groupes nominaux (« descriptions définies », telles « le général en chef », ou noms propres), mais ce procédé n'est guère utilisable qu'à l'écrit, et dans un registre élevé. Ce fait, très marginal, ne saurait faire mettre en question la fonction attribuée ci-dessus aux pronoms de 1re personne, dont le langage humain ne semble pas pouvoir se passer.

7. J'entends par là que ces pronoms ne sont pas simplement *prononcés*, c'est-à-dire « *cités* » (comme dans un cours de grammaire), mais « *utilisés* » (*énoncés*) avec l'intention de faire une désignation. L'opposition des termes anglais *mention* / *use*, classique notamment chez les philosophes du langage, éclaire le phénomène d'énonciation et le rôle qu'y joue l'intention de communiquer.

que soutenir la relation en rappelant la relation humaine qui lie les interlocuteurs (*Voyons, Monsieur... ; écoutez, cher ami...*). Enfin, lorsque le dialogue est engagé, les vocatifs qui utilisent un « Nom de qualité » (cf. Milner, 1978, chap. V) servent à qualifier l'interlocuteur, de façon, le plus souvent, hostile : *Crapule ! Chauffard !...* Ces « vocatifs d'insulte », qui visent à remplacer la relation de dialogue par un rapport de force, représentent la majorité des vocatifs « appréciatifs ». Ceux-ci, au contraire des vocatifs d'appel, ne sauraient instaurer une relation d'interlocution, mais au contraire *la supposent déjà établie,* car ils n'ont pas de valeur désignative.

Comme les vocatifs, les impératifs mettent en jeu de façon spécifique la relation d'interlocution. Ils sont d'ailleurs, dans beaucoup de langues, marqués morphologiquement et/ou syntaxiquement comme étant « de 2e personne » (*Entrez* ; *look at yourself* ; *Komm mit...*). Le non-emploi des vocatifs et des impératifs dans le discours indirect libre en est une propriété cruciale, révélatrice de son fonctionnement énonciatif remarquable, sur lequel on reviendra plus loin pour des raisons différentes.

ꕤ

La valeur référentielle des pronoms du dialogue *Je* et *tu* n'est déterminée, on l'a dit, que par un acte d'énonciation. L'auteur de l'acte d'énonciation, l'« énonciateur », est déterminé, par l'acte lui-même, comme son *origine* énonciative. Le destinataire (ou « *co-énonciateur* ») est déterminé, dans la relation d'interlocution, *par rapport à l'origine énonciative,* comme *différent* de celle-ci. L'énonciateur apparaît ainsi comme l'*origine* à partir de laquelle sont effectuées des *opérations de détermination* qui portent d'abord sur le destinataire, les éléments constitutifs de la situation d'énonciation (le temps, le lieu), puis ce qui lui est extérieur (la 3e personne).

Cette opération de détermination est appelée « *repérage* » dans la théorie énonciative de Culioli. L'énonciateur joue dans la construction des énoncés le rôle d'un *repère-origine.*

Les pronoms de 3e personne sont déterminés (« *repérés* ») par la *non-appartenance* à la relation d'interlocution. Cette absence de rapport à l'interlocution illustre un *type particulier de repérage* que Culioli appelle « *rupture* », qui attribue au terme concerné une détermination minimale, distincte néanmoins de l'indétermination des pronoms dits « indéfinis »[8].

Dans les pronoms du dialogue, repérés par rapport à l'énonciation, le lecteur aura reconnu les pronoms traditionnellement appelés « *déictiques* ».

2.3. La situation et les coordonnées spatio-temporelles

2.3.1. Les déictiques

L'analyse du fonctionnement des pronoms de 1re et 2e personne définit le phénomène dénommé *deixis* et permet de recenser les éléments qui en relèvent. La deixis est le phénomène par lequel un élément d'une langue reçoit sa valeur désignative *de son rapport à une situation d'énonciation particulière*. Le mot et l'acte de parole collaborent pour faire référence à un objet du monde.

Les éléments d'une situation d'énonciation qui peuvent servir à déterminer (repérer) les déictiques doivent être parfaitement perceptibles à tout instant pour les interlocuteurs, faute de quoi, étant eux-mêmes insuffisamment déterminés, ils ne pourraient permettre aux déictiques de fonctionner en vertu de la relation directe qui les lie.

Ces éléments sont *l'énonciateur* d'une part, on l'a dit, et *les coordonnées spatio-temporelles* (le lieu, le moment) d'autre part[9]. L'énoncia-

---

8. En raison de leur non-appartenance à la relation d'interlocution, Benveniste (1966, p. 242) parle, on le sait, de « non-personne » plutôt que de « 3e personne ». L'expression est pourtant inadéquate, car l'*exclusion* de la situation d'énonciation est encore une *forme de détermination* (repérage par « rupture »), qui distingue *il* ou *elle* de *quelqu'un* ou *n'importe qui*, lesquels ne sont en rien repérés par rapport à la situation d'énonciation. Les pronoms personnels de 3e personne, « en rupture » par rapport à l'énonciateur, appellent une détermination (un repérage) qui leur permette de remplir leur fonction de désignation. Cette détermination, fournie par le *contexte*, est de type *anaphorique*. « Anaphorique » et « situationnel » (« énonciatif ») constituent une opposition binaire (exhaustive).

9. Culioli utilise le symbole S_0 pour « énonciateur » et $\mathcal{T}_0$ pour les coordon-

teur est le repère-origine, dont *Je* et les formes qui lui sont liées (*mon, le mien*...) reçoivent, par identité, leur valeur désignative ; *tu* et les formes qui lui sont associées (*ton, le tien, vous, le vôtre*...) sont repérés par *différenciation* par rapport à l'énonciateur.

2.3.2. Les déictiques spatiaux

Au sens étroit, ils forment le couple *ici / là*, qui, initialement, est isomorphe du couple *Je / tu*. *Ici* dénote l'endroit (délimité d'ailleurs de façon variable) où se situe l'énonciateur ; en revanche, *là* se limite de moins en moins à la « *sphère du tu* », de sorte que l'on trouve presque indifféremment *viens ici* et *viens là* (alors que **va ici* reste totalement impossible, en vertu du caractère déictique de *aller*, qui marque un éloignement par rapport à l'énonciateur).

Les démonstratifs *ceci / cela* sont schématiquement construits sur l'opposition entre les sphères du *moi* et du *non-moi*. Leur correspondance avec le couple *this / that* en anglais n'est pas parfaite, et mériterait une étude qui n'a pas sa place ici.

Une propriété essentielle distingue les démonstratifs des déictiques adverbiaux : *ici* est toujours déictique, *là* l'est très souvent, alors que les démonstratifs connaissent des emplois *anaphoriques* nombreux, où leur valeur déterminative vient du contexte (Mon voisin vient d'acheter un chien de garde. ***Cet** animal* est un vrai monstre).

2.3.3. Les déictiques temporels

Ils forment un ensemble complexe, construit au moyen de diverses opérations sémantiques à partir du repère-origine *maintenant* (*now, jetzt, adesso*, etc.). Un certain nombre d'unités de temps étant définies dans la langue (journée, semaine, mois, année, etc.), on construit tout d'abord *aujourd'hui* (la journée qui inclut *maintenant*), *hier*, puis *avant-hier* (par antériorité), *demain* et *après-demain* (par postériorité).

---

nées spatio-temporelles. Dans sa théorie, le couple $S_0 - \mathcal{T}_0$ définit la situation d'énonciation, notée Sit_0 (S_0, $\mathcal{T}_0$). Ces symboles, ainsi que ceux qui notent les différents types de repérage, permettent de formaliser (représenter par un calcul) les opérations qui donnent naissance à la valeur sémantique des formes linguistiques.

Au moyen du nom de l'unité de temps et des adjectifs *dernier* (*passé*) et *prochain*, le système peut s'enrichir considérablement :

la semaine dernière / prochaine.

le mois dernier / prochain.

l'année dernière / prochaine, etc.

Dans cet ensemble, que le lecteur pourra aisément enrichir, les éléments déictiques sont en fait les adjectifs *dernier* (*passé*) et *prochain* : ils renvoient ici à deux séries (d'unités de temps) dont l'élément-repère est le présent (le moment de l'énonciation).

Le système des déictiques temporels est enrichi, sans limite définissable, par le procédé qui consiste à *compter les unités de temps* (jours, semaines...) écoulés ou à venir, *à partir du moment présent*. On obtient les deux séries ouvertes :

– *il y a trois (quatre, cinq, six...) jours (semaines, mois, ans...)*[10]

– *dans trois (quatre, cinq, six...) jours (semaines, mois, ans...)*

On aperçoit aisément la richesse illimitée de ces procédés de repérage déictiques.

2.3.4. L'article défini et les démonstratifs

L'article défini et les démonstratifs occupent une place importante dans le système des désignations déictiques : ils permettent de faire référence à un objet quelconque repérable dans la situation, parfois avec le secours d'une information complémentaire. La différence entre l'article et le démonstratif (adjectif) est que la séquence *article + nom* identifie un objet par opposition à d'*autres objets de nature différente*, alors que le démonstratif identifie un objet par opposition à *d'autres de la même espèce*. Ainsi, lors d'un repas, un convive pourra dire à son voisin :

Passez-moi la *carafe, je vous prie.*

(ce qui suppose l'*unicité* de l'objet dans la situation), ou

---

10. On reconnaîtra ici la célèbre structure anglaise en *ago*, qui présente apparemment tant de difficultés aux étudiants de l'anglais : *two, three, four days ago*.

Passez-moi cette carafe, je vous prie.
(énoncé fréquemment accompagné d'un geste qui singularise l'objet souhaité parmi plusieurs carafes).

Une information supplémentaire relative à une propriété de l'objet peut être nécessaire, mais elle ne retire pas à la désignation son caractère déictique, car la présence de l'objet dans la situation reste nécessaire :

Apportez-moi le dictionnaire Robert.
Prenez le livre qui est sur l'étagère supérieure.

ꕥ

Cette très rapide revue des repérages déictiques autorise deux conclusions :

a. Elle disqualifie toute conception de la langue qui considère les déictiques comme des éléments linguistiques marginaux, peu nombreux et peu importants – ou dont on pourrait même se débarrasser en les remplaçant par des périphrases appropriées (« *Celui qui parle* » pour *Je*, etc.).

b. Elle fait apparaître les énoncés de la langue usuelle comme des constructions, *produits d'opérations sémantiques opérées par un énonciateur, à partir de la situation où il se trouve, et à l'intention d'un destinataire de qui la situation est également connue.*

   Un énoncé assertif ainsi conçu ne ressemble en rien à une image d'un fragment du monde, dont les éléments seraient en corrélation bi-univoque avec des objets, et des situations « réelles », image neutre, transportable, universellement interprétable, et dépourvue de toute origine spécifique.

2.3.5. Énonciateur et locuteur

La question se pose de savoir si ces marques de la *subjectivité énonciative* que sont les repérages déictiques sont nécessairement présents dans tous les « discours » (écrits ou oraux), ce qui soulève le problème des types possibles de discours. On est alors conduit à distinguer de tous les autres le *discours scientifique* ou « *théorique* », qui se présente comme strictement objectif, c'est-à-dire à la fois susceptible d'être *produit par n'importe quel locuteur* compétent, dans des *situations quelconques*, et valable pour tous les lecteurs capables de le comprendre, sans être adressé à aucun d'eux en particulier. De ce type de discours (dont on admettra qu'il subsume le discours juridique : constitutions, lois, règlements) relèvent par exemple les énoncés :

La somme des angles d'un triangle est égale à 180 °

La vitesse de la lumière est de 300 000 km à la seconde.

Le gouvernement est responsable devant le Parlement.

On remarque dans ces assertions la conjonction de certaines propriétés immédiatement observables :

- Les groupes nominaux ont valeur « générique » (« un triangle » veut dire « un triangle, quel qu'il soit ») ;
- Le temps « présent » y est interprété comme « présent universel » donc *sans rapport avec une situation d'énonciation particulière*, donc non déictique.
- L'énonciateur (éventuel) de ces « vérités universelles » peut être décrit comme « énonciateur universel », c'est-à-dire énonciateur qui *s'identifie à tous les autres*, et reçoit ainsi un statut tout à fait particulier ;
- Ces énoncés ne sont pas normalement produits à l'intérieur d'une relation d'interlocution, et le destinataire éventuel peut, lui aussi, y être qualifié d'« universel ».

Les énoncés du type évoqué ci-dessus illustrent un des phénomènes qui conduisent à distinguer des *types de discours* (*d'énonciations*) et, pour en rendre compte, des *types d'énonciateurs*. Ces phénomènes, dont fait éminemment partie le *discours de fiction*, objet du présent travail (voir sur ce point le chapitre 7) obligent également à poser la distinction, fondamentale dans la linguistique culiolienne, entre *énonciateur* et *locuteur*. « Locuteur » a l'un des sens qu'on attribue habituellement au mot : un être humain spécifique, être de chair et d'os, toujours distinct d'un autre, *en tant qu'il a la parole* à un moment donné. « Énonciateur » désigne un être abstrait, construit par un locuteur, qui a la *propriété fondamentale d'être un repère-origine* mais qui se définit aussi par sa relation avec le type d'énoncé qu'il construit.

2.4. L'anaphore ; les repères contextuels

2.4.1. Les pronoms personnels de 3e personne

Les pronoms de 3e personne (*il / elle, ils / elles* et les formes qui leur sont liées) sont l'illustration la plus évidente du phénomène d'anaphore. La raison en est qu'ils fonctionnent comme désignateurs en vertu d'une relation d'identité référentielle avec un groupe nominal lexical ou un nom propre, dénommé *antécédent* – bien qu'il apparaisse quelquefois après le pronom dans l'ordre linéaire. Ainsi :

La voiture de | *Jean* / *mon frère* | tomba en panne, et *il* dut rentrer à pied.

La relation entre le pronom *il* et son antécédent (*Jean* ou *mon frère*) paraît, hors contexte, évidente. En fait, elle est simplement rendue *possible* (et plus ou moins probable) en vertu d'abord de l'identité de *genre* entre *il* et l'antécédent, d'autre part parce que la structure syntaxique permet la relation anaphorique, ce qui n'est pas toujours le cas. On comparera par exemple :

En arrivant chez lui, *Jean apprit la nouvelle.*

(où la relation anaphorique *lui* et *Jean* est possible – mais non nécessaire : *lui* pourrait désigner une autre personne),

et d'autre part :

En arrivant chez Jean, il *apprit la nouvelle.*

(où *il* ne peut pas être anaphorique de *Jean*).

Le pronom et son antécédent sont dits « coréférentiels » (ils désignent le même objet, individu ou événement). Toutefois, la relation de coréférence n'est pas symétrique : le pronom, en lui-même, ne désignerait rien, et il ne pourrait donc déterminer la valeur référentielle d'un autre élément.

La structure syntaxique rend, dans certains cas, la relation anaphorique *nécessaire* :

Chaque étudiant *avait son dossier devant* lui.

Dans certaines structures comportant une subordonnée, l'antécédent peut *suivre* le pronom ; on a indifféremment :

Quand il *sortit du bain,* Archimède *s'écria : « Eurêka ».*

Quand Archimède *sortit du bain,* il *s'écria : « Eurêka ».*

L'anaphore pronominale est un cas typique de *repérage contextuel* ; le repérage est dit repérage *par identité.*

Ce qui, pour nous, importe ici est le fait que les repérages par pronoms anaphoriques sont *sans aucun lien avec la situation d'énonciation* : le repère du pronom n'est pas dans la situation, mais dans le contexte. Il peut être un nom propre, ou un groupe nominal lexical lui-même plus ou moins déterminé (repéré), voire totalement indéterminé (être un « indéfini »).

Plusieurs *Quelques* *Certains*	étudiants avaient leur dossier devant ***eux***.

L'énonciation, en tant que repère-origine, ne joue ainsi aucun rôle dans l'opération de repérage par anaphore, ce qui permet de dire que *c'est le texte qui désigne,* non l'énonciateur.

2.4.2. L'article défini et les démonstratifs

La différence entre le fonctionnement déictique et le fonctionnement anaphorique de l'article défini et des démonstratifs tient uniquement à la nature de l'information nécessaire à leur emploi. Dans l'emploi déictique, il existe dans la situation un objet ou un événement désignable par l'expression nominale utilisée : je dirai « le chien » s'il y a un tel animal et un seul dans la situation d'énonciation. Je dirai « ce chien » (avec un geste de désignation) pour désigner un chien parmi d'autres également présents.

Dans l'emploi anaphorique, l'objet réel est remplacé par une mention de cet objet dans le contexte antérieur (mention qui doit être la première car, dans le cas contraire, elle devrait elle-même porter un déterminant défini, ce qui ne ferait que repousser le problème). Ainsi :

Pierre a un chien et un chat, mais il préfère le chien.

La première mention de l'objet *chien* (opération appelée « extraction » par A. Culioli, qui consiste à distinguer un chien dans l'ensemble des chiens existants) donne existence au chien en question (il en *crée une représentation*) – tout comme le ferait la présence d'un chien réel dans la situation. Dès lors, on peut le désigner au moyen de l'article défini grâce à une relation anaphorique, qui repère la deuxième mention du terme *chien* (opération référentielle dénommée « *fléchage* » par A. Culioli). L'article défini (ou un autre déterminant défini) est rendu à la fois possible et obligatoire dans ce contexte : l'emploi d'un deuxième article indéfini renverrait à un autre chien.

L'information-repère qui autorise un article défini anaphorique peut se trouver dans le contexte postérieur, cas particulier d'anaphore dénommé « cataphore » : la moto *de mon voisin* ; la moto *que tu viens d'acheter*.

De façon générale, le parallélisme est assez exact entre les repérages déictique et anaphorique des noms.

2.4.3. Les anaphoriques temporels

Les mêmes relations qui structurent le système des déictiques temporels se retrouvent, pour l'essentiel, dans celui des anaphoriques. Au lieu du *moment de l'énonciation*, c'est un moment *repéré dans le contexte* qui va, à son tour, servir à repérer ces adverbes temporels. On peut ainsi comparer les déictiques temporels (colonne de gauche du tableau ci-contre) aux anaphoriques qui leur correspondent. La corrélation entre les deux systèmes, quoique imparfaite, est néanmoins remarquable ; elle l'est également en anglais.

Dans ce tableau, qui pourra facilement être enrichi, le lecteur remarque aisément que l'*opération sémantique* qui, à partir d'un repère (*maintenant* ou *alors*) permet de construire les autres expressions temporelles, *est la même* dans le cas des déictiques et des anaphoriques.

On peut résumer ceci en disant que les anaphoriques, fondamentalement analogues aux déictiques, fonctionnent par relation avec *un repère dit « translaté »*, qui naturellement doit lui-même être déjà repéré par le contexte : un repère temporel est nécessairement soit le *repère-origine* (moment de l'énonciation), soit *un moment lui-même déjà repéré* : « alors » signifie « au moment dont j'ai déjà parlé ».

déictiques (repère situationnel) (« énonciatif »)	***anaphoriques*** (repère contextuel)
maintenant *(now)*	alors *(then)*
aujourd'hui *(today)*	ce jour-là *(that day)*
hier *(yesterday)*	la veille le jour précédent *(the day before)*
avant-hier *(the day before yesterday)*	deux jours avant deux jours plus tôt *(two days before)*
il y a cinq jours *(five days ago)*	cinq jours plus tôt *(five days before)*
demain *(tomorrow)*	le jour suivant *(the next day)*
la semaine prochaine *(next week)*	la semaine suivante *(the next week / the week after)*
la semaine dernière *(last week)*	la semaine précédente *(the week before / the previous week)*

2.5. Le système des temps et des aspects. La successivité des procès

La fonction traditionnellement attribuée au système des temps est le *repérage chronologique* : le temps, réalité extralinguistique, est spontanément conçu comme divisé en trois périodes, passé, présent, futur, et le présent, dont on voit bien qu'il doit être identifié, pour un énoncé donné, au moment de son énonciation, joue le rôle de charnière entre passé (ce qui est antérieur) et futur (ce qui est postérieur). Pour représenter cette vision des choses, on se donne généralement *un axe du temps* orienté vers la droite (vers l'avenir), et on segmente cet axe en trois périodes. Ceci peut conduire facilement à une tripartition simple : temps du passé, temps du présent, temps du futur.

Le fonctionnement linguistique des temps (qui joue un rôle crucial dans la théorie du récit) est malheureusement beaucoup plus complexe. On sait les difficultés auxquelles le schéma ci-dessus conduit : pourquoi, par exemple, le présent peut-il renvoyer à un fait passé (présent « historique ») ou au futur (Je vais à Londres demain) ? Y a-t-il vraiment trois temps passés, passé simple, imparfait et passé composé (sans compter le plus-que-parfait et le passé antérieur) ? Pourquoi le passé composé est-il compatible avec un adverbe de temps présent (J'ai maintenant tout à fait terminé) ?

Le procédé graphique de l'axe du temps – qui a certaines vertus pédagogiques – doit être compris comme une représentation non pas du temps « réel » (extralinguistique), mais d'une représentation mentale que nous nous en faisons : dans ce domaine comme dans tous les autres, les énoncés sont construits non à partir d'un monde « réel », qui nous est de toute façon inaccessible, mais des représentations que nous en avons.

Or, *la représentation du temps par trois segments homogènes d'un axe est trompeuse*. Elle est due en partie au fait, lui-même trompeur, que le futur français est un temps morphologique, au même titre que le présent, et le passé simple ou l'imparfait. L'étude de l'anglais est sur ce point particulièrement éclairante. On sait qu'il n'existe pas en anglais de temps (*tense*) futur, et que les événements que les locuteurs envisagent comme devant ou pouvant se produire dans l'avenir s'expriment fondamentalement au moyen d'auxiliaires modaux (*shall* et *will*). Il n'existe pas en anglais de temps futur, mais des *modalités* (devoir, pouvoir, vouloir) qui, portant sur des événements à venir, permettent de parler de l'avenir, non comme un *donné* (ce que sont le présent et le passé dès lors qu'ils sont connus), mais comme du *prévisible* plus ou moins probable.

Ceci conduit à modifier, si on l'utilise, le procédé graphique de l'axe du temps : il conviendrait d'y représenter l'avenir d'une façon particulière, qui indique que son statut ontologique ne permet pas d'en parler comme on parle du présent ou du passé : « Le livre s'est bien vendu » peut n'être que le constat d'un fait certain. « Le livre se vendra bien » ne porte que sur de l'incertain, et exprime en fait une modalité relative à un procès conçu comme pouvant ou devant avoir lieu dans l'avenir, modalité non marquée en français, mais que le contexte permet de reconstruire : prévision, prédiction, prophétie, projet, volonté, engagement personnel de l'énonciateur (ainsi dans les promesses et menaces) ; dans ce dernier cas, on le sait, c'est, en anglais, *shall* et non *will*, qui servira d'équivalent au futur français.

Ainsi, malgré son unité morphologique, le futur français ne peut, du point de vue sémantique, apparaître comme un « temps » (*tense*), c'est-à-dire comme marqueur d'un repérage chronologique. On doit le considérer comme *porteur de modalités diverses*, reconstructibles à partir du contexte. Il est significatif à cet égard que la forme du futur français soit née d'une périphrase verbale de sens modal : M. Arrivé *et alii* (1986, p. 274) écrivent ainsi :

> *On retrouve par là l'étymologie du futur, originellement périphrase verbale constituée par l'infinitif du verbe et le présent du verbe...* avoir. *« Je travailler*ai *» a ainsi pour source « J'ai à travailler ».*

Il apparaît alors assez naturel que, par exemple, « Je me dénoncerai » soit souvent compris comme « Je dois me dénoncer » (« Je ne peux pas ne pas me dénoncer »).

Dans tous les cas où le futur sert à envisager un procès à venir, il est le marqueur d'une *modalité* (cf. 2.6.3.) dite « *visée* », en l'occurrence « visée future ». Ainsi, le futur du passé résulte bien de la combinaison de deux marques, mais de nature différente, l'une *mo-*

dale (visée future), l'autre *temporelle* (imparfait). Dans « Il a dit hier qu'il viendrait », « *viendrait* » combine une « visée » due à l'énonciateur rapporté et une marque de temps passée, due à l'énonciateur rapporteur qui repère l'acte d'énonciation initial.

❧

L'aspect est une catégorie généralement sous-estimée dans les ouvrages d'inspiration traditionnelle à visées didactiques. On trouve souvent des références à un aspect « imperfectif », limité à l'une des valeurs de l'imparfait, et à un « itératif », ou « fréquentatif », également attribué à l'imparfait. Le fait le plus frappant est que la valeur aspectuelle de la marque *avoir* + *participe passé* (J'*ai* termin*é*) ait reçu si peu d'attention qu'elle n'a même pas été vraiment identifiée (sauf depuis la grammaire transformationnelle), de sorte que « passé composé » et « plus-que-parfait » (ainsi d'ailleurs que « passé » et « futur antérieur ») figurent simplement dans la liste des temps, sans que la terminologie encore généralement utilisée laisse apparaître leur parenté. Quant aux formes « non-finies » composées (participe et infinitif), on continue de les désigner au moyen d'une marque de temps, d'où les appellations incohérentes « infinitif passé » (*avoir fini*), « participe passé » (*ayant fini*), qui porte le même nom que la forme *fini*.

Seul l'*aspect lexical* (la valeur aspectuelle inhérente aux notions verbales) a fait depuis longtemps distinguer les verbes *d'action* et les verbes *d'état*, distinction dont on ne peut se passer dans l'étude du français ni de l'anglais. Mais, faute de concepts rigoureux, comme celui, essentiel, de *bornes* d'un procès, l'analyse de l'aspect, lexical ou grammatical, est le plus souvent restée purement intuitive.

Pour rendre compte du repérage chronologique des procès, une linguistique de l'énonciation se donne, on le sait, un repère-origine, défini par un acte d'énonciation, et, à partir de cette origine, construit des valeurs référentielles (en l'occurrence aspectuo-temporelles et modales) par une série ordonnée d'opérations de repérage (de mise en relation) dont les énoncés manifestent les traces sous forme de marqueurs. Ces repérages, pour les procès comme pour les autres termes d'un énoncé, sont de deux types : déictiques (comme dans *J'ai* ***(maintenant)*** *atteint mon but*, où le procès est en relation avec le moment d'énonciation) ou contextuels (comme dans *Je fus mobilisé **en 1939***).

Aux trois catégories évoquées plus haut (marques de temps, aspect lexical des verbes, aspect grammatical), on ajoutera donc le *type de repérage* des procès, qui est d'ailleurs étroitement lié aux valeurs aspectuelles résultant de l'interaction de ces opérations.

L'étude du repérage chronologique a naturellement un intérêt particulier dans l'analyse des récits : quelle que soit son ampleur, un récit ne peut se concevoir si *la série des procès*, actions ou états, qui y sont énoncés *ne créent pas une chronologie* qui structure *l'histoire* racontée. *La construction de relations de successivité est ainsi au centre de l'écriture narrative*. Cependant les récits mettent en jeu d'autres relations (antériorité, concomitance, anticipations modalisées sur l'avenir, etc.), et ces relations, dans beaucoup de cas, ne relèvent pas de la chronologie pure : un procès antérieur à un autre peut être présenté comme l'ayant déterminé (on sait la complexité du rapport entre succession et causalité). Un récit peut ainsi être considéré comme *un réseau de relations* (de repérages) *entre procès mû vers l'« avant »* (*vers l'avenir*) *par le déroulement général du texte*. Les valeurs temporelles, aspectuelles et modales des formes verbales jouent naturellement un rôle essentiel dans ce processus. L'analyse linguistique de ces formes (qui ici ne saurait prétendre à une quelconque exhaustivité) apparaît ainsi comme un instrument indispensable au service de la narratologie.

2.5.1. L'aspect lexical : processus et états

La tradition distingue des verbes *d'action* (*marcher, courir, parler*) et des verbes *d'état* (*être, sembler, paraître*). Cette dichotomie, fondamentalement correcte, doit cependant être précisée et modifiée sur certains points.

Les linguistes contemporains disent généralement « processus » et non « action », et avec de bonnes raisons. Les propriétés pertinentes des deux grandes catégories aspectuelles sont en effet d'ordre chronologique : elles concernent *le mode d'insertion dans le temps*. Un processus se caractérise, de ce point de vue, par le fait qu'*il se déroule* : il a un début, une progression, une fin. Cette fin peut être ou non un *aboutissement*, qui correspond à *une certaine modification de l'état du monde*. Ainsi, « franchir » désigne un processus qui inclut l'idée d'un changement de la situation, ce qui n'est pas vrai de « marcher » ou « parler ». Dans les deux cas, cependant, il y a un déroulement qui conduit du début à la fin du processus. On peut distinguer les étapes d'un processus, ainsi :

Les troupes commencent à franchir la rivière.

Le président est en train de parler.

J'ai fini d'écrire mes lettres.

La compatibilité avec l'expression *être en train de* est un critère des verbes de processus : elle met en évidence le fait qu'il existe un déroulement, ce qui oppose les processus aux états. On comparera ainsi :

Il est en train de téléphoner (processus)

* *Il est en train de savoir le russe* (état)

La plupart des verbes de processus désignent des actions, mais certains processus ne peuvent être appelés « actions » ; ainsi les verbes de changement : *changer, devenir, grandir, vieillir* sont des « processus », non des « actions ».

Pour caractériser les processus en termes techniques, on utilise le concept de *borne* : un processus se définit comme un *procès borné*. La mise en route du processus est la *borne initiale*, la fin (arrêt ou aboutissement) est la *borne terminale*.

Toute forme d'un verbe de processus peut être définie par *la façon dont les bornes du processus sont envisagées*, d'où l'intérêt crucial de cette notion. Cette vision du processus est exprimée par les marques de temps et d'aspect (grammatical) que portera le verbe. Un exemple suffira ici à illustrer cette *interaction des valeurs aspectuelles inhérentes* et de celles qui sont *apportées par les déterminations verbales* :

Il traversa la rue (ou, en anglais, *He crossed the street*) envisage le processus dans sa *totalité* : les deux bornes sont prises en considération ; la borne terminale est atteinte, ce qui signifie que l'autre côté de la rue est lui-même atteint. On opposera ceci à :

Il traversait la rue (He was crossing the street)

où le processus est saisi *entre ses deux bornes* (on parle parfois de

« vision interne ») : l'autre côté de la rue n'est pas atteint au moment considéré. La borne terminale n'est pas prise en considération dans l'emploi à l'imparfait : le processus est dit « *ouvert* »[11].

Les procédés graphiques de l'axe du temps (aménagé) et de crochets représentent les bornes d'un processus permettent un schéma du type suivant :

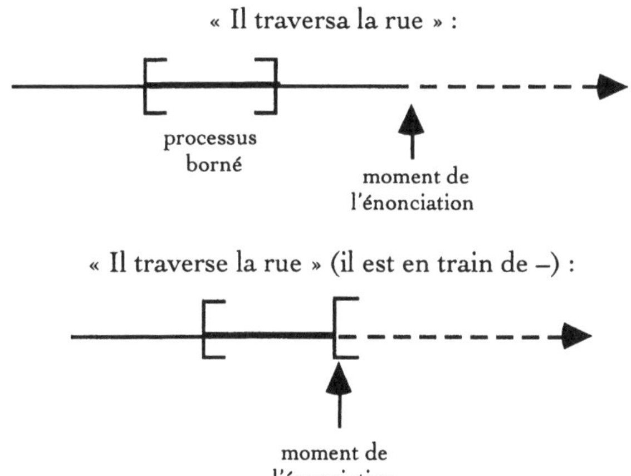

Par opposition aux processus, les *verbes d'état* (ou « verbes statifs ») se caractérisent par l'absence de bornes : ils sont dits *non-bornés*. Un état ne connaît ni début, ni progression, ni fin. Ainsi, « être intelligent » ou « être anglais » représentent des états de choses qui vont durer sans subir de changement, sauf si un événement, intentionnel ou non, vient y mettre un terme. Mais ce terme sera une *interruption*, et jamais un aboutissement. Les expressions « commencer

11. Un petit nombre de processus, parfois appelés « ponctuels » (cf. l'expression anglaise « point-action verbs ») se caractérisent par le fait que la distance entre les deux bornes est virtuellement nulle, ainsi *attraper* ou *frapper* : il suffit ici que le processus ait lieu pour que son terme (qui est un aboutissement) soit atteint. On peut hésiter à parler ici de « processus ». Toutefois ces verbes, munis, dans un énoncé donné, des déterminations appropriées (ce qui inclut l'objet syntaxique) retrouvent les propriétés générales des processus. On admettra mal *? Il était en train d'attraper un papillon*, mais le problème disparaît avec *Il était en train d'attraper des papillons*.

/ continuer à être anglais » n'ont pas de sens. Enfin, les verbes d'état sont incompatibles avec « être en train de », qui implique non pas nécessairement une action, mais un déroulement :

* *Il est en train d'être anglais.*

* *Cette voiture est en train de m'appartenir.*

2.5.2. L'aspect grammatical

Lors de son insertion dans une suite qui deviendra, en fin d'élaboration, un énoncé, un verbe déjà pourvu de sa valeur aspectuelle inhérente (processus ou état) reçoit des déterminations, temporelles, aspectuelles et modales qui, du point de vue sémantique, affectent naturellement la totalité de l'énoncé[12]. Dans un texte, c'est la valeur résultant de l'ensemble de ces déterminations qui permettra l'insertion de l'énoncé dans le contexte, et déterminera sa contribution au récit ou à l'exposé.

Il n'est pas question ici d'entreprendre une étude du problème général de l'aspect en français ou en anglais, et d'autant moins que temps, aspect et modalité sont en relation d'interaction dans un énoncé. Je me bornerai à examiner un certain nombre de formes verbales (notamment le passé simple et le preterit anglais) qui sont caractéristiques du récit « classique » (le récit au passé), et d'autres qui sont incompatibles avec lui (le passé composé et le present perfect anglais), avec le souci de répondre, si c'est possible, aux questions suivantes :

a. Le récit classique repose-t-il sur l'emploi exclusif – ou prédominant – de certains temps, à l'exclusion de certains autres ?

b. Quelle est la contribution de chacun de ces temps au déroulement temporel sur lequel repose tout récit ?

---

12. On conserve *le terme de « procès »* pour désigner la valeur référentielle de l'ensemble de l'énoncé (le processus ou l'état auxquels il renvoie). On dit ainsi, *au niveau lexical*, que « marcher » dénote un type de « procès » (un processus). Mais, *l'énoncé une fois constitué* (par exemple « Ils font un bridge au salon », au sens de « ils sont en train de faire un bridge ») dénote, lui aussi, un « procès », dont on dira, en l'occurrence, qu'il est repéré par rapport à la situation d'énonciation.

c. Peut-on caractériser les deux grands types de récit qui ont été admis, au moins provisoirement (l'autobiographique et l'anonyme, ou « omniscient ») en termes des catégories linguistiques du temps, de l'aspect, et de la relation du narrateur au récit, c'est-à-dire de la personne et des types de repérages énonciatifs ?

L'aspect linguistique d'autres problèmes théoriques de la narratologie sera évoqué plus loin, à propos des questions de « point de vue » et de statut des narrateurs.

On admet avec raison que le passé simple et, dans une moindre mesure, l'imparfait, sont les temps les plus usités dans les récits en français. Si l'on donne un sens strict au mot « récit » (c'est-à-dire si l'on met de côté les commentaires que l'on attribuera, selon le cas, à l'auteur ou au narrateur, et qui sont le plus souvent au présent), la prédominance des deux temps cités est encore plus forte, au point qu'il n'est pas excessif de définir le récit proprement dit comme *une succession d'énoncés au passé simple, où s'intercalent des imparfaits, et un certain nombre de plus-que-parfaits*. Il s'agit là d'une vérité statistique, d'ordre narratologique et non linguistique, et qui appelle une explication. Aux trois temps cités, il faut ajouter le passé antérieur, rare sans doute, mais qui s'insère fort naturellement dans le récit. Quant à la forme baptisée « conditionnel », employée dans les récits au passé avec la valeur dite « futur du passé », elle s'emploie essentiellement dans le discours indirect[13]. Elle sera prise en considération au chapitre suivant.

Si l'on accepte de donner un sens à l'expression de « récit minimal », les remarques qui précèdent conduisent à dire qu'il suffit d'un

---

13. Elle sert ainsi, dans le récit anonyme, au rapport des paroles / pensées des personnages par le narrateur désincarné. Mais elle est usitée, dans le récit autobiographique, par les « narrateurs-personnages » qui, à un moment de leur histoire, envisagent l'avenir qui sera le leur, comme dans : « À vingt ans, j'étais plein de confiance dans l'avenir. Je *serais* un jour un grand peintre ou un grand écrivain ». Ce phénomène est un de ceux qui éclairent le statut énonciatif du narrateur-personnage dans le récit en 1re personne. L'opération qui consiste à envisager l'avenir à partir d'un moment repéré est dénommée « *visée* » en linguistique énonciative.

certain nombre d'énoncés au passé simple pour former un récit. Pour certains auteurs (par exemple Genette, 1972), on a ainsi un récit (minimal) dans une séquence comme la suivante :

Il quitta sa maison de bonne heure, avec son chien et son fusil, parcourut la lande toute la matinée, et ramena six coqs de bruyère dans sa gibecière.

Cette brève succession d'énoncés au passé simple a incontestablement un caractère narratif. Il serait futile de chercher à prouver que ceci *est* ou non un « récit ». Si l'on attend d'un récit qu'il ait un *sens*, on considérera la séquence ci-dessus comme un simple fragment – et on soulèvera *ipso facto* l'immense, mais passionnante question de savoir comment la narration d'une série d'événements, aussi longue qu'on le voudra, peut proposer une signification au lecteur, de façon plus ou moins explicite. Ce n'est pas ici notre propos.

Le fait crucial, du point de vue narratologique, est que l'immense majorité des récits utilisent les temps du passé ; il est admis (implicitement en général) que le narrateur qui commence à écrire sait déjà, le plus souvent, toute l'histoire qu'il racontera naturellement au passé. Du point de vue linguistique, le fait important est que le passé simple français et le preterit anglais puissent apparaître comme les temps de base du récit par leur aptitude à créer le sentiment de la successivité et de l'écoulement du temps.

☙

Dans la théorie d'A. Culioli, le passé simple réalise le type parfait de *l'aoriste*[14]. La valeur linguistique de l'aoriste se définit par la conjonction des deux propriétés suivantes :

a. Du point de vue aspectuel, l'aoriste renvoie à un procès « *borné-fermé* ». « Borné », on l'a vu, désigne la propriété inhérente des verbes de processus. Dans « il envoya un télégramme », le procès « envoyer » est borné en vertu de sa valeur aspectuelle lexicale. Quant au procès « envoyer un télégramme », il est envisagé dans

---

14. Le terme est naturellement emprunté à la grammaire grecque, où il désigne une forme verbale dont les propriétés sont proches de celles de l'aoriste tel qu'il est défini et utilisé par Culioli.

sa *totalité* (l'expédition du télégramme a lieu effectivement), ce que l'on exprime en disant que *la borne terminale est fermée*. Le passé simple s'oppose en cela à l'imparfait (« il envoyait un télégramme »), qui indiquerait qu'au « moment de référence », repéré par un élément du contexte (date, heure...), le procès est commencé, mais non achevé ; la borne terminale n'est pas atteinte, ce que l'on exprime en appelant le procès à l'imparfait un « *borné-ouvert* » (en d'autres termes, l'imparfait ne dit rien de ce qui se passera après le moment repéré)[15].

On peut représenter ainsi ces deux valeurs :

aoriste
(borné-fermé) Il envoya un télégramme après le déjeuner

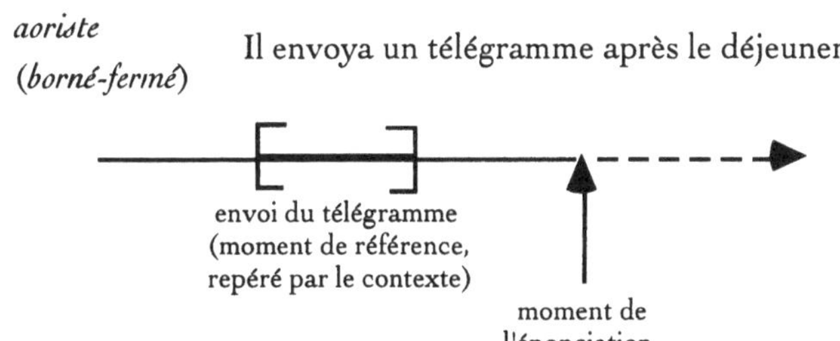

imparfait
(aspect « imperfectif ») Il envoyait un télégramme quand je lui ai parlé.
(borné-ouvert)

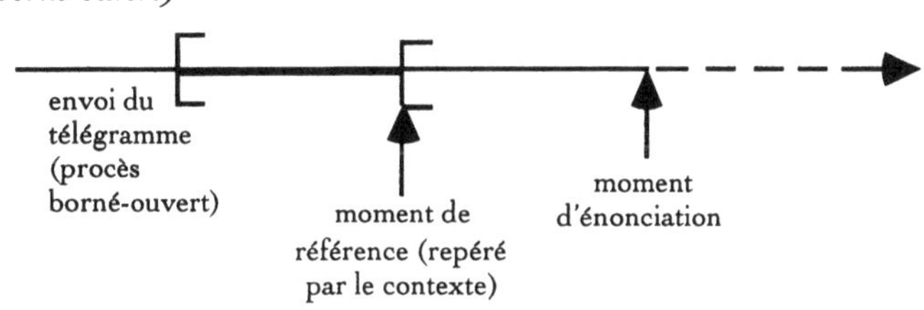

15. La notion de *borne*, utilisée par Culioli, est empruntée à la topologie. Cette branche des mathématiques s'intéresse à la conception des « intervalles » ou « espaces ». Ainsi, l'intervalle entre deux nombres, 5 et 25, peut être défini de deux façons : si 5 et 25 sont *compris* dans l'intervalle, on a des « derniers points » et des *bornes « fermées »*. Si 5 et 25 ne sont pas compris dans l'intervalle, on a affaire à des *bornes « ouvertes »*. Un intervalle fermé *peut* être doté d'un intervalle « adjacent », dont la borne ouvrante s'identifie à la borne fermante du premier intervalle (voir ci-dessous l'analyse du passé composé ou du parfait anglais).

b. La deuxième propriété caractéristique de l'aoriste concerne le *mode de repérage* dont il est l'objet. Une analyse du passé simple montre qu'à lui seul, il ne dit rien du moment d'énonciation, ni de la distance temporelle qui l'en sépare. Ainsi *Il lut Hamlet*, hors contexte, est un énoncé quelque peu énigmatique (pourquoi dire cela maintenant ?). D'autre part, il ne situe pas le procès dans le temps, sinon dans un passé totalement indéterminé. C'est pourquoi on peut prédire que, dans un texte, il sera toujours repéré, et par un élément contextuel (par un autre procès ou par un circonstant de date). Un procès à l'aoriste fait donc l'objet de ce type très particulier de repérage qui, à la limite, ne peut se définir que par *l'absence* de repérage énonciatif ; il est *sans lien* avec la situation d'énonciation, donc en *rupture* par rapport à elle.

En cela, le passé simple s'oppose au passé composé, forme fondamentalement présente (comme l'indique la forme de l'auxiliaire, *avoir* ou *être*), mais qui indique elle aussi que le procès a eu lieu dans le passé. On comparera ainsi :

passé simple (aoriste)	Je visitai Paris	(absence de lien avec le présent ou d'intérêt pour lui)
passé composé (présent « perfectif »)	J'ai visité Paris	(donc, j'en ai quelque connaissance, etc.) [16]

Pour l'essentiel, l'opposition ci-dessus se retrouve entre le preterit et le present perfect anglais :

16. Le terme de « passé composé » et le fait de classer cette forme parmi les temps du passé sont trompeurs. Le terme anglais de « *present perfect* », appliqué à une forme verbale morphologiquement identique, indique à juste titre que cette forme associe le *temps* « présent » et *l'aspect* « perfectif » (d'où par exemple *I have now finished*). Pour le français, le terme de « *présent perfectif* » apparaît donc préférable à celui de « passé composé ». La situation est malheureusement plus complexe qu'en anglais, le passé composé étant compatible avec des repérages adverbiaux passés, et pouvant ainsi fonctionner comme un temps du récit, notamment en français parlé (*J'ai visité la Bavière en juillet et j'ai ensuite passé trois jours à Venise*). Nous conserverons donc, malgré ses inconvénients, le terme traditionnel de « passé composé ».

preterit (aoriste)	I visited Paris	(procès borné-fermé, *en rupture* avec le moment de l'énonciation)
present perfect (présent « perfectif »)	I have visited Paris	(procès borné-fermé, repéré par rapport à l'énonciation)

Les verbes d'état, bien que lexicalement non-bornés, peuvent recevoir dans un énoncé des déterminations qui leur donnent les propriétés aoristiques ; un passé simple déterminé par un complément de temps *qui instaure des limites* aura valeur d'aoriste :

Elle fut malade de janvier à mars.
Il fut un élève travailleur jusqu'à 18 ans.

2.5.3. Le type de repérage

On a vu ci-dessus que l'une des propriétés fondamentales de l'aoriste, valeur du passé simple, est d'exprimer un procès sans aucun lien avec la situation d'énonciation, donc non repéré par rapport à elle, plus exactement objet de ce repérage très particulier appelé *rupture*, qui consiste à mettre un objet ou un procès « hors système de référence » (de façon analogue, la 3e personne *il / elle* est définie, on l'a vu, comme extérieure à la relation d'interlocution).

L'imparfait possède l'une des propriétés définitoires du passé simple - aoriste : si, du point de vue aspectuel, il est un « ouvert » (on ne sait pas si le procès atteindra sa borne terminale), du point de vue du repérage, il est en rupture avec la situation (il ne fait pas l'objet d'un repérage déictique). *Il lisait Hamlet* donne sur la situation d'énonciation aussi peu d'information que *Il lut Hamlet*, et tous deux appellent un repérage temporel passé (circonstant ou autre procès lui-même repéré) fourni par le texte.

À ces deux temps, les plus fréquents dans les récits au passé, considérés comme classiques, s'oppose fondamentalement le passé composé (et, en anglais, plus fortement encore, le present perfect).

Le passé composé (et le present perfect) présentent au premier abord un caractère paradoxal : tous deux renvoient à un procès passé et de plus (contrairement à l'imparfait) *borné* : *J'ai écrit un roman* signifie que le roman est terminé. Mais d'autre part, l'emploi du passé composé a toujours été perçu comme instaurant une relation avec le présent. On a cherché à préciser cette relation en envisageant des « conséquences présentes d'un procès passé » (mais ces conséquences sont parfois très évidentes, comme dans *J'ai brûlé votre lettre*, parfois moins tangibles, comme dans *J'ai téléphoné à mon oncle*). De la même façon, on a parlé de « present relevance » (« pertinence présente ») pour décrire ce qu'il y a de présent dans le present perfect.

Du point de vue morphologique, il y a aussi une forte analogie entre ces deux « temps composés » : tous deux utilisent un auxiliaire au présent (*avoir* ou *être* en français, *have* en anglais), et un marqueur représenté par le sigle -PP (participe passé) ou -EN. Or on a, non sans raison, interprété ce marqueur comme dénotant un procès envisagé « *de l'extérieur* », *sous l'angle de sa borne terminale*, ce qui expliquerait bien la valeur résultative du participe passé et, plus nettement encore, du participe passé adjectivé (*un chèque barré*).

Dans le cadre de la linguistique énonciative d'A. Culioli, un autre concept emprunté à la topologie permet de préciser (et de représenter graphiquement) cette double valeur du passé composé et du present perfect. Le problème est de formaliser *la différence entre deux procès bornés-fermés*, l'un au passé simple, aoristique, coupé du présent, et l'autre, un passé composé fortement lié au présent. La notion d'*espace adjacent* représente parfaitement cette différence.

L'aoriste, borné-fermé en rupture avec le présent, laisse derrière lui un espace temporel vide, dans lequel pourront avoir lieu d'autres procès aux propriétés analogues. On sait que des séries de passés simples de ce type sont fréquentes, et suffisent à *créer un fragment de récit* : « Il prit son chapeau, ouvrit la porte et quitta la maison ».

Les trois procès fermés se succèdent dans le temps, indépendants, mais *en relation de successivité*, et par là repérés *les uns par rapport aux autres* par les relations d'antériorité et postériorité :

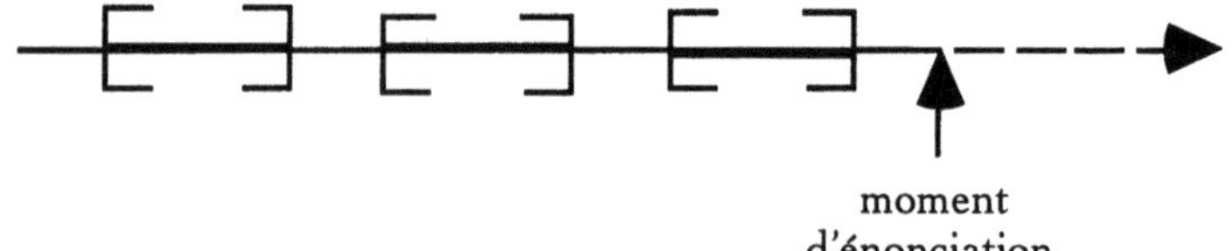

Au contraire, un passé composé (*J'ai écrit un roman*) renvoie à un procès passé (d'où la forme *écrit*) en le repérant par rapport à la situation d'énonciation, d'où le présent de *avoir*, considéré comme un marqueur d'un repérage par « *localisation* »[17]. La relation entre le procès passé et le présent de l'énonciation consiste en ceci que le procès *a créé un état de choses nouveau qui occupe l'espace entre sa borne terminale et le présent*. Cet état de choses peut affecter le sujet ou le complément syntaxiques, ou la situation en général, mais il existe toujours, plus ou moins manifeste :

– objet affecté :	Il a peint ses volets Il a déchiré le chèque.
– objet « effectué » :	Il a écrit plusieurs livres.
– sujet affecté :	Il a reçu un choc.
– situation affectée :	Il y a eu des orages.

Les procès exprimés au passé composé laissent ainsi derrière eux un espace temporel où règne *un état de choses nouveau* qui dure (au moins) jusqu'au moment de l'énonciation : cet espace est dit *adjacent*, et c'est lui qui fait du passé composé la marque *d'un repérage temporel énonciatif*. Le moment de l'énonciation et le moment du procès font partie d'un même espace, d'où la valeur de présent du passé composé[18]. On peut suggérer la représentation graphique suivante :

---

17. La « localisation », en un sens non spatial, est un type fondamental de repérage, et *avoir* un de ses marqueurs privilégiés. Dans *Jean a une maison*, « maison » est repéré (situé) par sa relation d'appartenance à Jean. Dans *Le gardien a son chien avec lui*, ou, plus simplement encore, dans *J'ai une voiture* (au sens de « Je suis venu avec une voiture »), *avoir* localise « chien » par rapport à « gardien » (repéré) et « voiture » par rapport à « Je ». Les emplois divers de *avoir*, et de *have* en anglais, sous leur diversité, marquent un repérage par localisation (en anglais, *He had a car stolen*, au sens « causatif » et *He's had his car stolen*, malgré leur différence, illustrent le repérage par une relation abstraite de « localisation », dite aussi « différenciation »).

18. Les faits sont encore plus éloquents en anglais : d'une part, le present perfect est incompatible avec une date passée, ce qui n'est pas vrai du passé composé (* *I have spoken to him yesterday*). D'autre part, le present perfect apparaît dès lors que le procès révolu et le moment d'énonciation

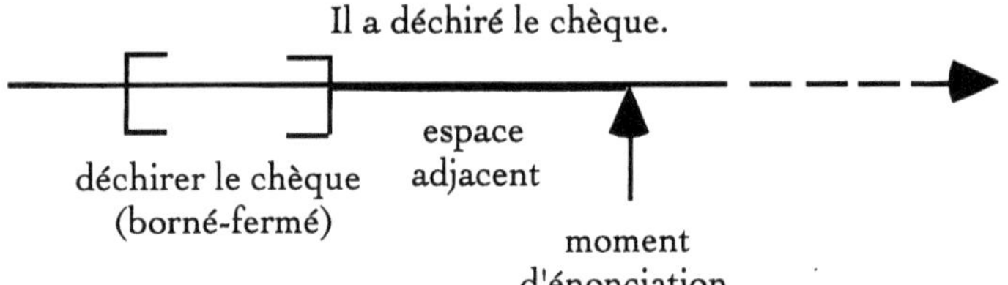

L'espace adjacent est occupé par un « *état résultant* ». Cet état résultant peut être décrit dans certains cas de deux façons différentes :

Le chèque a été déchiré.

ou, de la même façon, « la lettre a été lue »

Le chèque est déchiré. (mais ? la lettre est lue).

Dans le second cas (état résultant irréversible), on a affaire à un « *processus stabilisé* » : l'état est mentionné comme tel, mais non le processus qui lui a donné naissance.

ꝏ

À cette analyse des trois « temps du passé » les plus fréquents, on ne peut ajouter, à propos du plus-que-parfait, que la remarque, peu originale, qu'il marque une « double antériorité », qui peut se charger en outre d'une valeur de commentaire explicatif. Un moment révolu étant repéré (par une date ou sa relation à un procès repéré), le plus-que-parfait permet de signaler qu'un autre procès, plus ancien, a précédé celui qui le repère :

(Je l'ai vue au colloque, mais) *je l'avais déjà rencontrée.*

---

sont *situés dans une même période*, définie par le lexique ou grammaticalement :

– I have met her this week.
  * I met her this week.
– * I have met her last week.
  I met her last week.
– I have met her since I last saw you.
  * I met her since I last saw you.

(*Since* marque la limite initiale d'un espace temporel dont la limite terminale est le moment d'énonciation dans le cas d'un present perfect. Le procès *meet her* est localisé par son appartenance à cet espace).

La présence de l'auxiliaire *avoir* apparente naturellement le plus-que-parfait au passé composé. On a ici à nouveau un état résultant, mais il est repéré par rapport à un procès révolu, non au moment d'énonciation. Il ne s'agit donc pas d'un repérage déictique.

Le passé antérieur (*Il eut fini à 5 heures*) est clairement un aoriste combiné au marqueur aspectuel *avoir + PP* : comme le passé simple, il est en rupture par rapport à l'énonciation, et exige un repérage contextuel (date ou subordonnée temporelle). En anglais, il ne se distingue pas morphologiquement du pluperfect, pour la même raison qui fait que la même forme, le preterit, correspond à la fois à l'aoriste français et à l'imparfait.

☙

Cette revue, à la fois trop rapide et trop longue, des « temps du passé » (au sens traditionnel du terme) suffit à montrer comment la langue permet à un récit au passé de constituer un réseau de relations fondamentalement chronologiques. On peut considérer que *le squelette d'un tel réseau est constitué par une série de procès aoristiques* (vus de façon ponctuelle et placés à distance) *qui assure une successivité* essentielle, laquelle donne au lecteur le sentiment de l'écoulement du temps. Chacun de ces procès peut en outre être présenté comme *concomitant* d'un ou plusieurs autres :

Quand j'entrai dans la pièce, elle jouait du piano.
(aoriste repérant un imperfectif)

Quand j'entrai dans la pièce, elle cessa de jouer.
(aoriste repérant un autre aoriste)

Quand je travaillais, la famille sortait sans moi.
(imperfectif itéré en repérant un autre)

Comme je travaillais, la famille sortit sans moi.
(imperfectif repérant un aoriste)

Enfin, le récit ainsi constitué peut opérer des retours en arrière, grâce à *l'antériorité* que le plus-que-parfait permet de marquer par rapport à un procès déjà repéré :

La lettre me parvint le soir, mais j'avais appris la nouvelle dès le matin par téléphone.

Le seul « temps passé » (au sens traditionnel) qui n'ait aucune propriété aoristique, le passé composé (de même que le present perfect anglais) n'a pas sa place dans ce schéma : *les temps du récit classique sont entièrement « en rupture » avec le moment de l'énonciation.*

Ceci n'implique naturellement pas que celui-ci s'identifie au « récit » de Benveniste, et qu'il soit ainsi dépourvu d'énonciateur et « se raconte lui-même ».

2.6. Le lexique de l'appréciation et l'énonciateur

2.6.1. Subjectivité énonciative et subjectivité psychologique

Les phénomènes évoqués jusqu'ici mettent en évidence le rôle central de l'énonciateur dans l'élaboration des énoncés, notamment dans le repérage des personnes, des lieux, des temps : l'énonciation et la situation spatio-temporelle dans laquelle il se trouve au moment où il énonce constituent une *origine* à partir de laquelle on peut calculer les valeurs référentielles de l'ensemble des éléments déictiques.

Cet aspect de l'énonciation constitue ce que Benveniste (1966, p. 258) a appelé « *la subjectivité dans le langage* », expression largement répandue maintenant, et qui désigne un large ensemble de phénomènes qui légitiment l'élaboration d'une linguistique de l'énonciation.

Il n'est peut-être pas inutile de distinguer deux sens du mot « subjectivité » ou, si l'on préfère, *deux types de subjectivité.*

La subjectivité dont traite Benveniste dans ses articles fondateurs de la linguistique énonciative (1966 et 1974) a pour concept de base le *sujet parlant* (que l'on appellera, selon les auteurs et les contextes, locuteur, auteur, énonciateur, destinateur, etc.). Il s'agit de prendre pour phénomène fondamental en linguistique le fait que *tout sujet parlant* est un « énonciateur », auteur de tous les énoncés qu'il profère (même s'ils sont de statuts différents, reprises, ironiques, universalisables, fictifs, etc.), et origine de tous les repérages effectués. Au regard de cette *subjectivité énonciative*, tous les sujets parlants sont pourvus de propriétés identiques : ils sont tous au même titre utilisateurs de la langue, ils effectuent les mêmes opérations sémantiques et les lois de l'énonciation valent de la même façon pour tous : tout sujet parlant dit *Je* pour se désigner, et *là-bas* pour désigner un lieu éloigné de lui, « en rupture » avec le lieu d'où il parle.

On sait depuis toujours que le mot *subjectivité* a un autre sens : il est appliqué à tout phénomène qui caractérise un individu en tant qu'il est *unique*. Les sentiments qu'éprouve un être humain, ses comportements, ses jugements dans l'appréciation d'une situation complexe, le caractérisent en tant que tel et sont, en ce sens, « subjectifs ». Ainsi, tout énoncé commençant par « Je trouve que… » se présente explicitement comme *subjectif*.

Cette subjectivité, que j'appellerai *psychologique*, est largement manifestée dans les langues, notamment dans leurs lexiques. On sait que, par exemple, le nom « cercle » peut être qualifié d'« objectif », au contraire du nom « vulgarité », qui est « subjectif ». Pour expliciter cette opposition, on dira que, d'une part, on parvient plus facilement à formuler une définition indiscutable du mot « cercle » que du mot « vulgarité », d'autre part que, dans une communauté linguistique donnée, un consensus se fera immédiatement sur les figures qui sont, ou ne sont pas, des cercles, mais non sur les comportements et les sentiments qui manifestent de la vulgarité.

La même opposition objectif / subjectif concerne les adjectifs : on admettra facilement que l'adjectif « célibataire » est « objectif » (dénote une propriété *vérifiable par tous*) et que « crapuleux » (sauf dans son emploi juridique : « crime crapuleux ») est « subjectif ». Parmi les termes subjectifs figurent en bonne place ceux qui incorporent un *jugement de valeur*, au sens strict que donnent à ce mot les philosophes : jugement mettant en jeu les concepts de *bien* et de *mal* d'une part, de *beauté* et de *laideur* d'autre part[19].

L'opposition objectif / subjectif concerne aussi la catégorie des verbes, quoique de façon moins massive. Elle permet par exemple de distinguer *converser*, terme neutre (qui n'incorpore aucun jugement de valeur), et *papoter*, légèrement péjoratif, que l'on peut analyser en

19. Kerbrat-Orecchioni (1980, p. 73) appelle « *axiologique* » l'ensemble des termes (beau, harmonieux, splendide, bon, méchant, généreux, méprisable, etc.) qui servent à formuler les jugements moraux et esthétiques.

Les appréciatifs *non-axiologiques* mettent en jeu des jugements de *quantité* (grand/ petit, long/court, large/étroit, riche/pauvre, etc.).

termes de « traits » sémantiques comme *converser* + « *futile* ». On considérera que les deux verbes *dénotent* la même activité, mais que, *futile* étant péjoratif, *papoter* renferme un élément d'*appréciation subjective*.

L'opposition traditionnelle objectif / subjectif, appliquée aux langues et singulièrement à leur lexique, s'exprime par celle des termes *dénotatifs* et des termes *appréciatifs*.

Cette dichotomie objectif / subjectif est fondamentale dans l'étude du lexique ; elle mérite à la fois d'être précisée, et replacée dans le cadre d'une linguistique de l'énonciation, qui l'éclaire d'un jour nouveau, et montre de quelle façon elle intéresse la narratologie.

2.6.2. Noms évaluatifs et noms de qualité

On peut définir l'ensemble des noms appréciatifs au moyen de deux propriétés qui leur sont communes, qu'ils désignent des animés ou des inanimés – distinction qui devra être faite ultérieurement.

La première est que, contrairement à ce qui a lieu dans le cas des noms dénotatifs, dont l'emploi rencontre normalement l'assentiment des locuteurs dans une communauté linguistique homogène, le recours à des noms appréciatifs est facilement l'objet d'un désaccord, ce qui découle du fait que ceux-ci incorporent des jugements subjectifs. Si je qualifie de « haridelle » un cheval de course, je m'expose plus à une protestation de mon destinataire que si je désigne improprement un instrument de musique par son nom, « guitare », « mandoline », « contrebasse » (sauf en cas d'erreur manifeste, mais précisément, dans ce cas, il y aurait un consensus sur le fait que j'ai fait une erreur de désignation).

Une seconde propriété, strictement linguistique celle-là, est la différence de comportement des deux catégories de nom dans les structures exclamatives. Soit en effet des groupes nominaux exclamatifs formés sur des noms appréciatifs :

– avec des noms « humains » :

Quel imbécile ! Quel idiot ! Quelle crapule !

ou, en anglais :

What a fool ! What an idiot ! What a rascal !

– avec des noms d'inanimés :

Quel rafiot ! Quelle croûte ! Quel chef-d'œuvre !

On constate aisément que ces expressions ne comportent aucune ambiguïté : en disant « quel imbécile », j'attribue à l'individu concerné *un degré indiciblement élevé* de la propriété graduable « imbécile », degré si élevé que je ne trouve littéralement pas de mot pour le spécifier[20].

Ainsi, des expressions comme « Quel imbécile ! » ou « Quel rafiot ! » sont immédiatement interprétables, et signalent les termes « imbécile » et « rafiot » comme renfermant une valeur appréciative, péjorative en l'occurrence, valeur elle-même *graduable* : l'exclamation porte sur cet élément sémantique graduable. On peut en effet analyser « rafiot » comme regroupant un contenu dénotatif (« bateau ») et l'élément appréciatif graduable « mauvais » qui rend l'exclamation à la fois possible et non ambiguë.

Il en va tout autrement des noms dénotatifs qui, en structure exclamative, présentent une ambiguïté inhérente, et ne sont interprétables que si le contexte permet de restituer un élément adjectival graduable :

– *Quel docteur ! Quel plombier !*

– *Quel bateau ! Quel tableau !*

sont ininterprétables hors contexte. Si elles apparaissent dans un discours, c'est toujours avec un sens du type de « Quel *bon* docteur ! » ou « Quel *mauvais* docteur ! », où il est clair que c'est l'adjectif appréciatif qui est le support de l'exclamation.

On est donc autorisé à poser, à l'intérieur de la catégorie des noms, une distinction fondamentale entre des noms *dénotatifs* et des noms *appréciatifs*, ceux-ci incorporant un jugement subjectif[21]. Cette

---

20. Cette définition de l'exclamation – expression d'un degré *indiciblement élevé* d'une propriété (et non seulement du « haut degré ») – est proposée dans Rivara (1979).

21. Pour rendre compte des structures exclamatives comme « Quelle foule ! », qui ne met en jeu aucune appréciation morale ou esthétique, il

distinction est confirmée par l'ensemble des propriétés d'une catégorie particulièrement importante de noms appréciatifs, les Noms de qualité.

ɷ

Le terme de *Nom de qualité* est attribué par Milner (1973 et 1978) aux noms appréciatifs désignant des êtres humains : *imbécile, crapule, salaud, maladroit, crétin*, etc. Dans deux études qui se placent dans le cadre de la grammaire générative, Milner étudie avec précision une série de propriétés syntaxiques très remarquables qui définissent cette catégorie des Noms de qualité. Mon propos n'est pas ici de les examiner toutes, encore moins de déterminer leur intérêt pour la théorie générative, ou l'un de ses modèles particuliers[22]. En revanche, dans l'optique du présent travail, ces propriétés syntaxiques apportent une contribution précieuse à la définition de la sémantique des noms appréciatifs, dont elles sont la conséquence et la manifestation.

La première propriété des noms de qualité citée par Milner (1978, p. 174) est de pouvoir apparaître en premier dans un groupe de structure N_1 *de* N_2, tel que :

un imbécile de gendarme

mon crétin de mari

un amour d'enfant.

On a aussi, avec des N_2 « inanimés » : *une horreur de robe* ou *une merveille de voiture*.

---

faut en effet dire « jugement subjectif » plutôt que « jugement de valeur ». *Foule* s'analyse en effet en *assemblée* + *«grande »*, et c'est l'adjectif appréciatif graduable qui supporte l'exclamation.

22. Les Noms de qualité, qui ont tous le trait « humain » constituent la catégorie la plus remarquable de noms appréciatifs. Les noms appréciatifs, « animés non-humains » ou « inanimés » sont sans doute moins nombreux, et ne possèdent pas toutes les propriétés des Noms de qualité (par exemple *rafiot, tacot, croûte*, déjà cités). La catégorie des noms appréciatifs n'est donc pas strictement homogène. Ainsi, à côté de *mon crétin de fils*, on ne trouvera sans doute pas *? son tacot de Simca*.

Une seconde propriété des noms de qualité, déjà mentionnée dans ce chapitre, est d'apparaître en position de *vocatif* avec une valeur particulière (« vocatif d'insulte » le plus souvent) :

Idiot ! Crapule ! Canaille ! ou, en anglais : *(You) rascal !*

Ce type de vocatif ne peut apparaître que dans un dialogue déjà instauré, où le destinataire est parfaitement déterminé. Ce phénomène est peut-être celui qui illustre le mieux l'opposition du dénotatif et de l'appréciatif : les noms appréciatifs n'ont pas d'« *autonomie référentielle* » ; employés seuls, *ils ne permettent pas de désigner quelqu'un*.

Ce fait, à son tour, repose sur leur propriété définitoire, mentionnée en premier : *il n'existe pas de classe universellement reconnue des imbéciles, des crétins*, etc. Au contraire, les noms dénotatifs renvoient à des classes d'individus ou d'objets normalement reconnus par l'ensemble des locuteurs, et qui permettent ainsi des désignations :

Un facteur a apporté ce colis et non *? Un crétin a apporté ce colis.*

Seuls les noms dénotatifs peuvent apparaître comme N_2 dans la structure *N_1 de N_2* :

une crapule de plombier et non * *une crapule d'imbécile.*

Les noms dénotatifs qui renvoient à des classes particulièrement bien structurées, caractérisées par une propriété officiellement reconnue (notamment les noms de titres) permettent des formes de *vocatifs d'appel*, qui n'ont, dans la communication, rien de commun avec les vocatifs appréciatifs.

Docteur ! Sergent ! (mon cher) cousin !

Pour ces raisons, les noms dénotatifs sont appelés *classifiants* (Milner, 1978), alors que la *non-classifiance* caractérise les noms appréciatifs (ces termes s'appliquant d'ailleurs également aux adjectifs, qui sont eux-mêmes divisés en dénotatifs et appréciatifs).

2.6.3. Adjectifs subjectifs : appréciatifs et affectifs

L'opposition entre deux grandes catégories d'adjectifs, les « objectifs » (carré, urbain, célibataire) et les « subjectifs » (élégant, généreux, admirable), admise depuis longtemps, recoupe assez exactement l'opposition classifiant / non-classifiant proposée par Milner, et qui, appliquée d'abord aux adjectifs, vaut également pour les noms.

Dans cette optique, on dira par exemple que *rectangulaire, célibataire, rural, aérien, femelle, carnivore* sont des adjectifs « objectifs » (« dénotatifs ») : ils n'ont pas d'autre fonction que de désigner une *propriété* d'un objet ou événement, et cette désignation pourrait être effectuée par n'importe quel énonciateur. Il existe normalement un *consensus* dans la communauté linguistique quant au sens et aux possibilités désignatives de ces adjectifs.

En d'autres termes, l'énonciateur qui utilise un adjectif objectif (dénotatif) *ne met pas en jeu sa « subjectivité psychologique »* : il dit quelque chose que, en principe, tout autre énonciateur pourrait dire dans la même situation, face au même objet.

Inversement, des adjectifs tels que *beau, rapide, élégant, généreux, séduisant, paresseux*, bien qu'ils prétendent eux aussi « décrire » l'objet auquel ils sont appliqués, incorporent clairement un jugement subjectif. La conséquence en est que, dans une conversation, une assertion appréciative du type « Martin est un élève paresseux » s'expose facilement à des contestations diverses, telles que « Pour moi, il est plutôt étourdi » (« il manque de méthode », etc.). Ces jugements appréciatifs se présentent parfois explicitement comme tels ; on peut opposer ainsi : « Je trouve qu'il a été généreux » à ? «Je trouve sa maison rectangulaire ».

Les adjectifs appréciatifs se caractérisent syntaxiquement par le fait qu'ils admettent *les marqueurs de degré* (adverbes, comparatif, superlatif, exclamation) :

Cette jeune personne est très élégante (plus élégante que...)
Elle est la plus élégante.
Quelle élégante personne !

On peut ainsi définir les adjectifs (et adverbes) appréciatifs par la propriété « *graduable* », aisément décelable par un test syntaxique.

ଓ

Il est une catégorie d'adjectifs très remarquables, dénommés *affectifs*, que l'on pourrait songer à classer parmi les évaluatifs, mais qui possèdent d'autre part des propriétés sémantiques et syntaxiques qui doivent les faire ranger à part. Les « affectifs » ont pour fonction de manifester une réaction émotive parfois forte (ainsi *affreux, hideux, déchirant, splendide, admirable, extraordinaire*). En outre, contrairement aux évaluatifs, *ils ne sont pas graduables* (* très admirable, * très déchirant)[23].

On est ainsi amené à préciser l'opposition entre les termes « objectifs » et « subjectifs », en distinguant des catégories de subjectifs, et à adopter la classification en forme d'arbre proposée par Kerbrat-Orecchioni (1980, p. 84) :

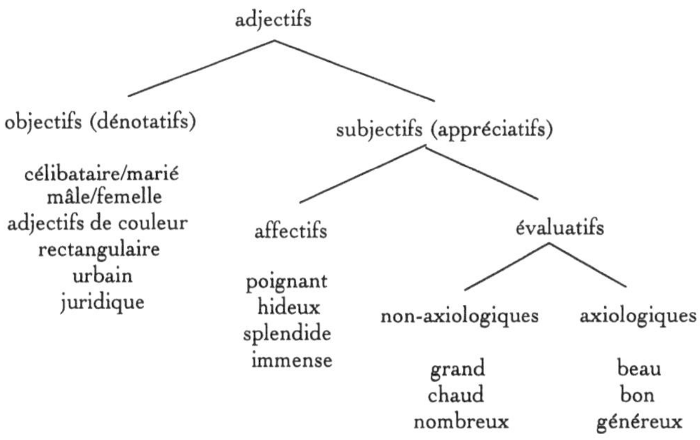

23. Le caractère non-graduable des adjectifs affectifs est l'expression de leur sémantisme. Un adjectif évaluatif, dans un emploi donné, peut être décrit comme renvoyant à une zone d'une certaine « *échelle* » (ou « *gradient* ») de la propriété dont il s'agit : « Alexandre est étourdi » signifie que, sur l'échelle sémantique de l'étourderie, Alexandre se situe *au-dessus* d'une *norme*, qui est une moyenne (nécessairement approximative) des degrés d'étourderie dont sont affligés la plupart des êtres humains. Une comparaison d'inégalité signifie que deux objets se situent à des niveaux différents sur l'échelle de la propriété sous l'angle de laquelle on les compare (« André est plus habile que Pierre »).

Les adjectifs affectifs servent à situer un objet *au sommet d'une telle échelle sémantique* : ils indiquent que l'objet en question possède la propriété graduable à un degré incomparable et inégalable (d'où leur caractère non graduable) ; ainsi, *magnifique* ou *splendide* nous renvoient au sommet inaccessible de la beauté. *Hideux* désigne un point extrême de la laideur. On comprend ainsi l'intensité émotive dont les affectifs sont souvent chargés.

On constate aisément que les différentes catégories d'adjectifs (ainsi que de noms, verbes et adverbes) rangés sous la rubrique « subjectifs » manifestent la « subjectivité psychologique », au sens défini plus haut).

Une théorie énonciative rend compte de la « subjectivité énonciative » que manifestent les énoncés au moyen du concept fondamental de *repérage*. Un repérage est un apport de détermination qui, on l'a vu, suppose une source (le repère) et une cible (le repéré). L'énonciateur est la source première, l'*origine* d'une série de repérages, dont le premier définit le destinataire (le « co-énonciateur »). Un terme repéré peut à son tour devenir repère, source d'autres repérages.

Une analyse analogue vaut pour la « subjectivité psychologique » qu'expriment les termes appréciatifs : de façon très évidente, les éléments évaluatifs et, *a fortiori*, affectifs, étant porteurs d'un jugement subjectif dont les jugements de valeur sont le modèle, posent le problème de savoir qui est *l'auteur* de ce jugement. Il apparaît assez clairement que, en dehors des énoncés en discours rapporté, qui le déchargent de la responsabilité de ces jugements (cf. chapitre 3), c'est l'énonciateur qui est *source des appréciations* que renferment les termes subjectifs qu'il emploie. En disant « Le spectacle était impressionnant », l'énonciateur prend en charge un jugement subjectif qui se présente comme une description de l'objet, mais exprime avant tout une réaction personnelle dont il est impossible de prouver qu'elle est fondée ou non, et qui ne peut qu'être confrontée à la subjectivité des autres locuteurs.

ꕥ

Dans la théorie énonciative de Culioli, un énoncé se caractérise par quatre types de *modalités* :

1. Une modalité de type syntaxique, qui met en jeu la *valeur de vérité d'une proposition* : l'assertion *attribue* une valeur de vérité. L'interrogation vise à vérifier auprès du co-énonciateur cette valeur de vérité. La concession (*Qu'il vienne ou non,* nous restons) présente la valeur de vérité comme indifférente (sans effet sur celle d'une autre proposition, qui est assertée de toute façon).

2. La modalité « *épistémique* », qui qualifie le savoir manifesté par l'énoncé : « la lettre s'est *peut-être* perdue » (*a pu se perdre*). Elle s'exprime par des termes spécialisés, adverbes, adjectifs, verbes, et, en anglais, par la plupart des auxiliaires modaux, *must* et *may* plus fréquemment que les autres.

3. La modalité *appréciative*, qui met en jeu les termes étudiés ci-dessus (Il est *regrettable* / *stupéfiant* / *heureux* / *désastreux* qu'il ait refusé. Il a *heureusement* / *fâcheusement* refusé).

   Ce terme de « modalité appréciative » sera utilisé ci-dessous chaque fois qu'il pourra utilement caractériser un énoncé.

4. La modalité *intersubjective* (souvent appelée « modalité radicale » dans la grammaire de l'anglais), qui exprime une *relation entre le sujet et le prédicat* de l'énoncé, elle-même fondée sur une *relation entre sujets humains* (notions de permission, obligation, causation, etc. : « Ils peuvent emprunter des livres ». « Il nous est interdit de sortir / nous ne pouvons pas sortir »).

Les trois premières modalités, au contraire de la quatrième, expriment une relation *entre l'énonciateur et le contenu propositionnel* de l'énoncé.

Les modalités peuvent se combiner : un énoncé relève de deux ou plusieurs modalités : « Est-il scandaleux qu'il ait fait cela ? » combine la modalité interrogative et la modalité appréciative.

ꟹ

Les modalités épistémiques et appréciative seront évoquées plus loin dans un essai de définition de la notion *narratologique* de « point de vue ».

3

L'énonciation : le discours rapporté

3.1. Trois modes d'énonciation rapportée

Distinguer « récit d'événements » et « récit de paroles » ou « de pensées », comme on le fait généralement, et à juste titre, c'est faire des modes de retranscription de la pensée et de la parole des personnages de fiction un problème central de l'étude des formes romanesques, problème qui a reçu une attention nouvelle au XXe siècle. Jusque vers la fin du siècle précédent, les personnages des récits de fiction n'étaient certes pas muets, et leur vie intérieure présentait un intérêt, d'ailleurs très variable, pour les auteurs de nouvelles et de romans. Mais les monologues d'une part, et l'analyse des sentiments et pensées des personnages d'autre part ne semblent pas avoir alors attiré spécialement l'attention des critiques ; c'est avec la publication de grands « romans psychologiques » tels que ceux de Joyce, Faulkner, V. Woolf que se sont multipliées les études des techniques narratives généralement désignées par les termes de *stream of consciousness* et monologue intérieur. L'intérêt s'est dès lors étendu à l'ensemble des procédés narratifs permettant aux écrivains de décrire, transposer ou reproduire les paroles et les pensées de leurs héros fictifs.

De l'abondance de ces études sont nées d'une part une connaissance nouvelle de l'originalité de ces divers procédés et de la complexité du problème, d'autre part des divergences, inévitables, et surtout une confusion qui ne semble pas entièrement dissipée à l'heure actuelle.

Cette confusion a été occasionnée en partie par l'intrusion de concepts linguistiques, essentiellement celui de *discours indirect libre* dans des discussions relevant de la critique littéraire et, plus précisément, de la narratologie. Pour certains historiens de la littérature, partisans d'un idéal d'imitation stricte (la mimesis platonicienne), « monologue intérieur » ne pouvait s'appliquer qu'à la reproduction littérale des pensées d'un personnage et, souvent, ceci ne pouvait désigner que le « discours direct » dudit personnage, c'est-à-dire la citation[1]. Ce qui n'était pas « discours direct » se trouvait dès lors rejeté dans la catégorie des procédés narratifs où seul le narrateur a la parole et reste maître du récit, directement ou non. D'où la méconnaissance des différences profondes entre les deux grandes variétés de discours indirect, et l'insistance sur une prétendue « différence capitale » entre monologue intérieur et discours indirect libre (cette distinction, présentée comme essentielle, apparaît encore chez Genette, 1972, p.194).

Conformément au principe méthodologique que j'ai suivi dans ce travail, je défendrai la double thèse que *linguistique et narratologie sont deux disciplines différentes*, et que deux études doivent être menées successivement : celle qui porte sur la langue, et les ressources qu'elle offre aux récits, et celle qui porte, en littérature, sur le « récit de paroles et de pensée ». « Monologue intérieur » est un concept narratologique, « discours indirect libre » est un concept linguistique. Avant de les comparer, il convient de les situer dans les champs disciplinaires dont ils relèvent. De même que l'étude du repérage des procès et des personnes doit précéder celle des récits littéraires, de même celle des formes de discours rapporté doit précéder celle du récit de pensées et du monologue intérieur.

Du point de vue linguistique, il n'y a à l'heure actuelle aucune

1. Cette prise de position correspond bien à la première définition (la plus stricte) que donne Genette (1972, p. 206) de la « focalisation interne », dans laquelle le lecteur est en contact avec la conscience du personnage : le récit propose une « *vision avec* » la vision du personnage, de sorte que « la focalisation interne n'est pleinement réalisée que dans le récit en 'monologue intérieur' » (*ibid.*, p. 205).

originalité à distinguer trois types fondamentaux de discours rapporté :

a. La *citation* pure et simple des paroles du personnage par le narrateur, procédé généralement appelé « discours direct » (il faut entendre « discours du personnage »). Je garderai ce terme de « citation » pour désigner la reproduction des pensées ; la distinction n'est d'ailleurs pas toujours tranchée entre une méditation purement mentale et un monologue, ou une esquisse de monologue partiellement ou totalement audible.

b. Le *discours indirect*, que j'appellerai « classique » dans les cas où il paraîtra nécessaire de le distinguer du discours indirect libre. Une tradition persistante, entretenue par des exercices scolaires de transposition, a longtemps conçu le discours indirect comme *dérivé* du « discours direct », selon le schéma bien connu :

 Jean m'a dit : « Mon fils est malade »

 →

 Jean m'a dit que son fils était malade.

 Une linguistique énonciative, mieux qu'une autre, permet de voir qu'on a affaire ici à deux types d'énoncés radicalement différents, que rien ne permet de rattacher l'un à l'autre.

c. Le discours indirect libre, phénomène linguistique passionnant par les possibilités qu'il donne aux écrivains (ce qu'atteste la quantité d'encre qu'il a fait couler), est le procédé le plus complexe des trois, mais, du point de vue de la « fidélité » de la retranscription du discours, il est beaucoup plus proche de la citation que du discours indirect « classique ». La tradition (parfois reprise dans des études récentes) le présente comme dérivé de l'indirect, plus précisément, en termes de grammaire générative, comme étant du « discours indirect désenchâssé » (*disembedded reported speech*), selon le schéma :

 Jean me déclara tristement qu'il se sentait de plus en plus seul.

 →

 Jean me parla avec tristesse. [Il me déclara] Il se sentait de plus en plus seul.

Je montrerai que cette dérivation (qu'on la conçoive ou non comme une transformation chomskyenne), plus acceptable *prima facie* que la précédente, ne permet absolument pas de rendre compte de la nature du discours indirect libre ni de sa richesse (c'est-à-dire du peu de contraintes qui pèsent sur lui).

Il faut donc admettre *trois types d'énonciation rapportée, sans lien entre eux*, et qui offrent aux narrateurs (ou même aux locuteurs ordinaires) des ressources différentes.

3.2. Le discours rapporté littéralement : la citation

3.2.1. La littéralité, garant de fidélité

Le discours rapporté au moyen de la citation des propos tenus par l'énonciateur cité apparaît au premier abord comme le procédé le plus simple syntaxiquement, et le plus fidèle, puisque l'énoncé tel qu'il est rapporté est normalement strictement identique à l'énoncé initialement reçu. Dans la vie quotidienne, si la citation littérale n'est pas d'un usage très fréquent, il est des situations où cette fidélité, qui est une loi du discours rapporté au même titre que l'interdiction de mentir, peut être *vérifiée* ; on peut par exemple interroger un témoin éventuel des deux énonciations. Il en va autrement dans les récits littéraires, sauf si l'énoncé initial a déjà été rapporté par le narrateur. De toute façon, la citation en discours direct est régie par une *convention tacite de fidélité littérale*. Cette fidélité aux paroles exactes prononcées par l'énonciateur cité a une importance qui se manifeste parfois lorsque, un énoncé ayant été rapporté en discours indirect, où il n'y a pas d'obligation de littéralité, l'énonciateur éprouve le besoin de spécifier qu'il a bel et bien répété les paroles du premier énonciateur : ou « *C'est ce qu'il m'a dit, mot pour mot* », ou, en anglais : « *This is what he said, in so many words* ».

Il y a toutefois des limites à la fidélité de la reproduction d'un énoncé par un autre qui le cite. Dans une conversation, les caractéristiques phoniques d'un énoncé (force, débit, et surtout intonation) sont le plus souvent négligées, et donc modifiées ou atténuées. À l'écrit, dans un récit littéraire, elles ne peuvent jamais, dans une citation comme dans le cas général, qu'être très partiellement indiquées par la ponctuation, et par le choix du verbe qui introduit l'énoncé : *murmurer, s'exclamer* décrivent l'aspect phonique de l'énoncé.

Un autre fait, plus important, et qui vaut pour toutes les formes de discours rapporté, concerne la conception même du discours rapporté. Il semble implicitement admis par la tradition grammaticale que le discours rapporté, quel qu'il soit, a pour fonction de restituer un énoncé, c'est-à-dire avant tout un contenu sémantique, avec, il est vrai, l'indication de sa modalité syntaxique (son caractère assertif, interrogatif ou impératif)[2].

Or, la fonction du discours rapporté ne peut pas être de transmettre une sorte d'objet linguistique préfabriqué, assertion, question ou injonction qui pourrait *voyager d'une situation d'énonciation à une autre*, où seul « l'objet » (l'énoncé) réapparaîtrait. L'énoncé initial a été produit par une énonciation spécifique, dans une situation spécifique : le rapporter, même littéralement comme dans la citation, sans restituer la situation elle-même, serait l'amputer et le rendre au moins partiellement incompréhensible. On constate qu'en fait, certains éléments cruciaux de la situation d'énonciation initiale, notamment les coordonnées spatio-temporelles, sont spécifiées par l'énoncé citant quand elles ne sont pas déjà indiquées par le contexte. On lit ainsi dans *La Vénus d'Ille* (Mérimée, 1837, p. 53) :

---

2. Il est intéressant de noter que le philosophe anglais J.-L. Austin, fondateur de la « théorie des actes de langage » (*How to do Things with Words*, 1960), branche majeure de la pragmatique linguistique, écrit qu'en discours indirect, on ne rapporte que le contenu « locutionnaire » d'un énoncé, c'est-à-dire, approximativement, son *contenu propositionnel* (de valeur purement descriptive) et non l'acte de langage (demande d'information, requête, etc.) associé à ce contenu. C'est oublier que l'élément (le plus souvent verbal) qui introduit le discours rapporté (à l'exception de l'indirect libre) donne au moins *des indications sur la nature de cet acte* : *He claimed that the war would be over in less than a year* (Il soutenait que la guerre serait finie en moins d'un an) précise, outre le contenu asserté, la nature de l'acte d'énonciation : une assertion qui va *à l'encontre* des opinions généralement reçues (la « doxa »), sens des verbes *claim* et *soutenir*. Cette remarque n'enlève rien à la valeur considérable de l'ouvrage véritablement fondateur d'Austin. Sur la différence entre « sens locutionnaire » et « contenu propositionnel » et l'analyse austinienne du discours rapporté, voir Récanati (1981, p. 233 sv.).

« Avez-vous appris quelque chose de madame Alphonse ? » demandai-je au procureur du roi, lorsque ma déposition fut écrite et signée.

Cet exemple suffit à illustrer la nature du discours rapporté, dans le cas de la citation comme dans les autres : *c'est une énonciation qui raconte une autre énonciation*. Elle rapporte des actes de langage, et non de purs contenus.

La citation proprement dite (le fragment isolé par des guillemets) peut bien être littéralement « fidèle » aux mots initialement prononcés. Si les repères (contextuels et situationnels) des termes non-repérés (notamment les pronoms et les marqueurs temporels) ne sont pas fournis (notamment par l'énoncé introducteur), la littéralité de la citation ne garantit qu'une fidélité très incomplète. On peut comparer par exemple :

Il m'a dit : « Vous aurez mon rapport après-demain ».

Le directeur-adjoint m'a dit, mardi matin : « Vous aurez mon rapport après-demain ».

3.2.2. Syntaxe de la citation et cohésion énonciative

Les guillemets n'ont peut-être pas reçu des linguistes toute l'attention qu'ils méritent (voir cependant les travaux de J. Authier). La plupart des gens qui écrivent ont occasionnellement recours à eux pour isoler un mot ou une expression qui leur paraît un peu impropre, excessif ou déplacé : les guillemets leur permettent d'utiliser le mot *sans le prendre tout à fait en charge* ; leur fonction, en effet, est d'introduire dans le texte un autre énonciateur, imaginaire dans ce cas, qui est responsable de l'énoncé – ou du fragment – isolé par les guillemets. Cet emploi « désinvolte » des guillemets révèle parfaitement leur fonction : ils introduisent dans le discours ce qu'il convient d'appeler une *rupture énonciative*. Leur présence signifie : « à partir d'ici, ce n'est plus vraiment moi qui parle ». De ce principe découlent plusieurs emplois :

- La citation d'un élément linguistique (« mention » en anglais), par exemple un mot que l'on veut définir. Les guillemets signifient ici : « je ne parle pas, c'est-à-dire je n'énonce pas en disant ce mot ou cette expression ».

Le grammairien qui met entre guillemets une phrase ou une séquence éventuellement agrammaticale veut dire « *Je n'énonce pas* », c'est-à-dire « Je ne suis pas responsable de cette phrase ou de cette séquence, je la cite seulement ».

- La citation feinte d'un énonciateur imaginaire qui est censé employer un mot un peu impropre : c'est la citation « *désinvolte* », qui permet d'*employer* bel et bien ce mot, faute de mieux. Il s'agit ici d'usage (*use*) d'un mot, au moyen d'une citation fictive (au sens de *quotation*).
- La citation (*quotation* en anglais) d'un *énoncé construit par un autre énonciateur*, que l'énonciateur cité signale comme n'étant pas de lui, sans nécessairement le rejeter ni l'approuver.

Dans tous les cas, la fonction des guillemets (accompagnés de deux points dans certains cas de citation du type « quotation ») est de marquer une rupture énonciative (l'arrêt – puis la reprise – de l'énonciation englobante). Cette propriété caractérise la citation parmi les trois modes de discours rapporté. Il est vrai que les marques de ponctuation, notamment les guillemets, sont omises délibérément par certains auteurs (par exemple Malraux, 1946, p. 124 et *passim*) ; dans ces cas, c'est parfois la nature même des propos (ou des pensées) cités qui marque le passage d'un énonciateur à un autre : *le discours identifie alors le personnage qui l'énonce*. Mais il s'agit là d'un fait relevant de la narratologie, c'est-à-dire de l'usage spécifique que la littérature fait de certaines des ressources qu'offre la langue.

On sait qu'un texte se définit par différents types de cohésion : cohésion thématique, réseau de relations anaphoriques, stabilité des références, etc. L'étude des modes de discours rapporté conduit à postuler une continuité ou *cohésion énonciative*, qui est le maintien d'une seule source énonciative (hormis précisément les citations, qui doivent être signalées). De part et d'autre des monologues et dialogues rapportés en discours direct, le narrateur primaire garde la parole et la maîtrise du récit.

Si les ruptures énonciatives caractérisent le discours rapporté par citation, inversement le *maintien de la cohésion énonciative* est une propriété fondamentale des deux types de discours indirect, et contribue à en révéler la nature.

La citation étant définie comme un énoncé, ou groupe d'énoncés, produits dans une situation d'énonciation différente de celle où se situe le narrateur primaire et – dans le cas général[3] – par un énonciateur différent, il va sans dire que le réseau des repérages, en premier lieu celui des personnes et des procès, a une origine différente de celle de la narration principale. Les déictiques figurant dans une citation ne sont donc interprétables que dans la mesure où *les éléments pertinents* (personnes, lieux, moments, etc.) *de la situation initiale sont connus*. D'où la nécessité, pour l'énoncé introducteur d'une citation, de préciser ceux de ces éléments d'information que le contexte antérieur ne fournit pas.

3.2.3. Syntaxe de la citation : les incises

Les manuels accordent souvent une sorte de priorité aux énoncés où le segment introducteur de la citation est placé en tête :

Il déclara aussitôt : « Ne comptez pas sur moi ».

Dans l'usage, toutefois, du moins dans les textes littéraires, cet ordre des mots est fortement concurrencé par un autre, qui place le verbe de parole ou de pensée en position d'incise, à l'intérieur ou, le plus souvent, à la fin de la citation. On trouve ainsi :

« Mademoiselle, disait M. Gondureau, je ne vois pas d'où naissent vos scrupules » (Le Père Goriot, op. cit., p. 214)

I wish I could write well enough to write that story, he thought. (For Whom the Bell Tolls, op. cit., p. 128)[4]

Ce traitement syntaxique des citations, à peine concevable dans

3. Un narrateur peut citer ses propres paroles, prononcées antérieurement et dans une situation différente ; tous les déictiques, hormis le pronom de 1re personne, sont donc susceptibles de changer de référents avec la rupture énonciative opérée par la citation. Ainsi, dans : « Vous m'avez dit début janvier : 'Le chantier sera terminé *le mois prochain*' », si on est en février, le déictique « le mois prochain » ne dénote le mois de février que par rapport au moment de l'énonciation initiale (par rapport à janvier), et non par rapport au moment de l'énonciation citante.

4. «J'aimerais écrire assez bien pour écrire cette histoire, pensa-t-il ».

le discours quotidien, est au contraire largement prédominant dans les textes littéraires.

Il y a à cela plusieurs raisons, dont l'une, d'ordre linguistique, sera évoquée plus loin ; on peut penser que la construction avec incise présente l'avantage de mettre en relief la pensée ou la parole citée et, simultanément, d'atténuer l'effet esthétiquement fâcheux produit par la rupture énonciative qui suivrait un verbe introducteur antéposé. Mais l'intérêt essentiel de la construction avec incise est que la « voix » du narrateur devient plus discrète en ne s'exprimant plus que dans l'incise, segment syntaxique dépouillé de sa position dominante de proposition introductrice de l'énoncé cité[5].

3.3. Le discours indirect « classique »

Une tradition tenace présente le discours indirect comme dérivé du « discours direct », c'est-à-dire des énoncés renfermant une citation : pour tout énoncé en discours indirect il existerait un énoncé à citation, selon une corrélation que représente le schéma suivant :

Jean a récemment déclaré à son père : « Je veux faire des études de droit ».
→
Jean a récemment déclaré à son père qu'il voulait faire des études de droit.

Cette thèse présente une double face et, de ce fait, semble offrir un double intérêt. Du point de vue grammatical, elle propose une relation systématique entre deux structures, sensiblement à la

5. Il s'agit là d'une problématique qui concerne aussi le discours indirect : dans les deux types d'énoncés, on peut distinguer un segment introducteur entièrement attribuable au narrateur (« Il dit, déclara, murmura (que) », etc.) et un segment (citation dans un cas, subordonnée dans l'autre) qui reproduit, littéralement ou non, la pensée de l'énonciateur cité. Chacun de ces deux segments peut avoir plus ou moins de poids et d'intérêt, et présenter une nouveauté plus ou moins grande dans le récit. On a vu comment, avec une citation, l'incise permet de mettre au second plan le rôle du rapporteur. La problématique du degré variable d'importance entre un « *jugement principal* » et un « *jugement incident* » et de l'identification de chacun d'eux dans le discours indirect a été étudiée dès le XVIIe siècle par les théoriciens de Port-Royal (cf. Arnaud et Nicole, *La logique ou l'art de penser*, 1965, p. 129 sv.).

manière d'une transformation chomskyenne, idée apparemment séduisante même pour les non-linguistes, puisqu'elle met de l'ordre dans l'immense système syntaxique de la langue. Du point de vue de l'étude du discours, elle laisse entendre qu'on peut, à partir de l'énoncé en discours indirect, reconstruire l'énoncé initial que l'on rapporte. Celui-ci, en effet, est censé être à peu près identique à la complétive, à quelques modifications près. La règle dite de « concordance des temps » a pour fonction de rendre compte de certaines de ces modifications (passage du présent à l'imparfait, etc.).

La fausseté radicale de cette thèse apparaîtra au fil des paragraphes qui suivent : le discours indirect (que j'ai appelé « classique ») est un mode *sui generis* de reproduction des paroles et des pensées, distinct à la fois de la citation et du discours indirect libre.

3.3.1. L'originalité syntaxique du discours indirect

Outre les énoncés assertifs, que le discours indirect permet de rapporter au moyen de la structure *verbe « déclaratif » + complétive* (comme dans l'exemple cité), le discours indirect permet, au moyen des structures infinitives et des interrogatives indirectes, de rapporter les énoncés impératifs et interrogatifs. La thèse traditionnelle postule ainsi les correspondances suivantes :

Le père	*ordonnait* *disait*	*aux enfants : « Fermez la porte à clef ».*

→

Le père	*ordonnait* *disait*	*aux enfants de fermer la porte à clef.*

Le docteur demanda au malade : « Avez-vous de la fièvre ? »

→

Le docteur demanda au malade s'il avait de la fièvre.

L'idée que les énoncés en discours indirect ont pour source des énoncés à citation suppose naturellement que toute citation peut donner naissance à une structure subordonnée, complétive, infinitive ou interrogative selon le cas, par « enchâssement » (*embedding*) au moyen d'un verbe de parole / pensée approprié (assertif, impératif, interrogatif).

Si cette condition était remplie, le discours indirect serait en effet dérivé du « discours direct » – et de plus *la citation (l'énoncé initial rapporté) serait « récupérable » (recoverable) à partir de l'énoncé en discours indirect.*

Je montrerai ci-dessous, à propos de trois types d'énoncés, que cette condition n'est pas remplie et qu'il n'y a pas de corrélation systématique entre ces deux types de discours rapporté. Certaines propriétés caractéristiques de l'un et de l'autre seront *ipso facto* mises au jour.

ꕤ

Les énoncés ne renfermant pas de marque de temps et, de façon générale, les énoncés *tronqués* sont chose courante dans le discours et peuvent donc automatiquement être rapportés par citation :

Pas d'argent, pas de Suisse, et ma porte était close.

(Racine, *Les Plaideurs*)

Il a déclaré fort clairement : « Pas d'argent, pas de Suisse, et ma porte était close ».

La citation ne peut en aucune façon servir à former une complétive :

* *Il a déclaré que pas d'argent, pas de Suisse, et la porte était close.*

On observe le même phénomène en anglais :

He answered : « No work, no pay ».
* *He answered that no work, no pay.*

Parmi ces structures tronquées figurent notamment certaines exclamatives :

Il s'écria : « Quel malheur ! »
* *Il s'écria que quel malheur !*

Les *interjections* de tous les types sont, elles aussi, inacceptables dans la subordonnée d'un verbe de parole ou de pensée, alors que, naturellement, elles peuvent fort bien être citées :

Il m'a dit : « Par l'enfer, je tuerai ce traître en duel ».

* *Il m'a dit que par l'enfer il tuerait ce traître en duel.*

De même, on observe en anglais :

Jane declared : « Jack, damn him, will be late again ».
* *Jane declared that Jack, damn him, would be late again.*

On peut assurément songer à des *énoncés* du type étudié ici qui peuvent apparaître dans une complétive :

Hélène m'a dit que Pierre – que le diable l'emporte – refusait de nous aider.

Mais il est assez clair que, malgré sa place, le juron exprime la *pensée de l'énonciateur*, et non du personnage cité Hélène, ce que confirme son caractère parenthétique, signalé normalement par des tirets ; nous avons affaire ici à une variété de rupture énonciative. L'incise du discours indirect ne provient pas de l'incise de la citation.

☙

Une troisième contrainte, très remarquable, pèse sur les complétives (et les autres structures subordonnées du discours indirect) : leur incapacité à accueillir les *vocatifs* qui, eux aussi, trouvent naturellement leur place dans les citations.

On observe ainsi :

Mon père déclara : « Jeanne, vous allez manquer le train ».

* *Mon père déclara que Jeanne,*	*vous alliez manquer le train* *elle allait manquer le train* *etc.*

Quel que soit le pronom personnel qui devrait figurer dans la complétive pour conserver la référence faite par le vocatif *Jeanne* de l'énoncé cité, le prétendu « passage » de la citation au discours indirect est radicalement impossible.

Le même phénomène s'observe en anglais :

* *My father declared that Joan,*	*you were sure to miss the train* *she was sure to miss the train* *etc.*

Il apparaît ainsi que les complétives (et les autres subordonnées du discours indirect) sont aptes à formuler le *contenu représentatif* d'un énoncé, mais non à reproduire l'*acte énonciatif* (appel ou insulte) que réalise un vocatif. Cette même propriété se retrouve dans le discours indirect libre, on le verra plus loin, en dépit du fait que celui-ci est, à bien des égards, très proche du discours rapporté par citation.

3.3.2. Le discours indirect comme reformulation

Dans une citation peuvent figurer, on le sait, des mots d'une autre langue et, plus généralement, des mots ou même parfois des énoncés complets que le rapporteur n'a pas forcément compris, et que le destinataire pourrait aussi ne pas comprendre :

Il m'a répondu : « Streng verboten ».
Elle a dit : « Subrogé », et je n'ai pas compris.

Hormis les cas assez rares d'« opacité référentielle » qui seront évoqués plus loin, un énoncé en discours indirect rapporte au contraire des paroles ou des pensées qu'il présente comme parfaitement interprétées : aucune rupture énonciative ne figure dans l'énoncé pour laisser entendre la « voix » de l'énonciateur rapporté, qui est censé avoir été bien compris.

La propriété première d'un énoncé en discours indirect est donc d'être produit fondamentalement par *un seul énonciateur, le rapporteur*.

Ce principe entraîne des conséquences importantes quant à la forme de l'énoncé : l'énonciateur est origine des repérages personnels, la situation dans laquelle il se trouve est origine des repérages spatiaux et temporels de type déictique.

D'autre part, quel que soit le degré de fidélité que l'on exige d'un énoncé en discours indirect (ce problème mérite discussion, et sera évoqué plus loin), il apparaît intuitivement assez clair que cet énoncé doit faire *référence* aux mêmes personnes, aux mêmes lieux, aux mêmes moments que l'énoncé initial qu'il rapporte : l'énonciateur-rapporteur ne peut faire attribuer à une personne X des actions que l'énonciateur cité a attribuées à une personne Y, ni changer la date ou le lieu où les actions ont eu lieu. Il y a là *un principe de fidélité minimale*, d'ordre à la fois moral et linguistique :

moral, car sa violation constituerait un mensonge caractérisé, et linguistique, car un énoncé en discours indirect ne peut être décrit comme rapportant un énoncé initial dont il changerait certaines données factuelles essentielles.

Ainsi, le discours indirect implique au minimum des opérations de reformulation des repérages que l'on peut schématiser à l'aide de l'exemple suivant :

– dans la situation d'énonciation S_1, au jour J_1
  l'énonciateur E_1 = *Jean*
  déclare au destinataire D_1 :
  « Pierre, *tu dois* être *ici après-demain* ».

– dans la situation d'énonciation S_2, au jour J_2 (= J_1 + 1),
  dans un lieu différent
  (on suppose que) l'énonciateur D_1 = *Pierre*
  déclare à une tierce personne D_2
  (dans le but de rapporter l'énonciation ci-dessus) :
  « Jean m'a dit hier que *je devais* être *là-bas demain* ».

Point n'est besoin d'une longue analyse pour mettre en évidence le fait que les repérages fondamentaux (personnes, temps des procès, lieux) sont reformulés par le rapporteur Pierre en fonction de sa situation : *les références sont conservées grâce à un recalcul des désignations déictiques* de l'énoncé initial. Cette reformulation dépend des relations extralinguistiques entre les deux énonciateurs, dont l'un rapporte l'autre.

⁂

Il est donc assez naturel que pratiquement aucune étude linguistique n'ait tenté d'établir un système détaillé de règles de correspondance grammaticale permettant de prévoir – à partir de l'énoncé initial supposé connu – les pronoms et adverbes qui devraient figurer dans l'énoncé en discours indirect. Les grammaires déclarent assez souvent qu'à partir de l'énoncé du type citation on peut construire l'énoncé en discours indirect qui en est, dit-on, un équivalent, mais ceci « à quelques modifications près ». Cette théorie de la « conversion » du discours direct en discours indirect est encore présente chez Quirk *et alii* (1972, p. 786) et bien d'autres études portant sur le français ou l'anglais.

Plus remarquable est le fait que, pour ce qui est des marques de temps, une règle de correspondance grammaticale se soit longtemps imposée aux grammairiens, et que l'on s'y réfère encore parfois : il s'agit de la règle dite « *concordance des temps* ». Il est vrai qu'on y fait volontiers allusion sans la définir de façon précise. J'essaierai donc de la formuler, telle qu'elle semble être conçue par ceux qui s'en réclament :

> ***Lorsqu'une citation est introduite par un verbe de parole / pensée au passé, dans l'énoncé en discours indirect correspondant, le verbe de la proposition subordonnée reçoit une marque de passé (qui s'ajoute éventuellement à une marque de passé déjà présente pour donner un plus-que-parfait).***

Deux exemples simples peuvent illustrer ce phénomène :

– Mon frère disait : « Je *suis* malade »
  →
  Mon frère disait qu'il *était* malade.

– Les historiens disaient tous : « Il *fut* tué la veille de l'armistice »
  →
  Les historiens disaient tous qu'il *avait été* tué la veille de l'armistice.

À ces deux exemples, il importe d'en ajouter un troisième qui, mieux que tout autre, met en évidence la nature du discours indirect : il s'agit du cas remarquable où l'on voit apparaître un *futur du passé* dans les subordonnées du discours indirect. On postule ainsi en général une dérivation du type discours direct → discours indirect :

Jacques déclara aussitôt qu'il se chargerait des réservations.

On trouve ici dans la complétive une forme qui est celle du conditionnel, et qui est traditionnellement baptisée, dans cet emploi, « futur du passé ».

Un phénomène qui ne peut être identique, mais qui est tout à fait analogue, se manifeste en anglais :

James declared : « I'll take care of the reservations »

→

James declared that he would take care of the reservations.

Bien qu'il ait certainement été remarqué par les grammairiens, je n'ai trouvé nulle part mention du fait crucial que le « futur du passé » n'apparaît, et ne peut apparaître, que *dans les énoncés qui manifestent une interaction entre deux énonciations, donc fondamentalement en discours indirect*[6].

L'intuition et l'analyse morphologique montrent clairement que le futur du passé français est porteur de *deux* marques de caractère proprement ou indirectement temporel : marque de « *futur* » et marque de *passé* :

chargerait : charger + « futur » (*-ra*) + passé (*-ait*)

De même, en anglais, il est banal d'analyser *would* comme *WILL* + passé. Si l'on définit *WILL* comme un marqueur d'une modalité de « visée future » (cf. sur ce point 3.5), on peut de même analyser le futur du passé *would* comme *WILL* (visée future) + passé. Compte non tenu du caractère modal de toute référence au futur, le terme de « futur du passé » est donc assez approprié, et exprime la *superposition* de deux marques qui est celle que prédit la règle de concordance des temps. Le problème est d'expliquer cette *superposition de deux marques de sens contraire*, et, pour cela, d'évaluer d'abord la règle d'accord qu'est la concordance des temps.

Je me bornerai ici à proposer trois contre-arguments à cette prétendue règle.

a. Elle n'est pas une théorie de l'emploi des temps ou formes verbales en discours indirect, puisqu'elle ne dit rien des cas où le verbe principal est au présent ou au futur (*Il affirme/il affirmera*

---

6. L'autre situation énonciative où l'on peut trouver des futurs du passé est le *récit autobiographique*, dans les énoncés où le narrateur fait s'exprimer le personnage qu'il a été, et où celui-ci envisage son avenir (ainsi dans « Je *pourrais* sans doute le voir, mais nous n'*aurions* que quelques instants pour régler ce problème »). Je reviendrai sur ce point au chapitre 4, dans l'examen du statut respectif du « scripteur » et du « personnage » en récit autobiographique.

qu'il remplit toutes ses obligations). Il faut donc admettre que, dans ces deux cas, une autre règle régit l'emploi des temps, mais cette règle n'est, au mieux, proposée que pour le premier de ces cas (verbe principal au présent).

b. La règle de concordance des temps ne joue pas lorsque la complétive exprime une vérité dite universelle :

   * *Ptolémée soupçonnait déjà : « La terre est ronde »*[7]
   Ptolémée soupçonnait déjà que la terre est ronde.

   On peut chercher et trouver des raisons à l'emploi de ce « présent universel » – mais cette démarche même donne à penser que la présence et l'absence de la marque de passé ne résultent pas du jeu d'une règle mécanique, aveugle à la valeur référentielle des marques de temps. Cet argument vaut également en anglais (*Ptolemy already suspected that the earth is round*).

c. La règle de concordance des temps prévoit correctement la superposition de deux marques sur les verbes subordonnés du discours indirect mais, étant une règle de type morpho-syntaxique, et non énonciatif, elle ne dit rien de l'origine de ces deux repérages, précisément en discours indirect, dans des énoncés qui, d'une certaine façon, mettent en jeu l'*interaction de deux énonciations*.

L'emploi des temps en discours indirect (« classique » et libre) s'explique en fait par l'action des *deux principes régulateurs qui ont déjà leur place dans la théorie linguistique*. Le postulat d'une règle propre à l'emploi des temps en discours indirect (concordance des temps ou toute autre règle) est sans fondement.

Dans tous les cas le repérage temporel prévu dans une linguistique de l'énonciation s'opère en discours indirect conformément au principe de reformulation des repérages personnels et spatio-temporels : un repérage opéré dans la situation initiale est « traduit »

---

7. L'énoncé à citation n'est pas acceptable – argument de plus contre la théorie qui dérive le discours indirect de citations en discours direct : les mêmes verbes ne peuvent pas tous introduire une citation et une subordonnée de discours indirect.

(recalculé) *par référence à la situation du rapporteur* ; les valeurs référentielles sont conservées – en vertu du principe de « fidélité minimale », mais elles sont obtenues au moyen de formes linguistiques nouvelles : les repérages ont un ancrage énonciatif nouveau, la situation du rapporteur. C'est donc bien une interaction systématique entre deux énonciations qui régule le fonctionnement de tous les repérages déictiques dans le discours indirect.

Une brève analyse suffit à montrer comment s'opère cette interaction dans le cas de l'emploi des temps.

a. Dans le cas où le procès signalé dans la subordonnée est *antérieur* à l'acte d'énonciation rapporté, c'est une *double antériorité* qui est exprimée :

   Manon déclara qu'elle avait parlé *à son frère.*

   L'énoncé attribué à Manon (quelle que soit sa forme exacte, qui n'est généralement pas une donnée observable) présente de toute façon une *antériorité* de son entrevue avec son frère (*J'ai parlé* ou *Je parlai*). Cette antériorité est *conservée* par l'énoncé en discours indirect, qui lui *ajoute* l'antériorité de l'énonciation de Manon par rapport à celle du narrateur.

b. Dans le cas où le procès signalé dans la subordonnée est *contemporain* de l'énonciation rapportée, elle-même passée, le procès subordonné est également marqué comme passé (imparfait semi-aoristique en français) :

Mon ami me déclara qu'il travaillait *dans une banque.*

La relation de simultanéité entre le discours initial et le procès « travailler dans une banque » est conservée par l'emploi de deux temps du passé dans l'énoncé en discours indirect.

Deux cas particuliers peuvent se présenter ici :

– Si le procès subordonné est également *contemporain de l'énonciation citante* (il a lieu à l'instant initial T_1, moment marqué, mais a duré jusqu'à l'instant T_0, moment origine, où s'exprime le rapporteur), l'énonciateur citant doit choisir d'exprimer l'*une des deux simultanéités* :

Pierre m'a appris récemment que son père avait *un cancer* *(au moment T_1)* [rien n'est dit du moment-origine T_0]

Pierre m'a appris récemment que son père *a* un cancer
(encore vrai en T_0)

Aucune forme verbale ne pourrait exprimer à la fois ces deux simultanéités : le rapporteur choisit l'une des deux.

On observe de même en anglais :

Peter informed me recently that his father	*has* *had*	cancer

– Si le procès subordonné a une valeur *omni-temporelle*, il s'exprime par un « présent universel »[8], comme dans le cas général d'un discours direct :

Galilée	savait déclara	que la terre *tourne* sur elle-même

De même, en anglais :

Galilee	knew claimed	that the earth *revolves* on itself.

Le cas le plus intéressant est celui où le procès subordonné est *postérieur* à l'énonciation rapportée, qui renferme dans une forme de type « futur » (futur morphologique en français, auxiliaire exprimant une « visée future » en anglais, *shall, will, going to,* etc.) ; on trouve dans ce cas, dans l'énoncé en discours indirect, la forme, déjà évoquée, dite « futur du passé » :

Mon vieil ami Jacques a promis qu'il serait mon témoin.

Cette forme, on l'a dit, renferme deux marques de sens contraire : serait s'analyse en *(être)* + « visée future » + *passé.*

Cette *superposition* de deux repérages se trouve le plus souvent en discours indirect[9]. Ce fait remarquable illustre parfaitement la

---

8. Ces énoncés à valeur universelle, valables pour tout énonciateur et *sans lien avec une situation particulière,* sont dits « en rupture » dans la théorie d'A. Culioli.

9. Le futur du passé se rencontre aussi, on l'a dit (cf. 2.5.2) dans les récits autobiographiques. Un énonciateur peut en effet rapporter en discours

nature même du discours indirect comme interaction entre deux énonciations, dont l'une rapporte l'autre : le premier repérage, de type modal (visée future) *doit être conservé* en vertu du principe de *fidélité* à l'égard de l'énoncé rapporté ; le second repérage, ancré dans la situation du rapporteur, doit signaler comme *passés* l'acte d'énonciation rapporté et la situation dans laquelle il a eu lieu.

☙

En termes quelque peu impressionnistes, on peut dire qu'à travers la forme « *serait* mon témoin », le destinataire « entend » à la fois la « *voix* » du premier énonciateur (qui a vraisemblablement dit « *je serai* ») et celle du rapporteur : il s'agit très précisément du phénomène appelé « *polyphonie* ».

Ce terme, qui semble avoir pour la première fois été appliqué au langage par Bakhtine (1929), décrit en fait deux phénomènes différents. Je distinguerai donc une « *polyphonie large* » (qui est celle qui intéresse le plus Bakhtine) et une *polyphonie « stricte »*, qui est celle du discours indirect. Une simple *forme*, comme le futur du passé, relève de la polyphonie stricte parce qu'elle résulte de la fusion ou de la combinaison de deux marqueurs dus à des énonciateurs différents : à travers la voix de celui qui parle, on « entend » la voix d'un autre énonciateur, dont il rapporte le discours. Il n'y a pas polyphonie dans l'énoncé à citation, qui comporte une rupture énonciative, et *sépare les voix*. En revanche, je le montrerai plus loin, le discours indirect libre est tout entier fondé sur la polyphonie, qui s'applique alors à un énoncé, un texte, voire tout un fragment d'une œuvre.

En discours indirect « classique », la polyphonie n'affecte que les marques de temps (et, de façon morphologique, le plus-que-parfait et le futur du passé, où l'on peut distinguer les formes dues à l'un et l'autre énonciateur). Tous les autres repérages sont reformulés – ou susceptibles de l'être – par le rapporteur, qui a seul la parole.

---

indirect des propos qu'il a tenus lui-même dans le passé (ou des pensées qu'il a eues). Il apparaît dès lors naturel que l'on rencontre des futurs du passé dans les auto-récits (cf. 4.2.2).

Toutefois, dans certains cas, assez rares sans doute, la reformulation n'est pas possible, parce que le rapporteur n'a pas pu interpréter telle référence opérée par l'énonciateur initial : il ne peut alors que répéter un ou plusieurs termes, qu'il a correctement perçus, mais dont la valeur référentielle lui échappe. Ces cas sont ceux d'*opacité référentielle*.

Dans le cas général, l'auteur d'un énoncé en discours indirect se présente, d'une part comme ayant pleinement compris l'énoncé qu'il rapporte, d'autre part comme donnant de cet énoncé une reformulation sinon exhaustive (on le verra plus loin), du moins « fidèle » (dans certaines limites). En d'autres termes, l'énoncé rapporté est censé avoir été « transparent » pour lui[10] : à travers les mots qu'il a entendus, il a aperçu les significations et les valeurs référentielles construites par l'énoncé[11]. Si, par exemple, le groupe nominal lexical (la « description définie ») « *le vainqueur d'Austerlitz* » figurait dans l'énoncé initial, il a sans difficulté interprété le repérage référentiel ainsi effectué. Au moment de rapporter cet énoncé, il est tenu par le principe de fidélité de *conserver la valeur référentielle* de l'expression nominale, mais il a le droit de la *reconstruire* au moyen d'une autre description définie (comme « *le premier empereur des Français* »), ou d'un nom propre (« *Napoléon Ier* ». Il ne peut naturellement procéder ainsi que si les deux descriptions sont « co-référentielles » (ont le même référent), du moins dans son « univers de croyance » (l'ensemble de ce qu'il croit vrai). D'autre part, la reformulation qu'il effectue doit être interprétable (« transparente ») dans l'univers de croyance de son destinataire. Aucune règle n'exige qu'il conserve l'expression désignative utilisée dans l'énoncé initial (la fidélité littérale n'est nullement requise en discours indirect), ni même que cette nouvelle désignation soit *« transparente » pour le premier énonciateur* (cette question ne se pose pas dans le cas général). C'est pour ces raisons que – on l'a vu – l'énoncé rapporté n'est pas

10. Sur les notions de « transparence » et d'« opacité », on peut lire notamment Récanati, *La transparence et l'énonciation*, Le Seuil, 1979.

11. Ceci, rappelons-le, n'est pas vrai de la citation, où le rapporteur ne garantit ni le sens ni la validité des paroles qu'il répète : il peut, à la limite, ne faire que reproduire du « bruit linguistique ».

littéralement reconstructible à partir de l'énoncé en discours indirect qui le rapporte.

Il peut arriver que, lors de l'énonciation initiale, une expression quelconque n'ait pas été pleinement interprétable pour celui qui en sera le rapporteur, ou qu'elle ait paru en quelque façon inappropriée : elle lui a paru « opaque ».

Dans ce cas, le destinataire (ou le témoin) de cette énonciation pourra néanmoins s'en faire le rapporteur, mais il ne pourra assumer la responsabilité de cette expression comme il le fait pour le reste de son énoncé : il ne pourra que la répéter en signalant qu'*il ne la prend pas en charge*, c'est-à-dire qu'il la *citera*, signalant généralement ce fait – à l'écrit – par des guillemets. L'expression ainsi traitée illustrera le phénomène dit d'« opacité référentielle »[12]. Cette opacité est parfois explicitée par le rapporteur. On pourra trouver par exemple :

Un collègue m'a conseillé de placer mon argent sur le « second marché » de la Bourse de Paris – mais je ne sais pas de quoi il s'agit.

Ce phénomène d'opacité référentielle illustre donc, lui aussi, l'interaction entre deux énonciations qui donne naissance au discours indirect. On peut le rencontrer dans les textes littéraires mais plus souvent, à coup sûr, dans la presse, comme dans :

Les rebelles déclarent combattre pour un « gouvernement provisoire », dont personne n'a entendu parler.

De façon générale, le phénomène d'opacité référentielle révèle une *divergence entre les univers de croyance* de l'énonciateur cité et du rapporteur. Dans l'avant-dernier exemple ci-dessus, la description définie « second marché » opère un repérage efficace : elle renvoie à un référent dont l'énonciateur cité connaît au moins certaines propriétés, alors qu'elle ne désigne rien pour le rapporteur.

---

12. L'opacité référentielle a été étudiée notamment par les philosophes du langage anglo-saxons et les linguistes de l'école transformationnelle. Leurs travaux ont surtout porté sur les expressions nominales (les « descriptions définies ») qui paraissent dépourvues de référent même à un énonciateur qui les cite, comme ce serait le cas, par exemple, pour « la dixième planète du système solaire ».

3.3.3. La fidélité non-exhaustive du discours indirect

La thèse traditionnelle qui dérive le discours indirect du discours direct conduit inévitablement à d'autres thèses également fausses qui en sont solidaires, ainsi celle d'une reproduction quasi littérale de l'énoncé initial par la subordonnée des énoncés en discours indirect, selon le schéma familier déjà évoqué :

Mon cousin Henri m'a déclaré l'autre jour : « Mon fils Patrice sera bientôt un authentique champion de tennis »

→

Mon cousin Henri m'a déclaré l'autre jour que son fils Patrice serait bientôt un authentique champion de tennis.

Il est clair que, dans cette optique, la conversation quasi littérale de la *forme* de l'énoncé cité implique la conservation intégrale du *contenu* de cet énoncé.

Or, on peut démontrer que cette thèse est aussi fausse que celle dont elle découle : un examen, même rapide, des verbes introducteurs de discours indirect (verbes de parole et de pensée) permet d'affirmer que beaucoup d'entre eux ne permettent de reformuler que tel ou tel aspect du contenu de l'énoncé initial[13].

Il convient tout d'abord de distinguer un contenu *explicite* et un contenu *implicite* des énoncés des langues naturelles, le contenu implicite comprenant lui-même au moins deux types de signification.

Le contenu explicite est celui qui est présenté ouvertement comme l'objet principal d'un énoncé : si l'énoncé est assertif, le contenu de l'assertion est censé présenter un intérêt pour le destinataire (ne pas être déjà connu, ou être un rappel d'un fait oublié, etc.), et c'est cet intérêt qui justifie l'énonciation : on ne parle pas pour ne rien dire.

Dans l'exemple ci-dessous, l'énoncé initial renferme deux contenus explicites :

[a] *Mon fils sera bientôt un authentique champion de tennis.*

[b] *Il s'appelle Patrice.*

Dans le cas général, la réponse du destinataire concernera ce

13. Ce point de vue est développé notamment par Zwicky (1971).

contenu et exprimera surprise, admiration ou, au contraire, incrédulité, par exemple, à propos de la première assertion.

L'énoncé cité renferme également deux types de contenus *implicites* ; le premier est décelable à partir de la phrase elle-même, dans laquelle il joue le rôle d'une *information de second plan*, qui n'est pas censée être nouvelle pour le destinataire. Elle est, d'une certaine façon, traitée comme acquise, soit qu'elle ait déjà été présentée, soit qu'elle soit connue antérieurement. Ce type de contenu est fréquemment appelé *présupposé* (*presupposition* en anglais). On peut déceler deux présupposés dans l'exemple cité :

[a] *j'ai un fils.*

[b] *certains champions de tennis ne sont pas « authentiques ».*

On peut enfin discerner dans l'énoncé une deuxième catégorie de contenu implicite, qui dépend en partie du contexte et de la situation, et que l'on peut regrouper, avec une certaine approximation, sous le terme de *sous-entendu*[14]. Selon la situation, on pourra penser que l'énoncé cité renferme le sous-entendu :

J'ai de la chance d'avoir un fils aussi doué.

Ces distinctions classiques étant faites, on constate que les verbes de parole sont *spécialisés* quand au *type de contenu qu'ils permettent de rapporter*. Sans dresser une liste trop longue de ces verbes, qui n'a

---

14. Deux auteurs se sont donné pour tâche d'élaborer une théorie de l'apparition des sous-entendus dans les échanges langagiers en postulant que toute conversation est régie par des lois qui ne sont pas linguistiques, mais « discursives » ou « conversationnelles », dont l'effet est d'expliquer comment se déroule un échange langagier et, plus précisément, comment il fait naître les significations implicites du type du sous-entendu. Chez Grice (1975), ces lois sont nommées « *maximes de conversation* », chez Ducrot (1972), « *lois du discours* ». Chez l'un et l'autre auteur, les règles du discours sont fondées (plus explicitement chez Grice) sur le principe que toute conversation implique, d'une façon ou d'une autre, une forme de *coopération* entre les interlocuteurs. Il importe de bien comprendre *ce qu'est cette « coopération »* : elle ne vise à rien d'autre qu'à permettre le déroulement de l'échange. Elle cesse quand commencent les insultes. Sur les lois du discours, on peut lire Kerbrat-Orecchioni (1986) et Maingueneau (1990).

pas sa place ici, on peut établir les catégories suivantes, en se limitant au domaine de l'assertif :

a. Certains verbes, tels *dire, déclarer, affirmer* permettent de rapporter le contenu *explicite* de l'énoncé cité, éventuellement accompagné du contenu *présupposé*, soit, dans notre exemple :

Mon cousin Henri m'a	*dit* *déclaré* *affirmé*	*que son fils serait bientôt un (authentique) champion de tennis.*

Mais il n'est pas possible de dire, pour rapporter l'énoncé initial :

Mon cousin Henri m'a	*dit* *déclaré* *affirmé*	*qu'il a un fils*

b. Quelques verbes, comme *apprendre* et *faire savoir*, permettent de rapporter les contenus présupposés d'un énoncé *en excluant son contenu explicite*. On admettra sans doute que tel est le cas de :

Mon cousin Henri m'a appris qu'il a un fils.

Bien que les faits ne soient pas absolument clairs sur ce point (les jugements d'acceptabilité varient avec les locuteurs), on doit, semble-t-il, admettre que la règle de fidélité qui régit le discours indirect (ses rapports avec l'énoncé initial) n'est pas violée dans le cas cité.

c. Certains verbes, enfin, permettent de rapporter des contenus sémantiques qui sont des *inférences*, ou des *sous-entendus* d'un énoncé. Ces contenus mettent en jeu la relation de l'énoncé rapporté aux circonstances dans lesquelles il a été proféré ; ils sont donc clairement des interprétations de cet énoncé. *Suggérer, donner à entendre, laisser entendre* permettent ainsi de rapporter des sous-entendus :

Mon cousin Henri m'a	*suggéré* *laissé* *entendre*	*qu'il a de la chance d'avoir un fils aussi doué.*[15]

---

15. Il importe d'observer que les verbes comme *suggérer* ou *laisser entendre*, à plus forte raison *insinuer*, ne permettent pas de rapporter le contenu

On observe qu'ici les termes employés par l'énonciateur cité ont pour la plupart disparu : nous sommes fort éloignés de la thèse selon laquelle l'énoncé initial (qui, la plupart du temps, n'est pas une donnée observable) peut être reconstruit littéralement à partir d'un énoncé en discours indirect qui le rapporte.

L'analyse esquissée ci-dessus pose assurément le problème très réel de la nature et, plus précisément, des *frontières* du discours indirect. Il est clair que d'une part l'énonciateur rapporteur est *libre* et parfois tenu de *reformuler* les expressions désignatives (les descriptions définies), et qu'il peut d'autre part ne pas rapporter la *totalité* du contenu sémantique d'un énoncé entendu. Inversement, il est indispensable d'admettre *un principe de fidélité*, de statut à la fois moral et linguistique, qui impose des contraintes sur la formulation d'un énoncé en discours indirect et sur ses liens avec l'énoncé prétendument rapporté. La frontière à tracer entre ces deux exigences contradictoires est très incertaine, et il n'est pas sûr qu'elle puisse être définie un jour. Il ne saurait donc être question de poursuivre ici cette discussion.

3.4. Le discours indirect libre

Il est souvent, lui aussi, victime de la théorie qui prétend dériver tout ce qui est discours indirect d'une seule forme syntaxique, l'énoncé renfermant une citation. Dans cette optique, le discours indirect n'est que l'étape intermédiaire dans le « passage » de l'énoncé à citation à l'énoncé en discours indirect libre. On a ainsi le schéma :

Le Gouverneur de la Banque de France déclara : « Les taux d'intérêt vont baisser ».

→

Le Gouverneur de la Banque de France déclara que les taux d'intérêt allaient baisser.

→

---

explicite d'un énoncé assertif. Faudrait-il pour cela considérer que, lorsqu'ils introduisent une complétive (de la même façon que le feraient *dire* ou *affirmer*), on n'a plus affaire à du discours indirect ? (Sur le problème des *frontières* du discours indirect, voir M. de Mattia, 1997).

(Le Gouverneur de la Banque fit des promesses solennelles). [Il déclara (que)] les taux d'intérêt allaient baisser.

Par « effacement » (*deletion*), ou « ellipse », le segment entre crochets de la troisième séquence est supposé disparaître. La complétive est ainsi « désenchâssée » (*disembedded*) et acquiert le statut d'énoncé indépendant. En raison de la présence dans le contexte antérieur de l'expression *faire des promesses*, qui joue le rôle de « *déclencheur* », l'énoncé devenu indépendant, qui pourrait avoir le narrateur primaire pour énonciateur, est *attribué à l'énonciateur cité* (le Gouverneur), qui est perçu normalement comme ayant, d'une certaine façon, encore la parole et donc comme étant « responsable » de l'énoncé annonçant la baisse des taux[16].

La simplicité apparente de cette théorie a séduit beaucoup d'auteurs, mais elle est tout à fait indéfendable. D'une part, d'un point de vue simplement linguistique, on peut démontrer qu'il n'y a pas de correspondance biunivoque entre les complétives et les autres subordonnées du discours indirect d'une part, et les énoncés du discours indirect libre d'autre part : les premières sont soumises à des contraintes syntaxiques multiples, dont plusieurs ont été évoquées, alors que les énoncés en discours indirect libre ne sont soumis qu'à une seule de ces contraintes et ont une liberté syntaxique proche de celle du discours direct.

---

16. Parmi les grammairiens, l'édition de 1964 de la grammaire de Grevisse (mais non celle de 1982) se distingue en faisant du discours indirect et du discours indirect libre *deux variantes d'un même phénomène* : « Tantôt les propositions du discours indirect sont subordonnées ; tantôt, pour plus de rapidité et de légèreté, elles se présentent comme indépendantes, sans *que* de subordination, le verbe *dire* étant implicitement contenu dans ce qui précède : c'est le *style indirect libre*... ». Pour Genette, de même (qui ne se présente pas comme un linguiste), il n'y a que des différences mineures, c'est-à-dire grammaticales entre le discours indirect et le « style » indirect libre, ce dernier n'étant qu'une variante du premier (1972, p. 192). Dans *Nouveau discours du récit* (1983, p. 35), Genette évoque les critiques qu'a suscitées ce point de vue, mais se borne à déclarer qu'il « ne se soucie pas d'arbitrer » entre des analyses linguistiques différentes du discours indirect libre, l'essentiel semblant avoir été dit « depuis Bally et Lips ».

D'autre part, du point de vue énonciatif, on ne retrouve pas en discours indirect libre les reformulations parfois fort importantes opérées par le narrateur primaire en discours indirect classique, et dont plusieurs ont été analysées ci-dessus. Le discours indirect libre présente un *type de polyphonie* très remarquable, qui ne pourrait résulter de l'interaction entre deux énonciateurs que l'on observe en discours indirect classique. Divers auteurs ont d'ailleurs remarqué qu'à cet égard le discours indirect libre est beaucoup plus proche du discours direct, où l'on entend uniquement la « voix » de l'énonciateur cité, que du discours indirect classique. Le discours indirect libre opère une sorte de « fusion » entre deux énonciations qui permet l'élaboration de textes littéraires d'un intérêt considérable, outil irremplaçable dans l'exploration des consciences.

J'examinerai successivement les propriétés syntaxiques et énonciatives du discours indirect libre.

3.4.1. Le discours indirect libre, phénomène syntaxique *sui generis*

Dans la théorie qui fait dériver le discours indirect libre du discours indirect, on postule une opération simple, particulièrement dans le cas des énoncés assertifs : l'effacement de la principale laisse subsister une complétive qui, sans *aucune modification*, acquiert le statut d'énoncé indépendant :

> *Le docteur était optimiste. Il affirma que la malade allait beaucoup mieux.*
>
> →
>
> *Le docteur était optimiste. [Il affirma (que)] la malade allait beaucoup mieux.*

Dans un contexte antérieur de ce type, qui indique qu'un personnage est en train de parler (ou de réfléchir), l'énoncé devenu autonome acquiert un statut énonciatif nouveau, qui comporte une *ambiguïté* essentielle. Il peut être compris comme énoncé par le narrateur, de la même façon que celui qui le précède. Mais le contexte que constitue cet énoncé, qui indique qu'un personnage a la parole, ouvre une autre possibilité : l'énoncé suivant pourra être compris comme proféré par ce personnage : nous serons alors dans un « récit de paroles » (ou de pensées) et, plus précisément en discours indirect libre. Ce phénomène est d'autant plus remarquable que seuls certains énoncés en discours indirect libre, très peu nombreux, peuvent être signalés comme tels par une marque linguistique (voir par exemple, plus loin, les éléments lexicaux « égocentriques »).

On peut montrer qu'en fait l'interprétation « discours indirect libre » du deuxième énoncé ne résulte pas d'une opération d'effacement : cet énoncé *n'est pas une complétive devenue indépendante* – il est le produit d'un mode particulier de discours rapporté.

Il est en effet impossible de postuler une correspondance biunivoque entre les énoncés relevant des deux types de discours indirect : comme les énoncés en discours indirect libre possèdent une liberté syntaxique que n'ont pas les complétives du discours indirect classique, celles-ci ne peuvent être sources syntaxiques de celles-là. Plusieurs phénomènes mettent en évidence l'asymétrie entre les deux types d'énoncés[17].

ಡ

De façon générale, les énoncés qui n'ont pas la forme canonique d'une phrase (qui ne comportent pas de marque de temps, et sont en quelque façon *tronqués*) peuvent recevoir l'interprétation « discours indirect libre », alors qu'ils ne peuvent former des complétives. On observe ainsi, en français et en anglais :

– Discours indirect libre :

[a] *Il avait des opinions simples : tel père, tel fils.*

[b] *Mon frère était très admiratif : quel pays magnifique !*

[c] *He threatened the strikers : no work, no pay.*

– Discours indirect classique :

[a'] * *Il déclara que tel père, tel fils.*

[b'] * *Mon frère s'exclama que quel pays magnifique.*

17. La majorité de ces phénomènes, mais non la totalité, sont ceux qui, on l'a dit plus haut, empêchent de dériver le discours indirect des énoncés à citation.

[c'] * *He declared plainly that no work, no pay.*

De la même façon, les structures *topicalisées* sont acceptables dans les énoncés indépendants du discours indirect libre, mais non dans les complétives :

[a] *Mon père avait un point de vue moral très strict. Les paresseux, il ne les tolérait pas.*

[b] *My father had strict moral ideas. Laziness he couldn't tolerate.*

Les complétives qu'il faudrait postuler comme sources de ces énoncés ne sont pas grammaticales :

[a'] *? Mon père déclara que, les paresseux, il ne les tolérait pas.*

[b'] * *My father stated that laziness he couldn't tolerate.*

Les *interjections*, possibles en discours indirect libre, ne le sont pas dans les subordonnées ; on observe :

[a] *Le général était enthousiaste. Tudieu, ses troupes avaient fait merveille.*
[b] *John praised his sister. By God, she had been wonderful.*

que l'on opposera à :

[a'] * *Le général déclara que tudieu ses troupes avaient fait merveille.*
[b'] * *John claimed that, by God, his sister had been wonderful.*

Cette brève liste, qui pourrait facilement être allongée, suffit à montrer qu'il n'existe aucun lien syntaxique permettant de relier le discours indirect libre au discours indirect classique : *les énoncés en discours indirect libre ne sont pas des complétives « désenchâssées ».*

Il apparaît donc que le discours indirect libre est un mode original d'énonciation rapportée, distinct à la fois des énoncés à citation et du discours indirect classique.

Cette double distinction établie, il y a toutefois des raisons de se livrer à une confrontation entre le discours indirect libre et les citations en discours direct. Les ressemblances entre ces deux modes d'énonciation sont en effet plus importantes que ce qui les sépare. On a vu ci-dessus que plusieurs contraintes syntaxiques qui pèsent sur les complétives et les subordonnées du discours indirect ne se retrouvent *ni dans les citations ni dans le discours indirect libre.* À cela s'ajoutent naturellement les « modifications » postulées par la théorie de la dérivation discours direct → discours indirect relatives aux déictiques, et les reformulations multiples permises au rapporteur, ou imposées par le changement de situation d'énonciation.

On peut alors se demander si, en dernière analyse, les formes syntaxiques du discours indirect libre ne seraient pas identiques, ou analogues à celles du discours direct. Outre les assertives, qui ont en effet la même configuration syntaxique dans les deux cas, les *questions* soulèvent ce problème : elles ont en discours indirect libre la même structure à inversion sujet - auxiliaire ou sujet - verbe qu'en discours direct :

Jean me demanda : « À quelle heure ce train peut-il bien partir ? »

Jean s'interrogeait. À quelle heure ce train pouvait-il bien partir ?

À partir d'observations de ce type, on ne peut que se demander si le discours indirect libre ne serait pas une variante du discours direct, au moins sur le plan syntaxique ? Et quels phénomènes précis autorisent encore à considérer comme « indirect » le discours dit indirect libre ?

ᘓ

Il importe à ce point de noter deux phénomènes importants qui appartiennent aux deux formes de discours indirect. Celles-ci sont pourtant fort différentes du point de vue syntaxique. Les deux propriétés syntaxiques qu'ils partagent ont l'intérêt de mettre en évidence le fait même qu'*on a bien affaire, dans les deux cas, à du discours indirect* (elles n'appartiennent pas aux citations) : il conviendra donc de leur trouver une explication de type énonciatif.

Le premier de ces deux phénomènes concerne les *vocatifs*, qu'ils soient d'appel ou appréciatifs (notamment d'insulte). On constate qu'ils ne peuvent apparaître qu'en discours direct (*Docteur, venez immédiatement*). On a noté plus haut qu'ils sont absolument exclus des complétives du discours indirect :

* *Jean déclara que, Docteur, le malade était au plus mal.*

ce qu'on peut décrire en disant que le vocatif accomplit un acte énonciatif spécifique, bien différent de l'assertion que signale le verbe *déclarer*. Cet acte d'appel (ou de qualification) du destinataire ne peut qu'être accompli par son auteur, et non rapporté, car il n'a pas de contenu : il exprime le *fait* qu'il y a allocution. Il n'est donc pas surprenant qu'il ne puisse figurer dans un contenu propositionnel.

On constate que les vocatifs sont également exclus du discours indirect libre, en dépit de sa grande liberté syntaxique. On comparera :

* *Il félicita chaleureusement son ami ; Pierre, ce travail était excellent.*

Il félicita chaleureusement son ami ; ce travail était excellent.

De même en anglais :

* *He congratulated his friend warmly ; Peter, that job was an excellent one.*

He congratulated his friend warmly ; that job was an excellent one.

Le second phénomène commun aux deux types de discours indirect concerne les *impératifs*. On sait que le discours indirect classique ne peut rapporter un acte énonciatif de type injonctif (ordre, suggestion, conseil, etc.) que de façon complexe, en utilisant d'une part un verbe principal approprié, porteur du sens impératif (*ordonner, conseiller, suggérer*, etc.), d'autre part une structure infinitive qui n'est nullement spécialisée dans cet emploi :

La police ordonna aux manifestants de se disperser.

The police ordered the demonstrators to disperse.

Aucun impératif – au sens syntaxique – n'est concevable dans une quelconque proposition subordonnée : l'impératif (comme le vocatif) est par nature une forme *isolée*. Les deux peuvent d'ailleurs être juxtaposés en discours direct (« Accusé, levez-vous »).

Or les impératifs, comme les vocatifs, sont absolument exclus du discours indirect libre ; on comparera :

* *Le professeur allait commencer son cours. Prenez le texte d'aujourd'hui.*

Le professeur allait commencer son cours. Il était temps de se mettre au travail.

Ce n'est pas une contrainte syntaxique qui interdit ici l'apparition de l'impératif, lequel forme un énoncé autonome. En cela, le discours indirect libre se distingue de l'indirect classique, mais le fait important est qu'ici, *les deux types de discours indirect aient le même comportement*, malgré leurs différences syntaxiques. Il y a là une raison de chercher entre eux une ressemblance d'ordre énonciatif. Comme le vocatif, l'impératif accomplit un acte énonciatif qui *établit, ou suppose établie, une relation d'interlocution entre deux partenaires*. Il s'appuie sur cette relation pour accomplir l'acte injonctif qu'il a pour fonction de réaliser. *Cet acte, contrairement au contenu propositionnel d'une assertion, n'est pas transportable*, et ne peut être rapporté par un discours *où les deux partenaires ne sont plus en présence*.

L'ensemble des faits énumérés indique clairement que, si le discours indirect libre présente de fortes ressemblances syntaxiques avec le discours direct, néanmoins il est bel et bien une forme de discours indirect. D'autres faits confirmeront que l'énonciateur principal y est bien le narrateur, et non le personnage cité. Celui-ci contribue cependant de façon essentielle à la formulation des énoncés en indirect libre. Le problème est donc de distinguer clairement le rôle des deux énonciations, et les modalités de leur interaction.

3.4.2. Les mots de l'énonciateur cité

L'impression produite sur le lecteur ou l'auditeur d'un énoncé en discours indirect libre est qu'il est directement mis en présence des paroles ou des pensées d'un énonciateur que pourtant il ne perçoit que de façon indirecte : il a le sentiment d'entendre la « voix » du personnage cité. La raison en est que celui-ci est « responsable » de plusieurs phénomènes linguistiques qui tendent à lui faire attribuer la paternité de l'énoncé.

On constate d'abord que les *repérages* effectués par les déictiques *adverbiaux* et *démonstratifs* ont pour origine la situation d'énonciation initiale et sont donc dus à l'énonciateur cité. Considérons par exemple le fragment de récit suivant, adapté de D.H. Lawrence :

> *She said she hated the country. The peons used to work for 20 cents a day ; and now the standard price was fifty cents.*

> *Elle déclara qu'elle détestait ce pays. Les paysans travaillaient autrefois pour 20 cents par jour ; maintenant, le prix moyen était de 50 cents.*

On note que *now* et *maintenant* marquent le moment de l'énonciation citée – qui est antérieur à celui de la narration, comme en témoignent les passés en rupture *said* et *déclara*. *Used to* et *autrefois* renvoient clairement, dans ce contexte passé, à une période révolue antérieure à l'énonciation passée : ils marquent donc un décalage dans le passé qui n'aurait pas lieu dans un contexte présent.

D'autre part, l'article *the* et le démonstratif *ce* ont valeur déictique, et sont repérés par rapport au lieu de l'énonciation passée.

De façon générale, les repérages spatio-temporels – à l'exception des marques de temps – sont ceux du personnage cité.

Un second phénomène, relatif à certains éléments lexicaux de caractère « égocentrique », indique lui aussi qu'en discours indirect libre, on « entend » les mots prononcés ou pensés par le premier énonciateur : ces mots ou expressions exigent, en règle générale, la présence du pronom de 1re personne, et ne peuvent donc pas être repris par un rapporteur, dès lors que cela implique un changement de personne. On a ainsi :

Je veux bien être pendu si je travaille encore avec eux.

* *Jean veut bien être pendu s'il travaille encore avec eux.*

De même en anglais :

I'll be damned if I work with them again.

* *John'll be damned if he works with them again.*

En discours indirect classique, ces expressions égocentriques peuvent figurer, mais en 3e personne, le sujet désignant l'énonciateur cité :

Jean *m'a dit qu'*il *veut bien être pendu s'il travaille encore avec lui*

(*il* est compris comme anaphore de Jean).

Ici, toutefois, l'énonciateur primaire (le rapporteur) ne nous fait pas « entendre la voix » de Jean, car c'est lui qui a la parole (en l'absence de guillemets et de rupture énonciative) : il ne fait que *répéter* les mots employés initialement.

En discours indirect libre, on peut trouver de même :

(Jean déclara qu'il détestait ces gens-là). Il voulait bien être pendu s'il travaillait encore avec eux.

(John said he hated those people). He'd be damned if he even worked with them again.[18]

On constate que :

- Les expressions « égocentriques », dont la règle est de n'admettre pour sujet syntaxique qu'un pronom dénotant l'énonciateur (donc *Je* dans le cas général), peuvent apparaître en discours indirect avec, pour sujet, un pronom de 3e personne dénotant l'énonciateur rapporté.
- En discours indirect libre, dans des énoncés non régis, il en est de même : on entend alors directement la « voix » du personnage cité, désigné néanmoins par un pronom de 3e personne. Dans cet emploi, ces expressions apparaissent telles qu'elles sont dites ou pensées par l'énonciateur cité, et elles donnent ainsi accès à sa conscience.

On sait qu'en discours indirect classique un énonciateur peut, occasionnellement, intégrer à son discours une expression qu'il ne peut reprendre à son compte : il utilise alors les mots d'un autre, faute de pouvoir vraiment prendre en charge l'expression dont il s'agit. Ce phénomène donne notamment naissance à l'*opacité référentielle*. On aura par exemple :

Je devais, paraît-il, m'adresser au « secrétaire du contentieux », mais j'ignore qui est ce personnage.

L'expression qui fait problème est dite « opaque ». Il faut entendre « opaque pour l'énonciateur », qui emprunte ce repérage à un autre, pour qui il était naturellement « transparent ». En discours indirect, l'auteur du repérage *peut* être l'énonciateur cité, mais ce

18. On observe que cet énoncé et son équivalent français sont nécessairement du discours indirect libre. Il est donc inexact que « rien ne permette, hors contexte, de dire qu'une phrase est du DIL » (J. Authier, 1978). Il faut aussi refuser l'idée selon laquelle « le DIL [n'apparaît pas] comme une troisième forme grammaticale du discours rapporté, mais comme une *configuration discursive particulière* » (idée soutenue aussi par Bally, 1912). Le DIL est en fait *l'un et l'autre* : une « configuration discursive particulière », mais qui se manifeste par certains faits *grammaticaux*, dont ceux évoqués ici.

n'est pas forcément le cas : il peut *lui-même* avoir *emprunté les mots d'autrui*, ainsi dans :

> *L'hôtesse m'a dit de m'adresser au « secrétaire du contentieux » – mais elle n'a pas pu m'en dire plus.*

Le fait pertinent est qu'en discours indirect classique, s'il y a opacité d'une expression quelconque (notamment référentielle, mais pas uniquement), *cette opacité est le fait du rapporteur* : c'est lui qui prend de la distance à l'égard des termes opaques.

Or, on constate qu'en discours indirect libre, si un fait d'opacité se manifeste, *il concerne le personnage cité* dont, ici encore, on « entend la voix ».

J'illustrerai ce fait à l'aide d'exemples souvent commentés, empruntés au mythe d'Œdipe :

Pour évoquer l'histoire d'Œdipe, on peut, en discours indirect classique, dire :

> [a] *Œdipe voulait épouser Jocaste.*
>
> [b] *Œdipe voulait épouser sa mère.*

Ces énoncés sont inégalement naturels, sans que pourtant aucun puisse être considéré comme inacceptable (contraire à l'histoire d'Œdipe telle que le mythe nous la présente).

L'énoncé [a] est banal, et ne pose aucun problème.

L'énoncé [b] est acceptable, mais susceptible de surprendre à première lecture. La raison en est que *sa mère* opère une référence transparente pour le rapporteur mais, naturellement, *opaque pour le personnage cité* : Œdipe voulait épouser Jocaste, qu'il ne savait pas être sa mère. Son « univers de croyance » différait en cela, de façon tragique, de celui de la culture d'origine grecque. L'énoncé [b] est ainsi acceptable (véridique) si l'on admet que la description définie *sa mère* est opaque pour le personnage cité. Or, cette interprétation, si elle est possible, n'est pas l'interprétation dominante : en discours indirect, une expression désignative est – sauf indication contraire – comprise comme *transparente pour les deux énonciateurs*. Le fait crucial est que l'interprétation « opaque pour le personnage cité » soit possible – et elle l'est certainement, quoique non dominante.

Or, elle ne l'est absolument pas en discours indirect libre.

Considérons par exemple :

Œdipe fit part de ses projets aux citoyens de Thèbes : il allait épouser sa mère.

Ici, le second énoncé est interprétable comme discours indirect libre, ayant Œdipe pour énonciateur. Celui-ci apparaît dès lors comme responsable non seulement de l'assertion, mais aussi de la *formulation* du repérage *sa mère*. Le résultat est que cet énoncé est contraire au mythe d'Œdipe : il lui attribue la volonté délibérée d'être incestueux.

Les faits de transparence et d'opacité, relatifs notamment, mais pas seulement, au jeu de la référence, font ainsi apparaître qu'en discours indirect libre, *l'énonciateur cité est seul responsable des expressions désignatives* (et appréciatives) : sur ces points, il n'y a plus de reformulation possible par le rapporteur, et on entend seulement les mots du premier énonciateur.

☙

La liste des faits qui conduisent à la même conclusion pourrait être allongée considérablement[19]. On trouve en fait dans les énoncés interprétables comme discours indirect libre toute une gamme de traits linguistiques qui – dès lors que le style du personnage cité est connu – permettent d'affirmer que, dans le discours indirect libre, on retrouve les traits linguistiques qui le caractérisent : *registre, niveau, habitudes proprement stylistiques*. À cela s'ajoute le fait que, bien souvent, ses propos, rapportés en discours indirect libre, *manifestent son point de vue*, aux divers sens du terme, qui seront examinés plus loin.

Au tout début de *La condition humaine* de Malraux, Tchen se prépare à tuer un homme pour s'emparer d'un document.

Tchen[20] *tenterait-il de lever la moustiquaire ? Frapperait-il au travers ?*

---

19. Voir par exemple M. de Mattia (1997, chap. 7).

20. Malraux prend apparemment ici une liberté avec les *règles de langue* : en discours indirect libre – nous le verrons – le narrateur primaire ne dispose que des *pronoms personnels* pour repérer les personnes.

L'angoisse lui tordait l'estomac.

Les deux premiers énoncés, questions à structure inversée, ne peuvent être que du discours direct du narrateur anonyme (« omniscient ») ou du discours indirect libre rapportant la pensée de Tchen. Cette deuxième réponse est certainement la bonne – mais ce n'est pas démontrable : le seul fait qui milite en faveur de cette interprétation n'est pas d'ordre linguistique. c'est le fait que Tchen a de bonnes raisons, dans la situation où il est, de se poser précisément ces questions, alors qu'il serait contraire à son statut énonciatif que le narrateur anonyme les pose. C'est donc ici le *contenu* du discours qui le signale comme formulant la pensée du héros en discours indirect libre.

En revanche, et pour des raisons du même ordre, l'énoncé suivant est attribué au narrateur anonyme.

cs

Les faits décrits ou esquissés ci-dessus manifestent la fonction d'énonciateur que remplit le personnage cité en discours indirect libre : il est origine de nombreux repérages, notamment, mais pas seulement, spatio-temporels ; il est responsable des jugements appréciatifs ; c'est son point de vue qui s'exprime ; les énoncés portent la marque de son style, parlé ou écrit selon le cas. En un mot, il a – pour l'essentiel – la parole, de sorte que la question suivante se pose : en quoi exactement ce discours se distingue-t-il du discours direct ? S'agit-il vraiment de discours rapporté ? Qui est, où est le rapporteur, qui n'introduit plus les propos du personnage, et apparemment est *entièrement effacé*.

3.4.3. La « voix » de l'énonciateur-rapporteur

En fait, et malgré sa très grande originalité, le discours indirect libre est bel et bien un mode d'énonciation rapportée, ce qui signifie que, malgré sa discrétion extrême, le narrateur-rapporteur existe, et se manifeste par des marques linguistiques.

On observe en effet, et c'est le fait crucial, que, si le personnage cité apparaît au premier abord comme *énonciateur au sens strict* en discours indirect libre, il est néanmoins *deux types de repérage* qui lui échappent : *les pronoms personnels* et *les marques de temps*.

Ce personnage dont on croit entendre la « voix » en indirect libre, et qui exprime constamment son point de vue, a cette particularité frappante de *ne pas pouvoir se désigner par* ***Je*** : il est régulièrement *il* ou *elle*, donc un locuteur exclu de la relation d'interlocution narrateur-lecteur dont nous postulons qu'elle sous-entend – dans une œuvre littéraire – la totalité du texte. Mais un exemple inspiré du discours quotidien est peut-être plus probant encore. Soit une conversation entre deux frères, Pierre et Jean. Pierre déclare :

> *Hélène a encore téléphoné hier matin. Elle était furieuse. Tous ses frères, y compris toi et moi, lui avaient toujours été hostiles. mais elle saurait se défendre, en justice au besoin.*

Le premier énoncé, dû à Pierre, joue le rôle de *déclencheur du discours indirect*, en vertu du verbe *téléphoner*[21]. Le deuxième énoncé manifeste l'*ambiguïté énonciative* caractéristique de beaucoup d'énoncés en indirect libre : il peut être énoncé en discours direct par Pierre, qui décrit l'état d'esprit de sa sœur, ou en discours indirect libre, rapportant les propos de sa sœur. Les deux énoncés suivants ne peuvent s'interpréter que comme du discours rapporté (en particulier, le futur du passé *saurait* signale la *superposition* de deux marqueurs dus à deux énonciateurs différents).

En résumé, l'énonciateur rapporté (Hélène), qui à bien des égards, a la parole, *est néanmoins repéré par des pronoms de 3e personne* (*elle, lui*).

Les pronoms du dialogue (*Je/tu*) servent les repérages personnels effectués *par le rapporteur* Pierre : en cela, il apparaît bien comme l'*énonciateur primaire*.

On parvient à la même conclusion si l'on observe les *marques de temps* : l'imparfait *était*, à valeur semi-aoristique, marque un procès *passé* par rapport à la situation de Pierre, et cela dans les deux

---

21. Comme l'indique J. Authier (1978), il est impossible de dresser un inventaire complet des déclencheurs du discours indirect libre. Tout contexte indiquant qu'un personnage se livre, ou va se livrer, à une activité de parole ou de pensée, peut jouer ce rôle.

interprétations possibles. Le plus-que-parfait *avaient été* cumule deux marqueurs d'antériorité, dont l'un est nécessairement attribuable au rapporteur Pierre. Enfin, le futur du passé *saurait* (analysable, on l'a vu, en [*savoir*] + « *visée future* » + *passé*) indique lui aussi, par le marqueur de passé, un repérage temporel effectué par le rapporteur, superposé au marqueur de futurité dû au locuteur cité.

Un autre fait linguistique nous oblige à admettre qu'il n'y a, dans cette séquence de quatre énoncés, qu'*un seul énonciateur* au sens strict, le narrateur : c'est l'absence de rupture énonciative entre ce qui est incontestablement du récit (le premier énoncé) et les autres, notamment les deux derniers, qui ne sauraient donc de toute façon être interprétés comme un discours direct du locuteur cité Hélène, bien que nous « entendions » les *mots* dont il s'est servi.

ࡘ

Tel est le paradoxe de ce phénomène remarquablement complexe et subtil du discours indirect libre : nous y sommes mis « en contact » avec les pensées ou les paroles d'un locuteur cité qui a plusieurs des *propriétés d'un énonciateur* au sens strict du terme. Mais il est néanmoins désigné comme étant une troisième personne – donc étranger à *la seule relation d'interlocution qui sous-tende le discours*, la relation de l'énonciateur primaire à *son propre destinataire* (ici, Jean, représenté par *toi*).

Quant à la relation d'interlocution en jeu *dans l'énonciation rapportée*, elle ne saurait être manifestée en discours indirect libre, pas plus que dans les complétives et les subordonnées du discours indirect classique : l'absence de tout vocatif et de tout impératif, déjà signalée, en fait foi. L'absence de ces marqueurs linguistiques va de pair avec l'impossibilité de rapporter des pronoms du dialogue (*Je* et *tu*) qui auraient été utilisés par le personnage cité : comme les vocatifs et les impératifs, les pronoms de 1re et 2e personnes supposent, et manifestent à la fois, une relation entre les interlocuteurs.

Or, la *relation d'interlocution initiale*, qui a donné naissance au texte rapporté en indirect libre, *n'est pas reproductible* comme des mots peuvent l'être : elle disparaît donc, avec ses marqueurs (pronoms, vocatifs, impératifs) dans l'élaboration de l'énoncé rapporteur, qui s'ancre dans une autre relation d'interlocution, une autre énonciation, celle qui est produite *par le narrateur à l'intention du lecteur* ou de l'auditeur, et dans laquelle *Je* et *tu* serviront éventuellement de nouveaux repérages.

L'interaction entre deux énonciations est donc extrêmement complexe dans le discours indirect libre. Elle manifeste le degré le plus élevé de *polyphonie*, puisque c'est là que les « voix » de deux énonciateurs sont le plus intimement mêlées. En fait, plutôt que la « voix », *ce sont les mots du personnage cité que l'on entend* : il s'agit de reproduire fidèlement ses propos ou ses pensées), mais c'est tout de même, discrètement et fondamentalement à la fois, le rapporteur qui a la parole.

On peut tenter de décrire ce phénomène en disant que l'énonciateur - narrateur se fait le *porte-parole* du personnage cité ; ceci implique que trois conditions soient remplies :

a. Le rapporteur reste l'énonciateur primaire comme il l'est dans le récit : c'est toujours lui qui a la parole, faute de quoi il ne pourrait « parler pour l'autre ». Il faut donc qu'il *soit manifesté par des marques énonciatives* : ce sont les pronoms personnels et les marques de temps. Ces marques situent *ipso facto* l'énonciation rapportée, et la *mettent à distance* : la relation d'interlocution initiale disparaît, puisque la relation narrateur-lecteur subsiste.

b. A l'exception de ces marques énonciatives, les paroles ou pensées du personnage rapporté sont *reprises littéralement* par le narrateur ; c'est là que réside l'intérêt du discours indirect libre, notamment dans les récits littéraires : les marques énonciatives dues au rapporteur étant très discrètes, le lecteur croit entendre la « voix » du personnage.

c. Les déictiques du « discours » initial (adverbes, démonstratifs) *ne subissent pas les reformulations* qu'impliquerait normalement le repérage de ce discours par rapport à la situation d'énonciation de l'énonciateur-narrateur. Il faut donc admettre que, comme l'essentiel de ce discours, ils font l'objet d'une forme particulière de « citation » (*quotation*), et sont donc rapportés à la situation d'énonciation initiale.

ᴕᴣ

Nous pouvons tirer de cette analyse deux conclusions :

1. D'une part, et contrairement à la thèse d'A. Banfield (1973, p. 38), *la fonction de communication n'est nullement interrompue dans le discours indirect libre*. L'énonciateur-narrateur poursuit son récit, sur un mode d'énonciation hautement élaboré : on passe sans rupture du récit d'action au récit de paroles.

   Banfield, qui travaille dans le cadre de la théorie transformationnelle « étendue », déclare que les énoncés en discours indirect libre *relèvent de la fonction « expressive » du langage*, et non de sa fonction de communication. La raison principale de cette interprétation réside dans la difficulté qu'il y a à *discerner la relation d'interlocution* dans laquelle ce discours s'inscrit, et à voir comment le discours indirect libre relève bel et bien du discours rapporté. La difficulté tient au fait que, par sa forme et son contenu, ce discours semblerait s'inscrire dans un échange langagier, généralement passé, dont les protagonistes n'apparaissent pas et ne peuvent se désigner, alors même que le lecteur a le sentiment de lire les paroles ou les pensées de l'un d'eux, désigné néanmoins par le pronom de 3e personne.

   Nous avons tenté ci-dessus de démêler l'entrelacs de deux discours, de deux relations d'interlocution dont l'une précisément n'est pas marquée ni reproduite, et ne saurait l'être, par les énonciations d'un rapporteur qui emprunte les mots de l'énonciateur « cité », et donc parle pour lui. On peut résumer cette interaction totalement originale en disant que l'énonciateur rapporté *s'exprime mais n'énonce pas* tandis que l'énonciateur rapporteur *énonce mais ne s'exprime pas*.

2. Cette analyse énonciative n'épuise cependant pas tous les problèmes que pose le discours indirect libre. Il en reste un, notamment, qui a été étudié par J. Authier (1979, 1982, 1992, 1993). C'est celui de déterminer comment il est possible de « parler avec les mots de l'autre » ou, en termes plus techniques, quelle est la nature exacte de la relation de l'énonciateur aux mots et énoncés

qu'il profère et « emploie », alors qu'il les emprunte au discours qu'un autre a tenu.

On a affaire, avec le discours indirect libre, à un type de *polyphonie*, qui a été analysé ci-dessus, et diffère des autres types du même phénomène qui caractérisent les autres modes du discours rapporté. Mais cette polyphonie au sens strict, ou linguistique, du terme[22] (mélange des discours de deux locuteurs) n'est qu'un aspect particulier, quoique fort important, d'un phénomène plus large, qui caractérise les langues naturelles, et que J. Authier appelle l'*hétérogénéité* du discours. L'hétérogénéité d'un discours peut être « montrée », par exemple, par l'emploi de guillemets, qui signalent l'opacité référentielle (cf. 3.3.2) ou toute autre mise à distance d'un mot ou expression qu'on emprunte sans se l'approprier. Elle peut être signalée, plus nettement encore, par des formules de commentaire telles que « pour reprendre vos termes », « pour parler comme les spécialistes ».

L'hétérogénéité peut être d'autre part « constitutive » d'un type de discours ; c'est le cas du discours rapporté.

Pour rendre compte des faits d'hétérogénéité montrée, mais aussi de celle qui, à l'œuvre dans le discours indirect libre, est seulement signalée par des « indices » (contexte, interaction) (1982, p. 96), Authier fait appel à un couple de notions antonymiques en usage notamment chez les philosophes du langage anglo-saxons et les pragmaticiens : « *mention* » (mention, citation) et « *use* » (usage, emploi). Dans les cas d'hétérogénéité montrée ou simplement signalée, *il y a à la fois « mention » et « emploi »* d'un mot ou expression : le locuteur utilise un terme, mais sans se l'approprier totalement, ou même en le mettant clairement à distance, en le *montrant* comme n'étant pas sien (cf. Authier [1993], 5.1.1, note 136). Ainsi, dans : « Les sciences "humaines" (ou "dites humaines") ont pris récemment une place exorbitante dans les Facultés de Lettres ». L'hétérogénéité

22. Nous avons distingué plus haut, à propos de Bakhtine (1929), la polyphonie *stricte*, phénomène linguistique, constitutif notamment du discours rapporté et des concessives, et la polyphonie au sens *large*, qui désigne le fait que tout discours, d'une façon ou d'une autre, implique une référence aux discours d'autrui.

constitutive et « signalée » caractérise la totalité d'un énoncé en discours indirect libre, qui constitue un discours « métaénonciatif », non pas discours *sur un discours*, mais discours *construit à partir d'un autre discours*.

Cette analyse est parfaitement juste, et n'appelle qu'une réserve relative à l'emploi des mots « mention » (au sens de l'anglais « *mention* ») et « connotation autonymique », qui lui est associé, et désigne un emploi (*use*) qui est en même temps une mention (« *mention* »). La « mention » (au sens anglais) consiste à « montrer », à citer, un élément de la *langue*, pour l'analyser ou le décrire, comme le font les lexicographes (pour les mots) et les grammairiens (pour les phrases). Dans la mention, le mot ne renvoie qu'à lui-même, et sa description relève de l'activité *métalinguistique*. Au contraire, comme le dit Authier elle-même, le discours indirect libre relève d'une activité *métaénonciative* : on ne « montre » pas un mot (une phrase) tels qu'ils sont en langue, mais tels qu'ils ont été employés par un ou plusieurs locuteurs. Si, comme il faut le faire, on voit dans le discours indirect libre une forme très particulière de citation, c'est au mot anglais « *quotation* » qu'il faut se référer, le terme désignant la citation des propos d'autrui.

On est donc conduit à considérer que, hormis les marques de temps et les pronoms personnels, qui sont repérés par rapport à l'énonciateur-rapporteur, le discours indirect libre relève d'un « emploi » (très particulier) de la langue, en même temps que d'un mode (également très particulier) de « citation » (quotation). *Use* et *quotation*, emploi et citation, sont bien associés, mais l'un et l'autre sont, par là même, dénaturés : le rapporteur « emploie » les mots (les énoncés) sans les prendre en charge, et il les « cite » sans pouvoir les reproduire intégralement et sans prétendre les répéter. Il énonce en reprenant les mots de l'autre, qui sont ainsi *passés d'un discours à l'autre*, et sont utilisés au sein d'une relation d'interlocution nouvelle.

Cette forme de fusion entre deux énonciations produit un *mode d'énonciation* entièrement original. Elle est une des raisons qui légitiment la distinction entre énonciateur et locuteur : le locuteur qui parle, ou écrit, en discours indirect libre, reste physiquement distinct de celui dont il rapporte les propos : l'opération énonciative complexe qui fait naître le discours indirect libre n'affecte que les énonciateurs. Elle construit un énonciateur d'un type original, dont la relation à ses énoncés est spécifique. En linguistique énonciative culiolienne, un énoncé est dit repéré par rapport à son énonciateur, c'est-à-dire déterminé par l'identité de l'énonciateur. On est conduit à dire qu'en discours indirect libre, les énoncés font l'objet d'un *double repérage* : « attribués » à la fois, sur des modes différents, à deux énonciateurs, le rapporteur et le rapporté.

4

L'énonciation du récit

J'ai montré au chapitre 2 qu'on peut donner du récit une définition « étroite » : en termes purement *linguistiques*, une séquence d'énoncés constitue un « récit » dès lors qu'elle n'utilise que des formes verbales aoristiques : aoriste pur (passé simple en français, preterit en anglais) ou temps à propriétés aoristiques (imparfait et plus-que-parfait en français, et leurs équivalents en anglais).

Il serait probablement difficile, voire impossible, de découvrir des *œuvres* narratives qui répondraient à la définition purement linguistique du « récit », et ne renfermeraient que des formes verbales aoristiques. Lorsqu'on emploie le mot « récit » pour désigner une œuvre (conte, nouvelle, roman), le terme désigne un concept *narratologique* : il s'agit d'un texte d'une certaine ampleur, dont la trame est constituée par une séquence de procès aoristiques, qui met en jeu la *durée* de façon essentielle ; ceci n'exclut pas que le récit et l'emploi des temps aoristiques y soient parfois interrompus par des commentaires, des analyses, des intrusions d'auteur.

4.1. La dichotomie trompeuse récit / discours (Benveniste)

Chacun connaît l'opposition proposée dans l'article célèbre de Benveniste « Les relations de temps dans le verbe français » (1966). Benveniste constate que l'ensemble des « temps » du français ne constitue pas un système homogène, mais s'organise dans l'usage en deux sous-ensembles disjoints, de sorte que, dans un fragment donné, on ne trouve que les temps de l'un ou de l'autre de ces deux sous-systèmes complémentaires.

Il en conclut que se manifestent ainsi deux *plans d'énonciation*, celui du *récit* (de l'*histoire*) et celui du *discours*. Ces deux « plans » ou « modes d'énonciation » s'opposent sur trois points fondamentaux :

1. Chacun utilise un sous-système de temps qui lui est propre ;
2. Seul le *discours* a recours aux « pronoms du dialogue » (*Je* et *tu*) ;
3. Le *récit*, au contraire, « n'emprunte jamais l'appareil formel du discours, qui consiste d'abord dans la relation de personne *je – tu* ».

Il importe de préciser cette triple opposition et, plus encore, de définir le principe qui permet à Benveniste d'en faire le fondement de cette dichotomie énonciative qui signifie tout simplement, en dernière analyse, qu'il y a deux façons d'utiliser le langage – ou du moins la langue française et celles qui lui sont apparentées.

Le *récit* caractérise l'évocation des événements passés. Il implique une contrainte aux deux catégories verbales du *temps* et de la *personne* : il n'utilise jamais ni *je* ni *tu*, ni les déictiques qui en dépendent (*ici*, *maintenant*, etc.)[1]. Il n'utilise que l'*aoriste* (passé simple) et les temps qui s'y rattachent (*imparfait* et *plus-que-parfait*), ainsi que le futur du passé et le « passé prospectif » (*Il devait y mourir en 1821*). L'emploi des pronoms dans le récit révèle sa troisième propriété définitoire : *il ne met en jeu aucune relation d'interlocution*. « Les événements sont posés comme ils se sont produits »... On lit ensuite : « Personne ne parle ici ; les événements semblent se raconter eux-mêmes ».

---

1. Benveniste nuance, dans une note, l'affirmation que l'aoriste du récit est totalement incompatible avec la 1re personne. Il note que, pour le romancier, l'aoriste peut aisément être associé aux pronoms de 1re personne du singulier et du pluriel. Mais il en va autrement de l'historien. Cette remarque dissocie donc les cas du récit historique et du récit de fiction, comme il convient de le faire tôt ou tard, mais elle ne semble pas, pour Benveniste, affecter la thèse fondamentale de l'existence de deux modes d'énonciation dont l'un, le « discours », exclut absolument l'aoriste cependant que l'autre, le « récit » (ou « histoire ») est essentiellement lié à l'emploi de la 3e personne.

Sont donc ici niés, à propos du mode d'énonciation dénommé « récit » ou « histoire », le schéma général de la communication, et le rôle d'un énonciateur, d'un destinataire, et de la relation qui les unit.

Le *discours*, au contraire, suppose un « *locuteur* » et un « *auditeur* », et une *relation* entre eux (l'intention chez le premier d'influencer l'autre en quelque manière). Il emploie les trois personnes verbales et les pronoms correspondants, *Je, tu, il* ; la « relation de personne » (d'interlocution) y est présente partout. Enfin, le registre des temps est plus large que dans le récit ; les temps fondamentaux sont le *présent*, le *futur*, le *passé composé* (le parfait) ; l'imparfait est possible, seul l'aoriste est totalement exclu.

Dans les termes de la théorie de Culioli, l'étude de Benveniste peut être résumée en deux thèses :

a. Il existe une corrélation entre l'emploi des *repérages temporels* et des *repérages personnels* : le premier type de repérages temporels (ceux du récit, qui excluent toute référence au présent), n'est compatible qu'avec les pronoms de 3e personne ; le second type de repérages (ceux du discours, qui excluent l'aoriste, pure référence au passé) est seul compatible avec les pronoms des trois personnes. Ainsi se définissent les deux modes d'énonciation, récit et discours.

b. Le récit ne se caractérise pas seulement par l'absence des pronoms *Je* et *tu* (même dans les romans où figure le pronom de 1re personne, *tu* reste irrecevable) : il est pourvu d'une propriété énonciative très remarquable : *les événements semblent « se raconter eux-mêmes »* ; « personne ne parle ici ». De l'absence au moins apparente d'un destinataire, et donc d'une relation que l'on pourrait avoir avec lui, Benveniste conclut à *l'absence d'un locuteur*.

Du point de vue de la linguistique énonciative de Culioli, qui est ici la nôtre, la thèse de Benveniste appelle une remarque et deux critiques.

La remarque est que la notion de mode d'énonciation est, en elle-même, parfaitement recevable et, sous une forme ou sous une autre, nécessaire à la théorie du langage. Elle doit seulement être définie par des propriétés autres que celles qu'emploie Benveniste. L'idée qu'il existe différents modes d'énonciation exige une élaboration du concept d'énonciateur. Pour Culioli, on doit distinguer deux instances différentes, le locuteur et l'énonciateur (cf. 2.3.5). Le locuteur est le sujet parlant, l'être de chair et d'os qui, à un certain moment, a la parole. L'énonciateur est une entité abstraite construite par le locuteur, et qui va assumer diverses fonctions énonciatives : il est l'origine des repérages et le « support » des modalités.

En fonction des types d'énoncés (ainsi les « vérités universelles », depuis longtemps identifiées par les grammairiens qui leur reconnaissent des propriétés linguistiques spécifiques), on peut distinguer des types d'énonciateur. L'étude de Benveniste sur les deux modes d'énonciation récit et discours pourrait conduire à distinguer deux types d'énonciateur, distincts par leur relation à leurs énoncés et à la situation : l'énonciateur d'un « discours » serait plongé dans une situation d'énonciation origine des repérages déictiques qu'il effectue, et serait en relation d'interlocution avec son partenaire. Au contraire, l'énonciateur d'un « récit » (d'une « histoire ») d'une part ne serait en relation avec aucun partenaire, d'autre part ne constituerait pas un narrateur, puisque « personne ne parle » ; il conviendrait de définir pour lui un statut énonciatif spécifique.

☙

Si l'idée qu'il faut distinguer des types d'énonciation et des types d'énonciateur doit donc être admise, en revanche la conception d'une énonciation « historique », pure évocation du passé et non destinée à un partenaire, est contraire au postulat présenté au chapitre 2, selon lequel la fonction du langage est fondamentalement la communication qui en détermine la structure et qui, *à travers des formes diverses, ne disparaît jamais*. Nous avons montré au chapitre 2 que l'on peut mettre au jour le fonctionnement énonciatif du langage dans des textes qui sont apparemment les moins propres à le manifester : les monologues et apartés de théâtre. Si, dans les situations où un locuteur se parle à lui-même, on peut encore déceler une relation d'interlocution, alors les textes narratifs, historiques ou fictionnels ne nous autorisent certainement pas à formuler l'hypothèse qui a été baptisée « le narrateur effacé ». Il convient donc de rejeter l'idée d'un mode d'énonciation, le récit, qui serait *dépourvu d'une origine constituée par un énonciateur et une situation*, même si la relation des énoncés du type « récit » à l'origine énonciative appelle une élucidation.

La deuxième critique que suscite l'article de Benveniste repose sur le fait que les critères mêmes qu'il utilise pour établir la dichotomie récit/discours conduirairaient à distinguer non pas deux, mais quatre modes d'énonciation. Le principe sur lequel repose cette distinction est que chacun de ces deux plans d'énonciation utilise des types de repérage nécessairement associés : le discours, mode qui est conforme au schéma de la communication, met en jeu un énonciateur, un destinataire, une relation entre eux et, de plus, des repérages de type *déictique*, ancrés dans *une situation commune aux deux partenaires*. Le récit, au contraire, ne semble pas supposer d'énonciateur, de destinataire ni de situation d'énonciation ; on n'y trouve pas de repérages déictiques (énonciatifs). Cependant, contrairement à ce qui semble justifier cette dichotomie récit / discours, on peut associer des repérages énonciatifs et des repérages non liés à la situation dans un type bien défini de texte : il s'agit des *récits en 1re personne*, qu'ils soient fictionnels (les romans ou nouvelles tels que le *David Copperfield* de Dickens ou la *Carmen* de Mérimée), ou de type historique (les *Mémoires* du Cardinal de Retz, les *Confessions* de Rousseau). Dans ces œuvres se trouvent *associés* des repérages déictiques (les personnes) et des repérages temporels en rupture avec la situation (les aoristiques). Ainsi : « Je sentis avant de penser » (Rousseau). On a donc ici un troisième type de discours.

D'autre part, en utilisant les termes mêmes de Benveniste, et en particulier celui de « temps présent », temps fondamental du discours, on peut soutenir que son analyse conduit à distinguer un *quatrième* mode d'énonciation, celui des « *textes théoriques* » (essentiellement scientifiques et juridiques), dans lesquels l'absence des pronoms déictiques se trouve associée systématiquement au temps présent (« Le soleil se lève à l'Est » ; « Les hommes naissent et demeurent libres et égaux en droits »)[2].

---

2. Il faut préciser que, dans la théorie de Culioli, ce type de présent, ainsi

On est ainsi conduit, en conclusion, non pas à rejeter l'idée de « mode d'énonciation », très proche des concepts culioliens de type d'énoncé et de type d'énonciateur, mais à rejeter la dichotomie proposée par Benveniste. Plus précisément, *la notion d'un mode de discours* (l'histoire ou récit) *entièrement coupé d'une situation d'énonciation* (ne comportant aucun déictique), *privé de tout narrateur et de tout destinataire que le texte vise à « influencer » en quelque façon, apparaît inacceptable*. L'association nécessaire de repérages personnels et de repérages temporels hors situation apparaît empiriquement inexacte, puisqu'il existe des récits en 1re personne, et que *Je* semble bien établir un lien indiscutable entre énoncé et situation[3].

Si l'on prenait au pied de la lettre l'affirmation de Benveniste selon laquelle, dans un texte narratif ou historique, « personne ne parle », on aboutirait à la conclusion que la linguistique énonciative est incapable de rendre compte de ce genre de texte. Les récits seraient non seulement « hors situation », mais « hors système », et ils nécessiteraient l'élaboration d'une autre linguistique qui rejetterait le principe fondateur selon lequel tout énoncé est construit à partir du couple origine énonciateur-situation.

Si les textes à l'aoriste possèdent une spécificité incontestable, il reste possible de les analyser dans le cadre culiolien. Il a parfois été observé que la théorie de Culioli semble prendre pour situation d'énonciation modèle celle dans laquelle locuteur et destinataire (« énonciateur » et « co-énonciateur ») sont face à face et, dans le cas général, prennent la parole à tour de rôle. C'est ainsi que la situation (les coordonnées spatio-temporelles) leur est commune. Ce qui est

---

que le présent des commentaires simultanés (reportages, démonstrations) ne dénotent pas le moment de l'énonciation, mais doivent être considérés comme en rupture avec lui (en anglais, seul le présent dit « progressif » est la marque d'un repérage déictique).

3. L'idée a été émise que le *Je* employé dans les récits et associé aux aoristiques, dénotant le « narrateur - personnage » plongé dans l'histoire, *n'est pas « le même »* que le Je du narrateur-énonciateur, et qu'il est ainsi assimilable à un pronom de 3e personne. Le récit en 1re personne ne serait plus ainsi qu'un type de récit-histoire, et ne serait plus un contre-exemple à la dichotomie de Benveniste. Ce point de vue, exposé par J. Simonin (1975) sera discuté et critiqué plus loin.

« présent » (au double sens temporel et spatial) pour l'un l'est aussi pour l'autre. Ceci cesse d'être vrai des textes écrits, où énonciation et lecture sont disjointes. En tenant compte des faits de ce genre, nous montrerons qu'on peut, en procédant au travail d'analyse approprié, rendre compte des récits en termes énonciatifs, en utilisant les concepts-clés de la théorie culiolienne : statut de l'énonciateur, du destinataire et de leur relation, modalités, types de repérage[4].

Nous avons évoqué au chapitre 3 la diversité des situations dans lesquelles s'effectue la communication langagière : conversation face à face, conversation téléphonique, émissions de radio et de télévision, etc., ainsi que la lecture d'œuvres littéraires diverses, parmi lesquelles les récits de fiction occupent une place importante. Postuler qu'à chacun de ces modes de communication correspond un mode d'énonciation spécifique tels que le « récit » ou le « discours » de Benveniste conduirait infailliblement à un foisonnement difficile à contrôler des sous-théories destinées à rendre compte de chacun de ces modes d'énonciation, dans lequel l'unité du phénomène d'énonciation risquerait de disparaître.

Notre hypothèse de travail consistera au contraire à considérer comme central le phénomène de communication orale face à face, sur lequel est actuellement défini un ensemble cohérent de concepts explicatifs, et à considérer comme des variantes de ce phénomène les autres modes de communication connus à ce jour. Il y a deux raisons majeures à cette prise de position. La première, déjà évoquée, relève de l'histoire du langage humain. Il paraît indiscutable que l'invention et le lent développement du langage par le genre humain n'ont pu avoir pour objectif que la communication orale, qui a été longtemps une condition de survie pour les hommes. Ce fait nous semble à

4. Après un examen détaillé du problème que soulève l'opposition, chez Benveniste, entre deux modes d'énonciation radicalement différents, Danon-Boileau (1982) conclut que la dichotomie récit/discours est trompeuse, et qu'elle est le résultat arbitraire d'une hypostase des types de repérage dominants dans les discours d'une part, les récits d'autre part. L'opposition fondamentale apparaît alors comme celle des *repérages* déictiques et anaphoriques.

l'évidence avoir déterminé la structure des langues dans la plupart de leurs propriétés fondamentales. Le système de la personne, dont on doit penser que, à travers certaines variantes, il conserve partout sa structure, est sans doute la manifestation la plus claire du fait que l'élaboration des langues a été constamment orientée par la nécessité de communiquer verbalement avec un interlocuteur, donc d'abord de désigner de la façon la plus efficace les partenaires en présence (d'où les pronoms déictiques) et, ensuite, de désigner ce qui est extérieur à l'échange, objets ou individus[5].

Notre hypothèse est que les emplois « dérivés » des pronoms, ou des autres opérateurs linguistiques (ainsi le *tu* « fictif » qui veut dire « n'importe qui à ta place », ou le *nous* dit « de majesté »), s'ils méritent une analyse spécifique, ne peuvent pas ne pas être rattachés à leur emploi énonciatif initial. De façon analogue, nous admettrons que les modes d'utilisation du langage – et l'énonciation narrative en particulier – doivent être étudiées en relation avec le mode d'énonciation premier, qui est l'échange oral de la conversation.

Une deuxième raison d'adopter cette démarche est que c'est dans la communication orale seule que la totalité des moyens d'expression d'une langue peut être mise en jeu. Chacun sait que les traits phoniques d'un énoncé oral (accents, rythme, intonation) contribuent, de façon parfois fondamentale, à la signification de l'énoncé. Dans les récits écrits (comme dans les dialogues de théâtre), la ponctuation ne peut donner que de faibles indications quant aux propriétés phoniques de l'énoncé oral. Il y a là une raison de *considérer comme fondamental l'usage le plus riche et le plus complexe du langage*, c'est-à-dire celui du *discours oral*, et de fonder sur son étude l'effort de construction d'une théorie de la communication langagière, dont on peut espérer qu'elle rendra compte du plus grand

---

5. On pourrait facilement ajouter de nombreux phénomènes à celui du système des pronoms. D'autre part, une théorie comme celle des actes de langage n'est rien d'autre que l'étude systématique de toutes les formes d'influence qu'un locuteur peut exercer sur son partenaire, et de l'infinie variété des moyens que la langue met à sa disposition dans cette activité.

nombre possible de phénomènes, et permettra par là, moyennant un travail d'adaptation théorique, d'analyser les autres formes de communication. *L'usage quotidien des langues* sera donc traité comme *primitif* et *fondamental*, et les autres comme étant, d'une façon ou de l'autre, dérivés de lui. Aucun linguiste ne songerait à procéder à l'inverse de cette méthode, et à élaborer une théorie du langage à partir de l'analyse des textes écrits, pour l'étendre ensuite aux autres modes de communication.

Nous analyserons donc les textes écrits du type « récit » et leurs propriétés spécifiques, sans postuler *a priori* qu'ils relèvent d'un mode d'énonciation distinct de tous les autres. D'autre part, nous remettrons au dernier chapitre les problèmes théoriques propres au *phénomène général de la fiction* (au sens littéraire), problèmes qui relèvent également de la linguistique énonciative.

4.2. Les énonciateurs dans le récit

Nous avons admis comme un postulat que, dans toute utilisation du langage, entrent en jeu :

- un énonciateur (qui, dans un récit, sera un « narrateur »),
- une situation d'énonciation,
- un destinataire, et une relation définissable de l'énonciateur à ce destinataire.

Il nous incombe maintenant de définir le statut de ces trois paramètres dans l'énonciation narrative.

4.2.1. Le narrateur anonyme

À propos des récits de fiction, les critiques admettent que les récits de forme autobiographique ont un « narrateur en 1re personne », qui tout naturellement se désigne par *Je* dans le texte. Pour les récits anonymes, ils postulent généralement un narrateur « omniscient » (parfois déclaré « limité »). Mis à part le fait, fondamental, qu'il est censé narrer (et analyser) des faits réels, l'historien partage un bon nombre des propriétés du narrateur fictif anonyme[6].

---

6. Aucun critère proprement linguistique ne permet de distinguer le récit

Plutôt que par un *savoir* théoriquement illimité (ou délibérément limité dans ses manifestations), le *narrateur anonyme* doit être défini par le système des *pouvoirs* (et des contraintes) qui sont les siens. Le terme d'« omniscience », appliqué à un monde imaginaire, n'est pas le meilleur. Le problème que l'on veut soulever en parlant d'omniscience peut avantageusement être traité en termes de pouvoirs.

Les pouvoirs dont est pourvu le narrateur anonyme sont de deux ordres. Ils concernent d'abord la *mobilité* totale dont il jouit, mobilité dans le temps et dans l'espace, dont certains auteurs usent d'ailleurs plus que d'autres. Flaubert, dans *l'Éducation sentimentale* suit l'ordre chronologique des événements qu'il rapporte, par un choix qui n'est naturellement pas étranger à son sujet littéraire. En revanche, son narrateur nous transporte fréquemment d'un lieu à un autre, usant de formules de transition parfois assez abruptes. Dans la deuxième partie, à la fin de l'entrevue entre Deslauriers et Mme Arnoux (1985, p. 314), nous lisons soudain, au début du paragraphe qui suit :

> *La même après-midi, au même moment, Frédéric et Mlle Louise se promenaient dans le jardin que M. Roque possédait au bout de l'île.*

Cet exemple illustre particulièrement bien la liberté illimitée qui est donnée au narrateur anonyme ; il s'agit en fait d'une omniprésence virtuelle plutôt que d'une liberté de mouvement, et l'exemple cité le montre ; étant admis que le narrateur ne parle pas par ouï-dire et que, hormis les citations des personnages, il est le seul gestionnaire du récit et le seul énonciateur, il apparaît pourvu d'un *pouvoir totalement inaccessible à un locuteur humain* : se situer à son gré dans le temps et l'espace, à une distance quelconque, et souvent variable, de la scène qu'il raconte.

Le deuxième pouvoir dont est pourvu ce dernier est de nous donner, s'il le veut, accès à la *conscience de ses personnages* : selon des

---

historique du récit de fiction. Bien des énoncés extraits d'un roman historique, qu'il soit de Walter Scott ou d'Alexandre Dumas, pourraient, hors contexte, être attribués à un historien. Il n'est guère que le « récit de pensées » (utilisant la citation ou le discours indirect libre) qui puisse caractériser certains énoncés comme relevant de la fiction et non de l'histoire.

modalités différentes, parmi lesquelles figurent en particulier les trois types de discours rapporté, il peut nous raconter ce qui se passe dans l'esprit des hommes qui peuplent son monde fictif. Il peut l'analyser, le résumer et le reproduire littéralement, grâce, dans ce dernier cas, à la citation et au discours indirect libre. Ce n'est pas ici le lieu d'évoquer les ressources que donne aux romanciers ce pouvoir de pénétrer la conscience des personnages, ni l'importance des œuvres modernes qui n'auraient pu être écrites sans lui.

Ces pouvoirs du narrateur anonyme, qui dépassent largement ceux qui sont mis en jeu dans l'usage quotidien du langage, ont néanmoins une contrepartie : il est soumis à certaines *contraintes*, dues pour partie à son caractère impersonnel. La première de ses contraintes est qu'*il ne peut normalement se désigner par le pronom de 1re personne*, ni, à plus forte raison, *s'attribuer un nom propre*. On peut trouver quelques exceptions à cette règle dans des romans de l'époque classique, anglais ou français, mais elles sont rares. Ainsi Scarron, dans son *Roman comique* (1994) autorise son narrateur à parler de lui-même en tant que narrateur et gestionnaire du récit : « Retournons à notre caravane » (p. 58) ; « moi-même qui vous parle » (p. 59). Il donne par là existence à son destinataire, dénommé « le lecteur » ou désigné par un pronom de deuxième personne. Fielding fait de même dans *Tom Jones* (1955), notamment dans les titres de chapitres, mais aussi, occasionnellement, dans le cours du récit. On peut penser que ces références au narrateur sont un jeu littéraire transgressif et peut-être ironique ayant pour but la représentation de l'écriture. Quoi qu'il en soit sur ce point, il n'est pas sans intérêt, du point de vue théorique, de voir *se manifester parfois le narrateur et sa relation au locuteur* dans des romans qui, par ailleurs, se conforment aux règles du récit anonyme[7].

---

7. Au milieu du XIXe siècle, Thackeray explicite autant qu'il est possible le rôle du narrateur de *Vanity Fair* (publié en 1847) en le présentant comme le metteur en scène de l'histoire, sorte de montreur de marionnettes qui va diriger le spectacle. Il est vrai que ce personnage, qui parle de lui-même à la 1re personne, n'apparaît que dans un court texte introductif, intitulé « Before the Curtain ». On ne trouve ensuite dans le récit que de rares occurrences du pronom *I* ou, parfois, du pro-

À l'impossibilité de se nommer qui frappe le narrateur anonyme s'ajoute une autre contrainte : ayant le pouvoir de se déplacer librement dans l'univers fictif, et de décider de tout ce qui s'y passe, jusque dans la conscience et le passé des personnages, *il n'a pas le droit d'affirmer une ignorance ou une incertitude*, quelles qu'elles soient. Il ne peut déclarer qu'il ne sait pas, ou qu'il n'est pas certain de ce qui s'est effectivement passé à tel moment de l'histoire : son « *statut épistémique* » justifie, en cela, le terme d'« omniscient », et les marqueurs d'incertitude sont exclus des assertions qui constituent le corps d'un récit de fiction[8]. Ceci ne signifie naturellement pas que le narrateur va « tout dire » sur ce qui arrive dans son histoire ; ceci n'aurait guère de sens. Il va de soi que la fonction d'un narrateur est de filtrer l'information, et qu'il n'est tenu de fournir au lecteur que l'information nécessaire à la compréhension du récit – règle que d'ailleurs chaque romancier applique de façon originale. Le roman policier constitue à cet égard une excellente illustration de la règle : dans tous les romans à énigme, le narrateur (qu'il soit du type anonyme ou autobiographique) doit sélectionner soigneusement les informations qu'il transmet au lecteur. Le mauvais roman policier est celui où l'information est trop parcimonieusement communiquée au cours du récit, pour être subitement assénée lors du dénouement. Il y a, dans un récit policier, un certain nombre d'informations qui ne doivent pas, à un moment donné, être tenues secrètes, de façon que le lecteur puisse faire par lui-même au moins une partie du chemin que fait l'enquêteur qui, lui, trouvera la solution de

---

nom pluriel *we*. En revanche, les commentaires et même les appréciations portées sur les personnages, et notamment l'héroïne, continuent à manifester, de façon intermittente, la présence d'un énonciateur-narrateur.

8. Sur un corpus important de récits anonymes, on trouvera au plus deux ou trois occurrences d'adverbes de « modalité épistémique » tels que *peut-être* ou *perhaps*. Il faut remarquer en outre que ceci a d'autant moins de chances de se produire que l'on aura affaire à un roman moderne, où la relation au lecteur, et l'existence d'un narrateur sont manifestées plus discrètement que dans les œuvres des siècles classiques.

l'énigme[9].

Une interdiction, souvent peu respectée, dot être rappelée, pour conclure ce portrait rapide du narrateur anonyme : c'est l'interdiction de se manifester, même sans se désigner, par des *commentaires* et des *appréciations*. Le narrateur anonyme ne peut, par définition, être considéré comme un narrateur humain ordinaire. Il n'est pas censé être pourvu d'une forme quelconque de subjectivité, ce qui lui interdit en principe de formuler des points de vue et des jugements de valeur. À ce modèle du narrateur anonyme correspondent assez bien les narrateurs de Flaubert, dans *l'Éducation sentimentale* ou, plus nettement encore, dans *Salammbô*, roman impersonnel jusqu'à en être quelque peu inhumain, car la vie intérieure des personnages y reste tout aussi secrète que l'éventuel point de vue personnel du narrateur. Hemingway et les romanciers qualifiés parfois de « behavioristes » respectent également assez scrupuleusement le mutisme de leurs narrateurs anonymes. Ainsi, dans *For whom the bell tolls*, les réactions affectives et les appréciations du narrateur ne sont au plus que suggérées, à travers la sympathie qu'inspire le personnage central, dont les pensées et les sentiments nous sont communiqués par un recours assez fréquent au discours rapporté. Le roman est un excellent exemple de récit impersonnel, dans lequel le narrateur anonyme présente les actes, les paroles, les pensées de ses personnages sans commentaires qui manifestent une quelconque subjectivité.

Cette impossibilité théorique dans laquelle se trouve le narrateur anonyme d'introduire dans le récit des commentaires ou appréciations découle logiquement de son caractère impersonnel ou, pourrait-on dire, *désincarné*. Il est bien connu cependant que nombre de romanciers des siècles classiques, même s'ils s'interdisent strictement l'emploi du pronom *Je*, manifestent néanmoins leur

---

9. On voit qu'une exception notoire à ce principe est fournie par le roman d'A. Christie, *Le meurtre de Roger Ackroyd* : le narrateur (de type autobiographique) nous révèle à la dernière page qu'il est lui-même le meurtrier. Encore pourrait-on soutenir que, malgré cette rétention d'information, une lecture attentive du roman permettrait au lecteur de parvenir à cette conclusion qui est, pour A. Christie, la seule possible.

subjectivité par des commentaires parfois abondants, portant soit sur le cadre historique où se situe le récit, soit sur leur propre époque, soit même sur leurs personnages. Balzac est peut-être l'un des grands écrivains qui ont le plus cédé à la tentation d'insérer dans ses romans des considérations subjectives, formulées inévitablement par le narrateur impersonnel, mais que l'on est tenté d'attribuer à l'auteur. Quelques exemples, extraits du *Père Goriot*, peuvent suffire à illustrer ce point. On y trouve aussi des appréciations sur *l'époque* où se situe le récit : « Eugène ne connaissait pas le délire de vanité dont certaines femmes étaient saisies en ce moment... À cette époque, la mode commençait à mettre au dessus de toutes les femmes celles qui étaient admises dans la société du faubourg St Germain... » (1950, p. 185). Les commentaires portent aussi sur la condition humaine et par là, directement ou non, sur le comportement des personnages ; ainsi (p. 131), à propos de Rastignac, lit-on : « À l'instant où l'argent se glisse dans la poche d'un étudiant, il se dresse en lui-même une colonne fantastique sur laquelle il s'appuie ». Ces commentaires et « appréciations », au sens linguistique du terme, sont à la fois nombreux, divers, parfois fort longs, au point que, par moment, le récit semble imprégné de sa propre interprétation.

On peut tirer de ces quelques observations deux conclusions. La première est que, si l'on veut se donner une définition suffisamment rigoureuse du narrateur anonyme en termes énonciatifs, les romans de Balzac n'en donnent pas un exemple représentatif[10]. En raison des pouvoirs qui le caractérisent, il ne peut être assimilé à un locuteur humain, plongé dans une situation d'énonciation définissable : toute modalité subjective, en particulier l'épistémique et l'appréciative, lui est par là interdite. La seconde conclusion est que

10. Il va de soi que cette remarque ne saurait en aucune façon passer pour une critique de l'œuvre de Balzac. Le propos de la linguistique est de définir des *modèles énonciatifs*, pourvus de règles de fonctionnement, mais non d'exiger qu'un récit, à plus forte raison une œuvre, soit strictement conforme aux règles d'un modèle donné. L'expérimentation en littérature consiste précisément à innover en violant certaines contraintes énonciatives pour créer des formes esthétiques nouvelles. C'est, par exemple, l'un des objectifs du Nouveau Roman.

les intrusions et commentaires du narrateur dans un récit anonyme – qu'on les considère ou non comme des violations des règles du « modèle anonyme » – n'en manifestent pas moins la présence d'un narrateur (attestée d'ailleurs par d'autres faits, notamment la relation au lecteur), dont le statut, mais non l'existence, pose problème.

4.2.2. Le narrateur autobiographique

Le narrateur et le récit autobiographiques semblent poser moins de problèmes que les récits anonymes. Nous sommes ici en présence d'un narrateur qui se désigne par *Je* et donne l'impression de s'adresser à nous d'une façon qui n'est pas radicalement inhabituelle. Il nous raconte une histoire, brève ou longue, que, de toute façon, il connaît personnellement, quoique parfois de façon indirecte : il a vécu cette histoire, dont il est donc un personnage, et en connaît les événements et les protagonistes, ou bien en a entendu parler par les autres personnages.

L'importance du rôle qu'il a joué dans l'histoire varie, on le sait, considérablement : il peut être le *héros* d'un roman (comme le *David Copperfield* de Dickens) ou de toute une œuvre (comme le Marcel de Proust) et, dans ce cas plus qu'ailleurs, se pose le problème de savoir quelle part d'autobiographie authentique se dissimule sous la forme autobiographique du récit. Le narrateur, à l'inverse, peut être un simple *témoin* d'événements généralement remarquables, étonnants ou même énigmatiques qu'il nous raconte tels qu'il les a vécus. Les narrateurs de Mérimée, celui de *la Vénus d'Ille* plus qu'un autre peut-être, en sont des exemples parfaits. Enfin, un narrateur autobiographique peut jouer le rôle d'une sorte d'*intermédiaire* entre le lecteur et le narrateur d'*un autre récit, inséré* dans le premier. C'est le cas, on le sait, de « l'homme de qualité » qui nous dit avoir rencontré le Chevalier des Grieux, écouté le récit de ses aventures et celles de Manon Lescaut, et qui nous dit *reproduire fidèlement* ce récit (1972, p. 53)[11].

11. « L'homme de qualité » est donc, en toute rigueur, « *narrateur primaire* », et des Grieux n'est qu'un personnage qui a raconté ses aventures au narrateur principal, lequel, dès la fin du récit de des Grieux, reproduit

Ces variantes ont un intérêt narratologique, mais ne posent pas, en elles-mêmes, de problèmes énonciatifs particuliers.

Le narrateur autobiographique ignore à la fois les pouvoirs et les contraintes qui caractérisent le narrateur anonyme. Dès lors qu'il se présente comme un locuteur individualisé, autorisé à se désigner par le pronom de 1re personne, il peut aussi se nommer, se décrire, se raconter. Son récit nous donne d'emblée accès à sa conscience et, lorsqu'il cite ou rapporte les paroles d'autrui, c'est qu'il les a entendues. Du fait qu'il est censé être un sujet parlant, nullement désincarné comme le narrateur anonyme, il a également le droit de commenter son histoire personnelle, ou les événements qu'il a vécus. Il assume ainsi, selon le cas, l'attitude d'un *témoin impartial*, comme plusieurs des narrateurs de Mérimée, ou celle d'un *personnage* nécessairement affecté, parfois de façon dramatique, par les événements de sa propre existence, comme le héros du roman *The Black Prince* d'I. Murdoch, qui nous fait vivre avec lui un épisode tragique de sa vie. Ceci implique que le récit proprement dit sera enrichi par des énoncés à modalité appréciative, utilisant des termes « appréciatifs » et « affectifs »[12]. Quant aux *commentaires* suscités par le récit, et portant sur les sujets les plus divers, ils n'ont plus du tout le caractère d'une intrusion d'un narrateur extérieur à l'histoire : ils nous font entendre la même voix, et par là se mêlent naturellement aux éléments narratifs.

---

ce récit le plus *littéralement* possible, usant de la 1re personne, pour se faire le porte-parole du jeune chevalier. Il s'agit donc d'un type un peu particulier de récit inséré, mais qui ne retire pas au narrateur primaire le rôle d'intermédiaire qui est le sien, et qui, en fait, le renforce.

12. Un énoncé, choisi presque au hasard dans *The Black Prince* parmi beaucoup d'autres comparables, suffit à illustrer cette liberté du narrateur autobiographique : « ... it was the sort of stupid action which could madden me with remorse » (« C'était le genre d'acte stupide dont je pourrais me repentir jusqu'à en perdre la raison », *op. cit.*, p. 53). Il est intéressant de noter que, si un homme peut parler ainsi de lui-même, on conçoit mal un narrateur anonyme utiliser des termes semblables, aussi fortement affectifs, pour décrire l'état d'esprit d'un personnage : il ne pourrait que lui donner la parole au moyen d'une citation (ou d'un recours au discours indirect libre).

Inversement, le narrateur autobiographique est soumis à une *contrainte* majeure, qui réduit considérablement ses possibilités ; c'est l'*absence du pouvoir narratif illimité* que possède le narrateur anonyme : le récit autobiographique ne peut nous faire part que d'une expérience qui est censée être celle d'un être humain. Il lie ainsi le lecteur aux pas du narrateur lorsqu'il est le héros de l'histoire, et ne peut accroître son pouvoir narratif qu'en faisant de lui un *confident*, qui nous rapporte ce qu'il a entendu. Ce procédé narratif a été admirablement utilisé, par exemple, dans certaines nouvelles de Mérimée, mais il n'aurait jamais pu être l'instrument d'œuvres aussi vastes, mettant en jeu autant de personnages, que celles de Balzac ou Zola, par exemple.

La *relation* du narrateur autobiographique au destinataire qu'est le lecteur, dont il faut chercher des indices dans le récit anonyme, se manifeste ici ouvertement. L'intention d'« exercer une influence » sur le partenaire qui, pour Benveniste, caractérise le discours, est toujours présente dans le récit autobiographique, bien qu'elle puisse être discrète et se réduire parfois au dessein de divertir le lecteur, comme dans les romans d'aventures. Le lecteur est assez souvent désigné par le pronom de 2e personne, *tu* ou *vous*, comme dans un dialogue ; il est parfois interpellé par des vocatifs (« Ami lecteur ») ; parfois enfin cette relation d'interlocution qui sous-tend tout le récit semble se dissimuler, sans pouvoir jamais disparaître. Le destinataire est alors désigné par l'habituelle description définie « *le lecteur* », « *the reader* », qui implique l'existence de la relation narrateur-lecteur, même si elle ne prend pas appui sur elle[13].

---

13. Ce procédé est fréquent chez les romanciers contemporains, qui ne donnent que rarement à la relation au lecteur un caractère affectif. Ainsi, dans le récit d'une scène pourtant remplie d'émotion (entrevue entre le narrateur et Honor Klein dans *A severed head*, 1962), I. Murdoch se contente d'écrire (p. 111) : « ... the reader must just believe me that it did occur » (« le lecteur doit tout simplement croire que cela s'est vraiment produit »). Le contraste est frappant avec le style énonciatif de certains romans du XIXe siècle, qui visent à faire partager au lecteur les émotions, le chagrin, le désespoir du narrateur. Les passages du *Petit Chose* d'A. Daudet (1846), publié en 1868, abondent, où la relation au lecteur se charge de pathétique ; ainsi (p. 146) : « Vous comprenez ! ce

Ainsi, malgré la diversité des œuvres de forme autobiographique, le récit y met toujours en jeu les deux instances que sont le narrateur individualisé et un lecteur qui, lui, ne peut pas l'être, ainsi, inévitablement, qu'une relation d'interlocution manifestée de façons variables, mais toujours présente, et qui « influence » le lecteur en quelque façon. Ces caractéristiques et celles, voisines, des récits anonymes, appartiennent aussi au « discours » tel que le définit Benveniste. C'est là une des raisons de rejeter l'idée qu'il existe deux « modes d'énonciation », donc, à la limite, deux façons radicalement différentes d'utiliser le langage, dont l'une, le récit-histoire, ne relèverait plus de l'énonciation.

ଓ

Le récit autobiographique pose un problème, aperçu sinon résolu depuis longtemps, qui est décrit comme la coexistence dans un même texte de *deux « instances narratives »*, le « narrateur narrant » et le « narrateur narré », ou encore le « *scripteur* » et le « *personnage* ». Cette distinction repose sur le sentiment qu'éprouve le lecteur d'être le plus souvent au contact du narrateur - personnage, d'être plongé avec lui dans l'histoire, et de la vivre du même point de vue que lui. En termes non techniques, il éprouve ainsi l'impression d'entendre essentiellement la *« voix » du personnage*, qu'il soit héros de l'histoire ou seulement témoin. Mais d'autre part, dans la plupart des romans autobiographiques, une sorte de dissociation semble se produire parfois, à des moments quelconques du récit : le pronom *Je* semble dénoter une autre personne, qui porte le même nom, et qui est « identique » au personnage narré *au sens où un homme est identique à lui-même toute sa vie*. Mais cette nouvelle instance, le scripteur, s'exprime fréquemment au présent, exprime un point de vue nouveau sur le monde ou sur l'histoire racontée, porte des appréciations sur son passé, possède un savoir que n'avait pas le personnage qu'il était. En un mot, il apparaît différent du point de vue psychologique,

que je raconte à mon frère l'intéresse beaucoup. C'est la vie du petit Chose au collège de Sarlande, cette triste vie que le lecteur se rappelle sans doute. ce sont les enfants laids et féroces, les persécutions, les haines, les humiliations… ».

ce qu'explique parfois la *distance temporelle* qui le sépare de son moi passé, mais il est la même personne, et se désigne par *Je* comme le faisait le héros de son histoire.

Cette distance temporelle qui sépare le narrateur-scripteur du narrateur - personnage est parfois infime, de sorte que leurs points de vue sur le monde et sur leur passé ne se distinguent pas. C'est le cas par exemple dans le roman d'I. Murdoch *Under the net* (1962) où, bien que le récit soit de type « classique » par l'emploi régulier du preterit aoristique, le portrait de certains personnages (Finn, p. 7 ; Magdalen, p. 10 ; le héros, p. 21) est entièrement *au présent*. À l'inverse, le roman *The Black Prince*, déjà cité, instaure la *distance maximale* entre le scripteur et le personnage. Un texte introductif, intitulé « Préface de Bradley Pearson », du nom du héros, avertit d'emblée le lecteur que le narrateur-scripteur s'effacera entièrement du récit, et que la « conscience narratrice » (*the narrating consciousness*) suivra le fil du temps et des événements, *toujours ignorante de ce qui doit arriver au personnage*. De fait, c'est par un autre texte annexé au récit central que nous sommes informés de la situation dans laquelle le narrateur a écrit sa tragique histoire : il est en prison et accusé de meurtre. La rupture instaurée par les aoristes du récit est ainsi, en quelque sorte, matérialisée par une coupure temporelle et un changement radical dans la situation du héros narrateur.

Ainsi, dans un récit autobiographique, la distinction entre le « scripteur » et le « personnage », qu'on ne peut guère nier, pose d'abord un problème narratologique : doit-on vraiment distinguer *deux « instances narratives »*, comme on l'a fait parfois ? Mais elle pose aussi un problème proprement linguistique : le scripteur et le personnage sont-ils *tous deux des énonciateurs de plein statut*, qui pourraient prendre la parole à tour de rôle ? Est-ce *« le même » **Je** qui est utilisé par les deux instances* ? Le statut énigmatique du personnage qui dit *Je* sans être pour autant le narrateur primaire a conduit à une analyse énonciative qui, elle aussi, distingue *deux types d'emploi* du pronom de 1re personne, et qui sera discutée ci-dessous.

Du point de vue linguistique, deux faits seulement pourraient conduire à la thèse fondamentalement paradoxale qu'on trouve à l'œuvre deux types de pronoms *Je* dans un récit autobiographique.

Le premier est *l'association de* ***Je***, repéré par rapport à la situation d'énonciation (de narration) *avec des procès à l'aoriste*, qui ne le sont pas. C'est ce fait qui a conduit à l'hypothèse que le *Je* du « récit », c'est-à-dire des énoncés à l'aoriste, *ne serait pas le même* que celui dénotant le narrateur primaire, compatible avec le temps présent, et qui serait celui du « discours ». Le *Je* du récit, *dénotant le personnage*, et régulièrement associé au passé simple, ne repérerait plus l'énonciateur origine. Pour J. Simonin (1975) ce *Je* des récits serait en fait assimilable à un pronom de 3e personne. On retrouve ici la position de principe qui était celle de Benveniste (*op. cit.*), pour qui, dans un énoncé donné, *on ne peut trouver que des repérages de même type*, pronoms et temps verbaux étant, *les uns et les autres*, soit repérés par rapport à la situation dénonciation, soit en rupture avec elle. Cette thèse a déjà été critiquée au début de ce chapitre. Elle l'est également par Danon-Boileau (1982, p. 91 sv.), qui fait remarquer notamment qu'*elle ne s'appuie que sur des faits propres au français* : l'anglais, dans un énoncé comme « *I saw John yesterday* », associe sans difficulté des repérages que l'on a voulu à tort associer l'un au « discours » (le pronom de 1re personne), l'autre au « récit » (l'aoriste).

Le second fait remarquable quant au *Je* des récits autobiographiques est qu'*il puisse être associé à l'expression de points de vue*, d'appréciations, de jugements de valeur et d'un savoir *différents de ceux du narrateur primaire*, ou du moins caractéristiques de la situation où se trouve le personnage au moment du récit considéré. En un mot, le *Je* « du récit », dénotant le « personnage » plutôt que le « scripteur » est associé à l'expression d'un « *point de vue* » (au sens qui sera analysé plus loin) propre à un certain moment de son histoire. Ce savoir peut être affecté par des événements ultérieurs, ou au contraire subsister jusqu'au moment de la narration. C'est le cas par exemple, dans *Manon Lescaut*, de des Grieux, narrateur de son histoire, qui nous informe qu'il n'en sait pas plus qu'au moment de sa vie qu'il nous raconte : « J'ignore encore aujourd'hui par quelle espèce de sentiments je fus alors agité » (1972, p. 98).

ᏹ

Dans un récit autobiographique, le « personnage », en tant qu'il peut se distinguer du « scripteur », est donc, assez naturellement, pourvu, aux différents moments de l'histoire, d'un *point de vue*, qui peut être distinct ou non de celui du scripteur. Parmi les composantes de ce point de vue figurent notamment les appréciations et jugements de valeur qui, dans la théorie de Culioli, donnent naissance à la « *modalité appréciative* » (cf. 2.6.3). Figure également dans le point de vue du personnage son savoir (son « statut épistémique »), et donc ce que les linguistes appellent assez souvent la *modalité épistémique*, expression du caractère plus ou moins certain ou probable d'un savoir ou d'une assertion. Le début du *Lamiel* de Stendhal (1954, p. 6) en offre plusieurs exemples caractéristiques : « ... *pouvait* avoir... » et de même (p. 8), « ... *Je* crois... ». En anglais, un auxiliaire modal tel que *will*, qui sert fréquemment à évoquer l'avenir, est décrit comme marqueur d'une *modalité de « visée »* qui, dans la majorité des contextes, prend la valeur d'une forme de futurité (prévision, volition, etc.) ; *will*, on l'a dit, n'est pas une marque de temps mais apporte une détermination modale.

Ainsi s'explique le fait très remarquable que des *futurs du passé puissent apparaître dans des récits autobiographiques*. Le « futur du passé », on l'a dit (chapitre 3) s'explique en discours rapporté par l'interaction entre deux énonciations, l'une primaire, l'autre rapportée. Dans « *He declared he would be faithful to his word* », *would*, analysé en *will + passé*, reflète cette interaction : *will* marque une projection dans l'avenir (une *visée*) opérée par l'énonciateur rapporté, et la marque de *passé* représente un repérage temporel dû à l'énonciateur rapporteur[14]. Dans un récit autobiographique, on a des raisons, on l'a vu, de *ne pas postuler deux énonciateurs qui, paradoxalement, seraient tous deux dénotés par* ***Je***. Mais il apparaît clairement que *l'instance dite « personnage »*, si elle n'est pas un énonciateur, *n'en est pas moins, en termes linguistiques, un « support » de modalités*. En termes narratologiques, le personnage est pourvu d'un savoir et d'une vision des choses qui lui sont propres à un moment donné de l'histoire : il est

14. Cette analyse vaut également pour le futur du passé français (« Il a dit qu'il *viendrait* »), bien qu'ici la morphologie puisse masquer la dualité sémantique de la forme verbale.

porteur d'un « point de vue ».

Pour conclure sur cette question du statut narratologique et linguistique du « personnage » dans les récits autobiographiques, nous poserons donc que :

a. C'est le narrateur-scripteur qui est et reste seul énonciateur dans un récit autobiographique. C'est lui qui est *origine des repérages* personnels : il dénote par des pronoms de 3e personne tous les personnages de l'histoire, hormis le personnage qu'il était lui-même dans le passé[15]. C'est la situation de narration qui est origine des repérages temporels, notamment des marqueurs de type aoristique : même les repérages « en rupture », comme les aoristes des récits, supposent une origine par rapport à laquelle ils sont en rupture.

b. En revanche, le narrateur - personnage peut se voir attribuer un savoir, des appréciations, un *point de vue* différents de ceux du scripteur, et différents d'un moment à l'autre de l'histoire. Du point de vue narratologique, le personnage peut par là être considéré comme une *instance narrative*.

Du point de vue linguistique, il a la propriété d'être dénoté par ***Je*** *en vertu de son identité avec le narrateur* : il ne s'agit pas d'identité psychologique, mais tout simplement de *l'identité d'un être humain avec lui-même à travers le temps*, qui est implicitement admise dans le discours quotidien, et explicitement par l'état-civil.

Le fait le plus remarquable du point de vue linguistique réside dans la *dissociation* entre les repérages *énonciatifs* (personnes et temps) et les *modalités*, notamment épistémique et appréciative : le scripteur reste nécessairement origine des repérages, mais, précisément parce qu'il reste énonciateur de tout le récit, il peut attribuer à son moi passé des appréciations, des savoirs, des points de vue qui ont été les siens, *donnant ainsi naissance à l'entité « personnage ». Le scripteur est un énonciateur, qui peut exprimer ou non ses points de vue*

15. En d'autres termes, le narrateur - personnage n'a pas la maîtrise du système des pronoms : sauf quand le narrateur-scripteur *cite* ses propos, il ne peut dire *tu* ou *vous* à ses interlocuteurs. Il a en cela les propriétés de tous les personnages.

propres. Le moi-personnage est le support de points de vue attribués par le scripteur.

Les points de vue du personnage incluent les modalités qui lui sont propres (notamment ses incertitudes et ses appréciations). Lorsque la modalité exprimée pour lui par le narrateur-scripteur est celle de « projection dans l'avenir » (*visée* future), le lecteur se trouve en présence de *futurs du passé* tout à fait remarquables, puisqu'ils ne résultent pas de l'interaction entre deux énonciateurs, dont l'un est *rapporté* par l'autre, mais de la *superposition d'une modalité due au personnage* (*shall*, *will*, etc. en anglais, futur morphologique en français) et *d'un repérage temporel opéré par le narrateur primaire*[16].

4.2.3. L'impossible transvocalisation

M. Butor écrit dans l'une des études de *Répertoire II* (1964, p. 61) que « la forme la plus naïve, la plus fondamentale, de la narration est la troisième personne ». Genette, de son côté, reprend, en 1983, le point de vue inverse (formulé déjà en 1972) : « à mes yeux, tout récit est, explicitement ou non, 'à la première personne', puisque son narrateur peut à tout moment se désigner lui-même par ledit pronom » (1983, p. 65). On pourrait certes soutenir que ces deux déclarations ne sont pas strictement opposables et ne se situent pas tout à fait au même niveau, seule celle de Genette relevant de la stricte narratologie. Quoi qu'il en soit, les pages que Genette consacre à la « personne », dans le but de démontrer le caractère secondaire et à peu près aléatoire du choix d'un type de narrateur (1re ou 3e personne) suffisent à poser le problème du rôle narratologique de ce choix. Répondant au reproche que lui fait D. Cohn

16. Le scripteur peut d'autre part rapporter les paroles et les pensées de son moi passé en citation ou en discours indirect, comme il le ferait pour d'autres personnages : le « personnage » acquiert alors le statut d'énonciateur rapporté. Ainsi, dans *« Je pensai que mon père viendrait peut-être à mon secours »*, le scripteur explicite, par le verbe introducteur *penser*, ce qui aurait pu rester implicite : *« Mon père viendrait peut-être à mon secours »*, dans un contexte autobiographique, aurait donné *la même information* narrative, à l'exception de celle que véhicule le verbe *penser* : la modalité de visée incluse dans le futur du passé est présente dans les deux formulations.

d'avoir sous-estimé l'importance de la « voix », Genette maintient qu'il est en principe possible de *récrire en 3e personne un écrit autobiographique, et inversement*. Une telle opération entraînerait à ses yeux certaines modifications « mineures » (c'est-à-dire « grammaticales ») mais – et c'est là, pour lui, l'essentiel – conserverait le ou les points de vue exprimés dans le récit (son terme étant naturellement « les focalisations »). Il ajoute qu'il a même envisagé de tels exercices de *conversion de personne*, ou *transvocalisation*. Il va plus loin encore en récrivant en 3e personne la première phrase de la *Recherche du temps perdu*. On passe ainsi de « Longtemps je me suis couché de bonne heure » à « Longtemps Marcel s'est couché de bonne heure », et il nous est suggéré que cet exercice pourrait se poursuivre sans rencontrer d'obstacles insurmontables, et en conservant pour l'essentiel la « focalisation » sur le même personnage : Marcel resterait le centre d'intérêt du roman.

Cette affirmation, qui a de quoi surprendre, appelle deux remarques. La première est que, même un récit centré sur un seul personnage n'est pas indifféremment écrit en 1re et en 3e personne, même si, dans quelques cas fort rares, on a vu un romancier hésiter sur le choix de son type de narrateur, et parfois récrire en récit anonyme un fragment d'une œuvre initialement écrit par un narrateur autobiographique[17]. Le fait même qu'un auteur ait pris la peine d'opérer, dans quelques cas, cette conversion, suggère qu'elle a une incidence sur l'œuvre du point de vue littéraire.

La seconde remarque est que, du point de vue linguistique et narratologique, la transvocalisation est certes souvent possible, du moins dans un énoncé isolé. L'important est qu'on puisse facilement trouver des cas représentatifs où la conversion d'un énoncé de

---

17. D. Cohn cite trois exemples, repris dans Genette (1983, p. 74) de conversion partielle de la 1re à la 3e personne : Dostoïevski, pour *Crime et Châtiment*, James pour *les Ambassadeurs*, et Kafka pour le texte intégral du *Château*. Trois autres cas, cités par Stanzel (1981) sont mentionnés. On semble ne connaître qu'un seul exemple, également cité par Genette, de conversion de la 3e à la 1re personne (Gottfried Keller). Ce déséquilibre numérique n'a évidemment rien pour surprendre quand on a mesuré les pouvoirs du narrateur anonyme.

roman obligerait l'auteur à des modifications importantes, des explications, parfois de véritables contorsions verbales. La rareté extrême des œuvres dont un fragment a fait l'objet d'un changement de narrateur prouverait, s'il en était besoin, que les deux types de narration offrent aux écrivains des ressources à la fois très différentes et souvent incompatibles. Elle suggère d'autre part que, si la transvocalisation est possible sur certains fragments de récit, exceptionnellement des récits entiers, elle est fort loin d'être généralement pratiquable. Il suffirait d'en faire l'essai sur quelques œuvres pour s'en convaincre rapidement. Il serait intéressant, par exemple, de tenter de récrire en 1re personne *Salammbô*, *l'Éducation sentimentale*, *la Débâcle*, *Vanity Fair* ou l'un des romans de la *Forsyte Saga* de Galsworthy.

Le vrai problème narratologique est de dire pourquoi, dans le cas général, le changement de narrateur n'est pas possible, et à quelles conditions il peut parfois l'être. La nature de la différence proprement littéraire entre les deux versions d'un même récit (quand elles sont toutes deux possibles) est une troisième question qui concerne la narration fictionnelle.

ↀ

Il existe une originalité irréductible des récits autobiographiques comme des récits anonymes. Le fait que Proust (dans *Jean Santeuil*), comme quelques auteurs déjà cités, passe d'une personne à l'autre ne prouve nullement que le choix d'un type de narrateur soit sans importance réelle – ce que Genette voudrait nous faire croire. C'est l'inverse qui est vrai : quand un auteur s'autorise cette conversion, c'est qu'il y est strictement contraint par la nature de l'information narrative qu'il veut communiquer au lecteur, ou qu'il y est poussé par des raisons esthétiques fortes.

D. Cohn décrit comme un « élément important » du roman autobiographique l'*analyse rétrospective d'une conscience*. L'intérêt du récit en 1re personne n'est pas simplement qu'il permette mieux que le récit anonyme l'accès à une conscience et autorise l'histoire de la vie intérieure d'un personnage. Le problème est que le narrateur anonyme voit fondamentalement ses héros comme étrangers à lui-même, et qu'il ne peut faire s'exprimer leur discours intérieur que grâce à la citation de pensée et au discours indirect libre. L'originalité du récit autobiographique est ainsi de nous mettre en contact direct permanent avec la conscience d'un narrateur qui est maître de sa relation à son moi passé, et qui peut d'une part, s'il le désire, nous suggérer les incertitudes ou les déformations qu'implique un retour sur un passé lointain, d'autre part insérer dans son récit un *réexamen* de sa vie et de ses comportements passés. Il peut à son gré introduire une distance entre ce qu'il est et ce qu'il a été, ou au contraire reconstruire son passé autant qu'il est possible et nous en raconter le déroulement. Ces diverses démarches sont visiblement de nature réflexive, et impliquent l'identité de personne entre le scripteur et le personnage.

L'œuvre de Proust est une première illustration, remarquable, du travail minutieux de rétrospection d'une conscience sur elle-même. Genette lui-même a fort bien montré, dans les trois premiers chapitres du *Discours du récit* comment un traitement particulièrement élaboré du temps permet à l'auteur de s'écarter du déroulement linéaire de la chronologie, et de faire des rapprochements fréquents entre des scènes éloignées dans le temps, mais dont chacune évoque l'autre d'une façon originale, subtile et toujours très personnelle. Cette constante confrontation entre les expériences vécues et remémorées, qui vise à une véritable maîtrise du temps par le souvenir et la réflexion sur soi nécessitent clairement le recours au récit autobiographique, le seul qui puisse « imiter » la réalité – ici psychologique – que l'œuvre tente de nous « montrer »[18], et qui n'est autre que le narrateur lui-même : un narrateur anonyme, si discret soit-il, justifierait ici le qualificatif d'« écran » appliqué parfois à un narrateur qui domine toujours un peu le récit, ne serait-ce qu'en présentant les personnages et en rapportant leurs propos.

---

18. La critique anglo-saxonne née de l'œuvre de James oppose, on le sait, « telling » (raconter) à « showing » (montrer), sensiblement comme, depuis l'Antiquité, on oppose *diegesis* à *mimesis*. On peut dire que, chez Proust, cette opposition est réduite à un minimum : le moi se montre en se racontant.

Autre type d'œuvres qui ne peuvent être écrites que par un narrateur autobiographique : les récits d'inspiration morale, philosophique ou spirituelle consacrés à *l'examen de soi ou à la confession*, dont *la Chute* de Camus est un exemple. Malgré son sous-titre, l'œuvre ne relève pas de la fiction pure : même si elle n'est pas une confession au même titre que le sont *les Confessions* de Rousseau, elle nous parle tout de même du regard critique que Camus jette sur lui-même et, de plus, du regard également sans indulgence qu'il jette sur les autres. Examen de soi et polémique se mêlent donc dans un récit qui possède une autre complexité, narratologique celle-là. Le destinataire manifesté dans le texte par l'emploi du pronom *vous* est censé ne pas rester muet, et Camus répond à ses objections non formulées. L'important ici est que *la Chute*, comme ce serait le cas pour des confessions, ne se conçoit que sous une forme autobiographique.

Si le récit autobiographique permet à un narrateur de maîtriser la durée et, par les anachronies les plus diverses, de *s'éloigner de l'ordre chronologique* des événements qu'il a vécus, comme le fait Proust, il permet, inversement, au narrateur de *reconstruire son passé, autant que sa mémoire le rend possible*, pour le présenter au lecteur tel qu'il a été vécu, donc dans l'ordre chronologique. C'est le choix qui est fait généralement dans les romans de jeunesse et de formation ; le narrateur vise à nous mettre en contact le plus directement possible avec son expérience vécue, et c'est le récit en 1re personne qui est le plus adapté à cette fin. Pour des raisons un peu différentes, c'est la même technique narrative qu'adopte I. Murdoch dans *The Black Prince*. Elle s'en explique non dans le récit lui-même, mais dans la « préface de Bradley Pearson », dont l'auteur est le narrateur-scripteur tel qu'il est devenu longtemps après la fin de l'histoire racontée : « ... I shall in telling it adopt the modern technique of narration, allowing the narrating consciousness to pass like a light along its series of present moments, aware of the past, unaware of what is to come. I shall, that is, inhabit my past self... »[19].

---

19. « Dans mon récit, j'adopterai la technique moderne de la narration, en permettant à la conscience narrative d'éclairer la succession des moments présents, informée du passé, ignorante de ce qui doit survenir. En d'autres termes, j'habiterai mon moi passé... » (p. 11).

Le projet littéraire d'I. Murdoch qui justifie ce choix, en même temps que celui de la 1re personne, est très différent de celui des auteurs de romans de jeunesse ou de formation, bien qu'il vise, ici comme là, à mettre le lecteur au contact de l'expérience vécue par le narrateur. Il s'agit, dans le cas de *Black Prince*, de nous faire vivre une histoire tragique qui contribue à détruire finalement le héros, et de nous la faire vivre de l'intérieur, *telle qu'elle a été perçue et vécue par lui*. Ce roman est de ceux qui montrent à quel point la vraie vie – celle du héros en tout cas – est la vie intérieure et, de bout en bout, nous percevons le monde *avec le regard qui est le sien*. Ceci étant, rappelons-le, la définition de la « focalisation interne » stricte qui, pour Genette lui-même « n'est pleinement réalisée que dans le récit en monologue intérieur... » (1972, p. 210), c'est-à-dire lorsque le lecteur entend la « voix intérieure » du personnage. Écrire ce roman en 3e personne eût impliqué *un recours ininterrompu à la citation et au discours indirect libre* pour nous faire entrer dans la conscience du héros, donc un narrateur primaire anonyme maître du récit, qui aurait alourdi et dénaturé le roman.

À travers le récit de certains épisodes violents et dramatiques qui perturbent gravement le héros de *Black Prince*, le lecteur croit parfois percevoir une détérioration de la vision des choses et des gens qui le conduit lui-même à s'interroger sur la lucidité du personnage et sur le crédit qu'on doit accorder à ses propos, du moins à la fin du roman. Par là, le roman d'I. Murdoch présente une analogie avec les récits qui nous font pénétrer dans une *conscience humaine perturbée* par des événements inexplicables, mystérieux et inquiétants, ou même nous font vivre avec le héros la *démence* dont il sent en lui la menace. Plusieurs des nouvelles de Maupassant, regroupées par l'éditeur sous le titre « les chemins de la démence » (1970), illustrent ce type de projet littéraire, et la plupart ont un narrateur autobiographique, car leur objet est précisément de nous faire pénétrer dans une conscience perturbée ou démente. Le thème de l'une d'elles, intitulée « Fou ? », pourrait être résumé par la question « Suis-je fou ? ». Il suffit de comparer ces deux questions : « Suis-je fou ? » et « Est-il fou ? » pour apercevoir ce qui les sépare, et conclure que ce qu'on pourrait appeler la « littérature de la démence », prise au sens indiqué, exige un narrateur autobiographique[20].

J'ai tenté de montrer que, dans les œuvres et types d'œuvres évoquées ci-dessus, le choix d'un narrateur autobiographique n'est en rien aléatoire, et que leur conversion en récits anonymes présenterait des difficultés considérables, et altérerait gravement leur qualité littéraire. Le trait commun à ces œuvres, si différentes soient-elles, est de permettre à un personnage central de « parler » directement au lecteur, entendons de faire entendre constamment au lecteur la voix de sa conscience. Toute transvocalisation introduirait un narrateur qui, si impersonnel et si discret qu'il soit, nous éloignerait du personnage, et nous le montrerait de l'extérieur. La conversion d'une 1re à une 3e personne, telle que celle qu'envisage Genette, ne peut donc pas apparaître comme généralement possible, et cela pour des raisons d'ordre narratologique, c'est-à-dire littéraire.

☙

La question se pose cependant de savoir si le récit autobiographique est vraiment la seule technique narrative qui nous fasse voir le monde avec le regard d'une personne, narrateur ou personnage. À cette question, que Genette ne pose pas, on doit clairement répondre par la négative. Un roman comme *Le Planétarium* (1959), de N. Sarraute, nous situe, dès la première ligne, dans la conscience d'un « personnage » qui, quelques lignes plus bas, sera désigné par *elle* :

> *Non vraiment, on aurait beau chercher, on ne pourrait rien trouver à redire, c'est parfait... une vraie surprise, une chance...*

et, plus loin :

> *Et maintenant c'est évident, c'était juste ce qu'il fallait. Pas fané le moins du monde... exactement pareil à ce qu'elle avait imaginé la première fois...*

---

20. John Fowles a consacré tout un roman, *The Collector* (1986), au récit détaillé du comportement pathologique d'un jeune employé municipal d'une petite ville anglaise qui se met un jour à kidnapper et emprisonner des jeunes filles d'un niveau culturel supérieur au sien, un peu comme il a jusque là collectionné les papillons. Le récit est naturellement en 1re personne.

Nous trouvons ici un discours indirect libre qui nous fait entendre le discours intérieur d'une conscience mais – c'est là le point crucial – ce discours rapporté nous est livré d'emblée sans la médiation d'un narrateur primaire : c'est un discours rapporté sans rapporteur, qui nous met donc en contact avec une conscience qui n'est pas celle d'un narrateur autobiographique, mais qui, comme lui, peut être l'instrument d'un « mimétisme psychologique ».

On sait que la technique narrative de N. Sarraute n'est pas radicalement nouvelle, ni propre au « nouveau roman » ; elle s'inspire d'auteurs anglo-saxons dont les plus célèbres sont sans doute V. Woolf, Joyce et Faulkner. Le passage cité ci-dessus n'en donne qu'une idée incomplète, car elle ne se réduit pas à cet emploi remarquable du discours indirect libre sans narrateur qui l'introduise. Lorsqu'elle utilise toutes ses ressources, elle aboutit à un type de récit radicalement nouveau, qui relève en fait du roman expérimental, et dont la caractéristique centrale est l'*effacement total de tout narrateur* : on parvient alors à un genre qui a reçu le nom de « *monologue autonome* », dont le théoricien français a été Dujardin, qui l'a mis en œuvre dans son roman célèbre, mais peu lu, *Les lauriers sont coupés*.

Ce type de récit a ceci de paradoxal que, *stricto sensu*, il ne relève plus de la narratologie, car il a parcouru tout le chemin qui mène du récit classique, à dialogues et monologues, au monologue pur.

ɞ

Si les spécificités du récit autobiographique rendent généralement très difficile ou quasi impossible sa conversion en un récit anonyme, la conversion inverse présente, si on l'envisage, des difficultés encore plus grandes, et apparaît dans certains cas parfaitement impossible. La raison en est naturellement le pouvoir considérable dont dispose le narrateur anonyme.

Un des privilèges du narrateur anonyme, ou l'a souvent remarqué, est de faire des *commentaires* sur le monde fictif qu'il nous présente, qui ressemble au monde réel par certains aspects, et sur les créatures qui le peuplent. Balzac, on l'a dit plus haut, est, parmi les grands romanciers, l'un de ceux qui interviennent fréquemment dans le récit. Son projet étant d'écrire l'« histoire sociale et naturelle » de son siècle dans la fresque de la *Comédie humaine*, il conçoit ses personnages comme plus ou moins représentatifs de *types sociaux*. [De l'analyse de l'état d'esprit de Rastignac, il passe ainsi à des considérations générales sur les jeunes gens (*Le Père Goriot*, p. 131).] Des projets littéraires de l'ampleur de ceux de Balzac ou Zola ne se conçoivent guère sous la plume d'un narrateur autobiographique.

L'*accès à la conscience des personnages*, et même à des régions obscures de leur être est, on le sait, l'un des deux pouvoirs fondamentaux dont dispose le narrateur anonyme. Aucun des procédés narratifs qui donnent accès à la pensée des personnages ne lui est refusé. Il peut raconter à la fois et analyser les sentiments de tous les acteurs d'une histoire, comme fait Flaubert avec Charles et Emma Bovary, mais aussi Léon et Rodolphe. Tout narrateur anonyme peut en fait non seulement analyser de l'extérieur l'âme de ses personnages, mais aussi nous faire pénétrer leur conscience en nous livrant leur discours intérieur grâce aux deux procédés du discours indirect libre et de la citation de pensée. Rares sont les romanciers modernes qui n'ont pas recours à ces ressources narratives du narrateur anonyme. Même les romanciers étiquetés comme « réalistes », « naturalistes » « béhavioristes » bien plutôt que comme « psychologues », de Zola à Malraux ou Hemingway ont recours au monologue intérieur. Aucune narration autobiographique ne permettrait une réécriture de ces œuvres en 1re personne, sauf peut-être dans quelques cas (tel *For whom the bell tolls*) où le lecteur n'a accès qu'à la conscience d'un personnage central dont la vision organise et interprète la majorité des événements racontés.

Un troisième privilège du narrateur anonyme, le plus spectaculaire sans doute, est son *omniprésence virtuelle* : il peut ainsi, sans prendre aucune liberté avec les lois du mode narratif, nous dire ce que font au même moment deux ou plusieurs personnages séparés par des distances quelconques, aussi grandes qu'on le voudra. J'ai cité plus haut un passage de *l'Éducation sentimentale* (p. 314) où Flaubert nous dit ce que font *au même moment* Mme Arnoux à Paris et Frédéric Moreau à Nogent. Un exercice de transvocalisation comme ceux que Genette considère comme normalement possibles obligerait un narrateur autobiographique à d'horribles complications narratives, destinées à nous apprendre *comment il a appris* ce que faisaient ces deux personnages : son « statut épistémique » lui interdirait pratiquement de tels déplacements dans l'espace.

De façon générale, il semble intuitivement tout à fait évident que des romans qui brassent une masse importante d'événements et de personnages, comme *Illusions perdues* de Balzac ou *la Débâcle* de Zola sont littéralement hors de l'atteinte des pouvoirs épistémiques d'un narrateur autobiographique.

ɞ

Les observations qui précèdent suffisent à établir que la *distinction fondamentale* en narratologie est bien celle qui concerne le type de narrateur, ce qui était déjà suggéré par l'analyse du fonctionnement énonciatif des deux types de narration. La première question que pose un texte de fiction est donc : *Qui parle ?* au sens de « *Quel est ici le type de narrateur ?* ». Cette question n'est naturellement pas la seule, mais les autres questions que l'on doit poser, par exemple « Quel point de vue s'exprime ici ? », doivent être posées ensuite. Il apparaîtra peut-être qu'un point de vue donné peut ou pourrait, dans un contexte donné ou légèrement différent, être interprété de façons différentes, en particulier attribué à des « voix » différentes. Mais la complexité de certaines manifestations du point de vue, qui sera évoquée ci-dessous, ne signifie nullement que le point de vue doive être étudié séparément et érigé en catégorie autonome du récit. Bien au contraire, on ne peut analyser correctement les ambiguïtés, les rapprochements, des points de vue qu'après avoir élucidé pleinement les propriétés énonciatives des deux types de narrateurs de fiction.

4.3. Le point de vue

4.3.1. « Regard », « perspective », « focalisation »...

La liste (non exhaustive) des termes ci-dessus atteste l'intérêt porté par les auteurs à des phénomènes voisins, analogues ou même identiques, tous relatifs à ce qui a été appelé aussi la « vision », et qui seront *réunis ici sous le terme de « point de vue »*. Ce sont ces phénomènes dont Genette a traité (1972 et 1983) sous l'appellation de « focalisation », qui a reçu beaucoup de critiques (cf. Genette lui-même [1983] et, ici même, chapitre 1). Si le terme de focalisation et plus encore la distinction de plusieurs types de focalisation ne semblent pas avoir aidé beaucoup à la solution des problèmes de « vision » dans le récit fictionnel, du moins le problème a-t-il été clairement défini par Genette (1972, chap. 4). Il y fait remarquer d'abord qu'une fonction essentielle du récit est de communiquer au lecteur « l'information narrative », et qu'un des traits distinctifs (des « catégories ») des récits est la *façon dont l'information narrative est transmise au lecteur*, c'est-à-dire le « mode narratif », défini aussi comme la « régulation de l'information narrative » (1972, p. 184). Cette définition a le mérite d'être aussi large que possible. Elle conduit ainsi à envisager tous les aspects d'un phénomène complexe, mais où l'on perçoit néanmoins une unité. Elle oblige aussi à définir ces composantes diverses du phénomène général, et à mettre en évidence ce qu'elles ont de commun, et qui justifie leur regroupement sous un titre unique.

Pour préciser la définition du mode narratif, Genette écrit que « l'on peut... raconter *plus ou moins* ce que l'on raconte, et le raconter *selon tel ou tel point de vue* » (1972, p. 183). On voit qu'il distingue un aspect quantitatif et un aspect qualitatif du « mode narratif » (en 1983, seul l'aspect quantitatif subsiste, la « focalisation » étant, en fin de compte, ramenée à une « restriction de champ »). Nous montrerons ci-dessous que le point de vue peut, et même doit incorporer des composantes quantitatives *et* qualitatives.

Écrire que l'on peut « raconter selon tel ou tel point de vue », c'est clairement admettre que le point de vue est déterminé par le narrateur, donc que *la même instance gère le récit et exprime un point de vue*. Cette conclusion s'impose si l'on admet que *le point de vue* (ou la « perspective », ou la « focalisation », le terme importe peu ici) *est inscrit dans le texte narratif*. Ce n'est pas, apparemment, ce que pense Genette, pour qui, semble-t-il, des narrateurs différents peuvent écrire le même récit selon le même point de vue. Seule en effet cette thèse permet d'envisager la possibilité d'opérer une « conversion » ou « transvocalisation » d'un texte, possibilité que défend Genette (cf. 4.2.3) : dans la « conversion », il est clair que le narrateur change sans que le point de vue soit affecté, faute de quoi le texte serait totalement dénaturé.

La propriété fondamentale de la « focalisation » de Genette est ainsi de n'être pas l'œuvre du narrateur qui, lui, se limite à raconter sans focalisation, sans exprimer de point de vue.

La question se pose alors naturellement de savoir qui focalise un récit, qui choisit le « point de vue restrictif ». La seule réponse possible est que la focalisation est un phénomène narratif sans auteur et sans support : *il semble que le récit se focalise lui-même,* ce qui n'est pas sans rappeler les « événements qui semblent se raconter eux-mêmes », en l'absence de tout narrateur, dans le « récit » de Benveniste. Or l'idée qu'une perception, un sentiment, un état mental *puissent être verbalisés par un autre que celui qu'ils affectent* est inacceptable de plusieurs points de vue. Elle est notamment la négation du caractère subjectif de l'expérience interne des individus. D'autre part, si, par une étude énonciative, on s'efforce de définir avec quelque précision en quoi consiste le « point de vue », et comment *se manifestent dans un texte ses différents aspects,* on est infailliblement conduit à rejeter la distinction entre « celui qui perçoit » et « celui qui parle » et, bien au contraire, à envisager une relation entre point de vue et énonciateur. Le rôle des éléments lexicaux appréciatifs, notamment les affectifs, et le fonctionnement des déictiques ont ici une importance déterminante : l'instance qui est repère-origine des déictiques et support des modalités appréciatives est nécessairement celle dont le point de vue s'exprime.

4.3.2. Les composantes du point de vue

Le concept de « point de vue » est légitimé en narratologie par le fait crucial que les énoncés d'un récit littéraire sont, plus ou moins fortement, *marqués* par une certaine façon de « voir » les objets, les individus, les événements, par un certain « regard », le mot étant pris à la fois aux sens perceptif, affectif et conceptuel. Ce regard est celui d'une instance énonciatrice, narrateur anonyme, narrateur autobiographique ou énonciateur rapporté. Le point de vue peut donc être défini comme une « *façon de regarder* » (au sens large indiqué ci-dessus). Il n'est pas une « *façon d'être regardé* », comme l'est la « focalisation externe » de Genette : si un individu ou un événement est décrit ou raconté « de l'extérieur », c'est que le narrateur-énonciateur ne peut pas ou ne veut pas analyser ou faire s'exprimer sa conscience – dans le cas où l'objet décrit en est pourvu.

Le point de vue possède à la fois une unité et une hétérogénéité : on peut y distinguer des composantes, qui doivent être analysées, et peut-être faire l'objet d'une clarification ou d'une synthèse.

Considéré d'abord sous l'angle *perceptif*, le point de vue désigne *la région de l'espace depuis laquelle est regardé l'objet ou l'événement décrit*. L'œil qui voit, comme la caméra qui filme, est situé dans l'espace par rapport à l'objet représenté : il peut être proche ou lointain ; il peut permettre une vision globale ou partielle ; il peut être, par rapport à l'objet, « devant », « derrière », « au-dessus », « au dessous », etc. Il peut également être mobile ou statique. Cet aspect de la vision est généralement manifesté par les énoncés descriptifs ou narratifs, *ce qui nous informe parfois sur l'identité de celui qui regarde*, ainsi que sur son statut énonciatif. Ainsi, à la première page de *la Condition humaine* de Malraux (1946) :

> *La seule lumière venait du building voisin : un grand rectangle d'électricité pâle, coupé par les barreaux de la fenêtre dont l'un rayait le lit juste au-dessous du pied comme pour en accentuer le volume et la vie.*

Le *type d'information* contenu dans cet énoncé indique que le point de vue est celui d'un *témoin oculaire*. À lui seul, l'énoncé n'en dit pas plus ; le contexte large, qui est celui d'un récit anonyme, et le contexte immédiat qui signale la présence d'un personnage (Tchen) dans la scène suggèrent que l'énoncé doit presque certainement être interprété comme rapportant en monologue narrativisé les perceptions et pensées de Tchen, les « déclencheurs » du discours indirect libre étant les éléments lexicaux « songer » et « fasciné » qui figurent dans le contexte antérieur.

Une autre manifestation du point de vue, évoquée ci-dessus, est la *distance* : un objet ou un événement sont décrits ou racontés avec plus ou moins de détails selon que l'« observateur » (le support du point de vue) est plus ou moins éloigné. Ainsi dans *Le Père Goriot* (1950), la pension Vauquer nous est présentée selon une vision rapprochée : six pages sont consacrées à la description de la seule maison, description qui, pour reprendre la métaphore cinématographique, peut être qualifiée de « gros plan ». Inversement, dans *l'Éducation sentimentale*, Flaubert ne nous propose qu'un portrait très rapide de Mme Dambreuse (1985, p. 141), dont nous dirons qu'elle est l'objet d'une « vision éloignée ». Le paragraphe laisse planer quelque incertitude quant au *support* du point de vue exprimé. Il ne peut s'agir en principe que du narrateur anonyme, qui peut se situer, dans l'espace et le temps, à l'endroit et au moment choisis : le portrait de Mme Dambreuse est inséré dans le récit. Il faut noter toutefois que la dernière phrase de ce court passage informe le lecteur que Frédéric a *vu* M. et Mme Dambreuse, et s'interroge à leur sujet. L'impression produite est que *son propre point de vue est conforme à celui du narrateur* dans le paragraphe – mais il n'est pas exprimé : aucune marque linguistique ne permet de penser que nous avons affaire à du discours rapporté, ni même à de l'analyse psychologique.

Un troisième aspect du point de vue, fort important, concerne le *« filtrage » de l'information narrative*. Traitant du « mode », qui sera dénommé ensuite « focalisation », Genette (1972, p. 184) écrit que « le récit peut aussi choisir de régler l'information qu'il livre… selon les *capacités de connaissance* [nous soulignons] de telle ou telle partie prenante de l'histoire […] dont il adoptera ou feindra d'adopter […] le point de vue ». L'aspect du point de vue dont il s'agit ici est en effet le *savoir* que manifestent les énoncés narratifs.

Le problème des « capacités de connaissance » de telle ou telle instance narrative, c'est-à-dire ce que j'ai appelé le « *statut épistémique* » de ses instances, concerne au premier chef la seule catégorie des récits de fiction qui s'impose absolument, à savoir la distinction entre narrateur anonyme et narrateur autobiographique. Cette question a été examinée plus haut, et il suffira de rappeler ici l'une des propriétés définitoires des deux types de narrateur. C'est précisément la nature et l'étendue du « savoir » dont ils sont censés disposer qui distingue le narrateur anonyme, qualifié, on le sait, d'« omniscient », du narrateur autobiographique : celui-ci, étant un des acteurs, plus ou moins important, de l'histoire, ne sait et ne peut nous dire ce qu'il a vu ou qu'un autre personnage lui a appris. S'il peut nous rapporter les propos qu'il a entendus, il n'a pas plus accès à la conscience d'autrui qu'un être humain ordinaire : le « récit de pensées » lui est interdit, ainsi que l'analyse psychologique des autres protagonistes. De par son statut épistémique, *il ne voit les autres que de l'extérieur.*

Au contraire, le narrateur anonyme jouit, on le sait, à la fois du pouvoir d'ubiquité et de celui de pénétrer la conscience de ses personnages. N'étant pas incarné en un personnage, il n'est pas censé manifester une subjectivité quelconque : une des contraintes qui pèsent sur lui est l'interdiction (parfois oubliée) de faire des commentaires et de juger les choses et les gens ; le lexique appréciatif lui est en principe refusé.

Il possède en revanche un pouvoir qui le caractérise, qui éclaire le problème du *rapport entre énonciation et point de vue* dans les récits de fiction, et qui découle de *son double statut de narrateur et d'anonyme omniscient.*

En tant qu'énonciateur-narrateur, le narrateur anonyme, comme l'autobiographique (et comme un locuteur ordinaire) a le pouvoir de *citer* littéralement, ou de rapporter, les paroles d'autrui, dès lors qu'il en a connaissance : le « récit de paroles » a sa place dans tout récit de fiction.

En tant qu'« *omniscient* », il a un autre pouvoir *qui n'existe que dans la fiction*, et qui est refusé au narrateur autobiographique : il a accès à la conscience des personnages, il sait ce qu'ils perçoivent, pensent et ressentent, et de quelle manière. Il a donc le pouvoir de le communiquer au lecteur, soit en l'analysant, soit en le rapportant ou en le citant. Le recours au « récit de pensées » lui permet de faire connaître au lecteur *le point de vue non exprimé des personnages* dans tous ses aspects, et notamment le savoir secret qui est le leur. Par là, il est pourvu du pouvoir formidable de *faire parler la conscience des protagonistes du récit*, et de présenter au lecteur, de façon plus ou moins littérale selon le type de discours rapporté, le contenu de cette conscience. *Le problème du point de vue nous renvoie clairement à celui du statut des narrateurs de fiction.*

C'est ainsi la *combinaison* des pouvoirs de tout énonciateur (utiliser le discours rapporté) et du statut épistémique du narrateur anonyme-omniscient qui donnent à ce dernier le pouvoir d'utiliser le « monologue intérieur », pouvoir entièrement inaccessible au narrateur autobiographique, et qui lui permet de faire s'exprimer le point de vue des personnages.

Les trois aspects du point de vue qui viennent d'être évoqués, la situation dans l'espace, la distance, la capacité de connaissance de l'énonciateur, et du type d'énonciateur-narrateur concernent tous la régulation de l'information narrative qui s'opère dans un énoncé ou un groupe d'énoncés. On peut les *réunir en une seule composante* fondamentale du point de vue : la *composante épistémique.*

ᨂ

L'autre composante fondamentale du point de vue concerne non le *savoir* de l'instance qui s'exprime, mais sa *subjectivité psychologique*, notamment son affectivité : les jugements de valeur au sens strict et les appréciations de tous ordres manifestés dans un énoncé ou un paragraphe expriment, de façon très évidente, une « façon de voir ». Il peut s'agir d'opinions de caractère général (philosophique, politique, social, technique, etc.) ou d'appréciations portées sur les situations ou les personnages. Les termes « évaluatifs » et « affectifs » (cf. chap. 2) apparaissent ici fréquemment, de sorte que cet aspect subjectif du point de vue, plus sans doute que l'aspect épistémique, est souvent *marqué linguistiquement.* Plus peut-être que beaucoup d'autres, le roman de Jane Austen *Pride and Prejudice* fait une place très importante au caractère plus ou moins agréable, aux talents, à la qualité morale des personnages, notamment des jeunes filles et des jeunes hommes dont les projets matrimoniaux sont au cœur du roman. On y rencontre ainsi fréquemment des jugements appréciatifs tels que ceux que Mr. Bennett, lucide et parfois sévère, porte sur ses propres filles (1951, p. 3)[21] :

> *They are all silly and ignorant, like other girls ; but Lizzy has something more of quickness than her sisters.*

---

21. « Elles sont toutes sottes et ignorantes, comme les autres jeunes filles ; mais Lizzy a l'esprit plus vif que ses sœurs ».

Dans un roman moderne et fort différent de ceux de Jane Austen, *Capitaine Conan*, nous trouvons dans les dialogues un nombre non négligeable d'énoncés au style énergiquement militaire, où abondent les « noms de qualité » (Milner) et les « axiologiques » (Kerbrat), porteurs de jugements de valeur. Ainsi (1934, p. 157) : « Alors, on l'a rattrapé, ce petit salaud ? » et, plus loin : « C'est tout à fait lui, ça ! L'excuse la plus absurde, la bourde la plus épaisse, vous pouvez être sûr qu'il vous les servira ».

Cet aspect « appréciatif » du point de vue, souvent marqué par le lexique, et qui peut colorer fortement un texte, est naturellement celui qu'évitent méthodiquement les récits qui se veulent « objectifs ». Parmi ces textes, on peut distinguer ceux où ce parti pris est celui du narrateur (le plus souvent anonyme), qui nous montre un univers éventuellement absurde ou même méprisable sans jamais prendre position dans les énoncés primaires. Flaubert, on le sait, est un adepte remarquable de cette *neutralité* du narrateur, qui consiste à *montrer*, sans commentaires, la vanité, la sottise, la cupidité du monde qu'il raconte, réalisant ainsi l'idéal d'imitation (*mimesis*) que rejetait Platon. Un passage bref et remarquable met en évidence l'inconsistance de son héros Frédéric Moreau, que le lecteur est implicitement prié d'apprécier lui-même (*L'Éducation sentimentale*, *op. cit.*, p. 73) : après un paragraphe qui décrit « la répétition des mêmes ennuis et des habitudes contractées » (par Frédéric), nous trouvons soudain une simple phrase, qui fait paragraphe : « Il loua un piano et composa des valses allemandes ». Cet énoncé n'est suivi d'aucun commentaire, et le lecteur n'entendra plus jamais parler de ces valses allemandes. Absence totale d'un point de vue appréciatif et présentation d'une information minimale coupée de tout développement : le lecteur est invité à former son propre point de vue sur l'inconsistance du caractère de Frédéric.

☙

Le point de vue est une catégorie incontestable des récits de fiction, ce qui ne signifie pas qu'il *puisse facilement caractériser une œuvre* : il caractérise fondamentalement un énoncé ou groupe d'énoncés et donc, par delà l'énoncé, *un moment de l'activité consciente de l'énonciateur*.

On peut sans doute tenter de classer, avec beaucoup d'approximation, les récits littéraires en deux grandes catégories en fonction de la *prédominance de l'une ou l'autre des deux composantes fondamentales du point de vue* : la composante épistémique domine dans les œuvres qui se veulent « objectives », les romans réalistes et naturalistes par exemple ; la composante appréciative domine dans les récits qui visent à toucher l'affectivité du lecteur, dont *Le Petit Chose* d'A. Daudet est un exemple caractéristique.

On peut songer d'autre part à une autre classification qui opposerait les œuvres où l*e point de vue des personnages est fréquemment exprimé*, donc où leurs propos ou pensées sont largement rapportés et, d'autre part, les récits où *le narrateur*, de type « dissonant », *garde la parole* et maintient ainsi les acteurs de l'histoire à distance.

ℭ

Le principe fondamental qui régit l'attribution du point de vue est, on l'a dit, que, *dans le cas général, l'auteur d'un énoncé exprime son point de vue* : l'énonciateur est le support du point de vue. Ce principe doit être précisé et complété, car il existe une interaction et un mélange des points de vue, de même qu'il existe une polyphonie.

Dans le discours indirect, c'est le point de vue de l'énonciateur rapporté qui s'exprime, en partie et sous une forme nouvelle dans le discours classique, en totalité dans le discours indirect libre, où l'énonciateur n'est qu'un porte-parole.

Dans le psycho-récit et le discours rapporté en général, y compris la citation, les phénomènes de consonance et dissonance manifestent un point de vue sur un point de vue : le narrateur, analysant ou rapportant le discours, audible ou intérieur, d'un personnage peut, on l'a dit, marquer de la distance, voire de la désapprobation ou, au contraire, une neutralité parfois nuancée de sympathie à l'égard des pensées et sentiments du personnage.

Il faut relever encore les cas d'attribution implicite d'un point de vue à un personnage. Le passage de Flaubert cité plus haut nous donne à penser que le personnage, Frédéric, « voit » la loge de M. et Mme Dambreuse de la même façon qu'elle a été décrite par le narrateur.

D'autres phénomènes narratologiques mettant en jeu une *interaction* entre point de vue du narrateur et point de vue du personnage seront évoqués plus loin (cf. 6.2.5).

5

Les trois techniques d'accès aux consciences

La caractéristique essentielle, sinon fondamentale, des récits de fiction, et singulièrement des narrations « anonymes », est l'accès qu'ils nous donnent à la conscience d'êtres fictifs mais qui, tous, ressemblent en quelque façon aux hommes réels nos semblables. En cela, on trouve dans la fiction non seulement une imitation de la vie « réelle », sur l'intérêt de laquelle on a pu s'interroger[1], mais bien davantage : on y trouve, entre autres choses, ce qu'on ne trouve pas dans la vie : la connaissance de ce que pensent et ressentent des êtres humains, fictifs certes, mais que, en général, nous percevons et acceptons comme aussi représentatifs du genre humain que des gens que nous connaissons, et qui, comme eux, peuvent donner lieu à des questionnements, des analyses, des interprétations.

Comme on l'a dit à juste titre, les récits de fiction échappent au risque de n'être que de banales reproductions de la vie quotidienne si la séquence d'événements qu'ils nous présentent offre une *signification*, d'un ordre quelconque, moral, social, psychologique, philoso-

1. Voir par exemple C.E. Magny (1950, p. 204) qui pose la question : « Par quel étrange sadisme vouloir nous infliger, durant trois cents pages, la réduplication de tout cela ? », le « tout cela » désignant les petites servitudes de la vie quotidienne énumérées par un personnage de Giraudoux (« … ces mains qu'il faut laver, ces rhumes qu'il faut moucher, ces cheveux qui vous quittent… »).

phique. Sauf pour les amateurs des romans à thèse, cette signification n'a pas à être explicitée, et il appartient au lecteur d'en construire une s'il le peut, avec les incertitudes qui sont celles de la vie réelle, laquelle ne se réduit pas à la répétition quotidienne des gestes mécaniques évoqués plus haut.

Ce qui importe ici est le rôle crucial que joue la vie intérieure des personnages de fiction dans la trame des événements racontés, et dans la façon dont ils sont vécus par les acteurs de l'histoire, qui fait partie intégrante de ces événements. Leurs motivations, leurs sentiments, leurs idées, les valeurs dont ils sont ou se croient porteurs apportent une contribution indispensable à des récits qui, sans eux, ne pourraient rien dire de la condition humaine, et risqueraient par là d'être dépourvus de sens.

Ainsi, l'accès à la conscience d'au moins un des acteurs d'un récit, l'expression d'au moins un point de vue, apparaissent-ils, sous les modalités les plus diverses, comme une exigence imposée à la majorité des récits de fiction.

Le problème de l'accès à la vie intérieure des acteurs d'une fiction se pose en termes très différents selon qu'il s'agit d'un récit anonyme ou d'une narration autobiographique.

Le narrateur anonyme dispose, on l'a dit, d'un pouvoir presque sans limites ; outre celui de se déplacer librement dans l'espace et le temps, il a accès à la conscience de tous les personnages qu'il met en scène. Le seul pouvoir qui lui soit refusé est l'expression d'une subjectivité qui soit la sienne : conscience désincarnée, il ne ressemble en rien à un locuteur humain et – si on en donne une définition rigoureuse – il ne peut formuler de jugements subjectifs, c'est-à-dire que le lexique évaluatif et affectif lui est en principe interdit. Cette contrainte est *très inégalement respectée* par les auteurs de fiction (cf. chap. 4) : les auteurs que l'on classe parmi les plus « objectifs », et dont Flaubert, Mérimée, Maupassant, Hemingway font partie, sont ceux qui évitent effectivement l'emploi des termes évaluatifs et affectifs. D'autres, au contraire, tels Balzac ou Thackeray, formulent très librement des jugements de valeur et manifestent ce qu'on a appelé ici une « subjectivité psychologique » qui fournit au lecteur des indications, plus ou moins révélatrices, relatives à la *signification* qu'a pour eux la séquence des événements rapportés qui, pour C.E. Magny ou G. Blin risquerait précisément de n'avoir pas de sens si elle n'exprimait un point de vue et visait à quelque forme d'objectivité lointaine[2]. Mais l'intérêt considérable de la narration anonyme est que, outre les points de vue que les auteurs, à tort ou à raison, font exprimer par leurs narrateurs, elle permet, avec la plus extrême souplesse, de pénétrer la conscience d'un ou plusieurs des personnages, et par là de donner expression à des points de vue divers. Comme le démontre amplement la littérature romanesque depuis le milieu du XIXe siècle, elle dispose dans ce domaine d'une riche panoplie de techniques narratives définissables en termes à la fois linguistiques et narratologiques. C'est l'examen de ces techniques qui fait l'objet principal du présent chapitre.

☙

Le narrateur autobiographique est une personne fictive, et l'accès à la vie intérieure d'autrui lui est interdit. Il a seulement le pouvoir de nous raconter ce dont il se souvient de sa vie passée, ce qu'il a vécu et ressenti. La mémoire est ainsi la principale faculté mise en jeu dans le récit en 1re personne, et les romanciers des siècles classiques demandent en général au lecteur d'accepter la convention selon laquelle *la mémoire du narrateur lui permet de restituer fidèlement son passé,* sans en exclure de longues conversations souvent rapportées littéralement par pure et simple citation. Prévost, par exemple, dans *l'Histoire du Chevalier des Grieux et de Manon Lescaut* (1972), use fré-

2. Voir Georges Blin (1954, p. 115 sv.) qui écrit par exemple : « ... quand il renonce à relater les faits, la hauteur panoramique où se place le romancier qui joue à l'idéal témoin, Stendhal, loin de trahir l'expérience, inaugure "le plus authentique réalisme", celui que l'on a nommé le "réalisme subjectif" ou "réalisme du point de vue" ». Blin écrit aussi : « ... il n'y a point de monde qui ne soit le monde de quelqu'un à quelque moment ». Cet éloge de la méthode subjective de Stendhal suggère assez clairement les réticences de Blin à l'égard de la narration anonyme : celle-ci ne parviendra qu'à une objectivité illusoire (dépourvue de sens) si le narrateur ne nous « [fait] progresser toujours *avec* l'un, ou successivement avec plusieurs [des personnages] ».

quemment de la citation, en alternance avec le discours indirect, pour rapporter les entretiens du héros avec divers personnages, en particulier avec sa maîtresse. La technique du récit inséré (désigné parfois du terme de « construction en abyme »[3]) repose sur la même convention d'une mémoire dont la fidélité ne doit pas être mise en question. Prévost, qui confie à un narrateur primaire le soin de nous répéter le long récit des aventures de des Grieux, s'efforce d'atténuer l'artifice du procédé narratif, et définit par là même le problème du rôle de la mémoire dans le récit autobiographique. Son premier narrateur se prémunit ainsi, au début de l'œuvre, contre une éventuelle incrédulité du lecteur (*Manon Lescaut*, *op. cit.*, p. 53) :

> *Je dois avertir ici le Lecteur que j'écrivis son histoire presque aussitôt après l'avoir entendue, et qu'on peut s'assurer par conséquent que rien n'est plus exact et plus fidèle que cette narration.*

La même convention d'une mémoire infaillible s'applique naturellement au souvenir que le narrateur a gardé de ce qu'a été sa vie intérieure au long de sa vie passée : le problème des déformations, des oublis, des incertitudes de la mémoire n'est généralement pas posé.

En revanche, dans certains romans modernes, notamment dans l'œuvre de Proust, apparaissent les complexités, l'intérêt et les difficultés de la *rétrospection* : la distance entre un « narrateur-scripteur » et un « narrateur - personnage », déjà évoquée, détermine le recours à des techniques narratives plus variées. Outre le simple récit de la vie intérieure passée, qui manifeste une adhésion du moi-narrateur au moi-personnage, les méthodes narratives du « récit de pensées » (citation, discours indirect) associées à l'analyse psychologique, servent soit à formuler précisément, soit au contraire à évaluer et distancier les pensées et les émotions d'autrefois[4].

---

3. Au sens strict du terme, la « construction en abyme » décrit des œuvres où *plusieurs* récits sont insérés les uns dans les autres.

4. Ce chapitre s'inspire souvent de l'excellent ouvrage de D. Cohn, *Transparent minds*, traduit sous le titre *La transparence intérieure* (Seuil, 1981). J'ai notamment repris les termes qui désignent les trois techniques narratives qui permettent l'accès à la conscience des personnages.

5.1. La vie intérieure dans le récit anonyme

Si l'accès à la conscience des personnages pouvait être suffisamment décrit par l'énumération des ressources que la langue offre à l'analyse et surtout au « récit de pensées », le simple rappel des trois types de discours rapporté examinés au chapitre 3 constituerait une réponse presque suffisante à la question posée. Mais le problème évoqué ici relève de la narratologie, non de la linguistique – et la distinction rigoureuse de ces deux domaines nous est apparue indispensable dans l'analyse du récit. Des techniques narratives linguistiquement définies sont, assez naturellement, utilisées de façons différentes par les auteurs : le choix des procédés narratifs, l'importance relative donnée à chacun, la relation entre la voix du narrateur et celle des personnages, la prépondérance donnée à l'une ou à l'autre, problème qui traverse toute la narratologie, conduisent inévitablement à des analyses proprement narratologiques qui font partie intégrante de l'étude littéraire. L'étude des récits oblige naturellement à définir, aussi strictement que possible, des *concepts narratologiques*, tels le « psycho-récit » proposé par D. Cohn ou le « monologue intérieur », rarement défini avec précision, mais – et c'est là l'exigence propre à notre démarche – ces concepts narratologiques doivent être *mis en corrélation avec des concepts linguistiques* eux-mêmes strictement définis.

Reprenant les termes de D. Cohn, nous distinguerons *trois techniques narratives* dans la représentation de la vie intérieure des personnages par le récit anonyme :

a. Le *psycho-récit* (« *psycho-narration* ») est la technique la moins directe, celle qui ne met pas le lecteur en présence des pensées et sentiments du héros : ceux-ci sont décrits, analysés, ou rapportés en discours indirect classique, procédé par lequel, on l'a vu (chap. 3), la « voix » du personnage ne parvient pas au lecteur.

b. Le *monologue rapporté* (*quoted monologue*) (*la citation de pensée*)[5].

---

5. Contrairement à certains critiques, nous n'écrirons jamais « monologue intérieur rapporté » ; tout monologue possède nécessairement pour nous les deux propriétés suivantes : il use de la même syntaxe que le dialogue

Contrairement au psycho-récit, le monologue rapporté peut être mis en corrélation avec un seul phénomène linguistique : le discours rapporté par *citation*. La caractéristique première est qu'il implique une *rupture énonciative* : le récit s'interrompt pour faire place à un ou plusieurs énoncés qui sont censés représenter des pensées du personnage et donc *montrer*, autant qu'un texte peut le faire, ce qui se passe dans la conscience d'un acteur de l'histoire.

Le monologue rapporté est ainsi une première technique narrative du *monologue intérieur*.

c. *Le monologue narrativisé* (*narrated monologue*) (*le discours indirect libre*). Le monologue narrativisé n'utilise, lui aussi, qu'une seule des ressources qu'offre la langue aux auteurs de récit : le discours indirect libre, limité au « récit de pensées ». On l'a dit au chapitre 3 de ce livre : le narrateur primaire garde ici la parole, et reste donc énonciateur, mais son rôle d'énonciateur est limité au repérage des personnes et des instants. Pour le reste, le discours représente littéralement la pensée du personnage, aussi fidèlement qu'une citation, le narrateur se faisant le porte-parole du personnage, et « parlant » au lecteur *avec les mots du personnage*.

Le monologue narrativisé, comme la citation de pensée, *montre* donc la vie intérieure des personnages. Il est la deuxième technique narrative du *monologue intérieur*.

D. Cohn (*op. cit.*, p. 26) signale à juste titre la confusion qui entoure ce concept essentiel de « monologue intérieur », et la variété des définitions qui en sont données. Pour certains critiques, le monologue intérieur n'a *pas d'existence avant* l'*Ulysse* de Joyce (à l'exception du roman, qu'on peut appeler expérimental, *Les lauriers sont coupés* de Dujardin, sur lequel je reviendrai plus loin). Dans une telle

---

et néanmoins il est toujours « intérieur » au sens énonciatif (il ne s'adresse à aucun locuteur autre que le personnage qui « parle » ou « pense », même quand il est audible). (Sur ce point, voir ci-dessus 5.2.3.) Nous garderons cependant l'expression « monologue intérieur », solidement installée dans l'usage, et dont l'abandon présenterait plus d'inconvénients que d'avantages.

optique, les nombreuses citations de pensée, parfois fort longues, que l'on trouve chez Stendhal ou Dostoïevski ne relèveraient pas du monologue intérieur. Il est clair ici que, au lieu de distinguer les critères empruntés à des domaines différents, on les superpose, au point de nier le sens des mots pour en faire une dénomination arbitraire de caractère historique. Or il s'agit ici d'établir une typologie des techniques narratives, qui doit d'abord définir des types narratologiques pour, éventuellement, permettre d'étudier leur histoire.

Les techniques narratives doivent être *corrélées* (mais non nécessairement *identifiées*) à des phénomènes linguistiques.

Si, comme cela paraît inévitable, on appelle « monologue intérieur » *tout texte qui reproduit un discours intérieur*, on devra *réunir* sous l'appellation de monologue intérieur le monologue rapporté (la citation de pensée) et le monologue narrativisé (le discours indirect libre). Les citations de pensée de Dostoïevski, Stendhal ou Hemingway relèvent du monologue intérieur au même titre que les monologues joyciens, même si leur relation au récit n'est pas marquée de la même façon. Quant aux discours intérieurs rapportés par discours indirect libre (les monologues narrativisés), ils reproduisent presque littéralement les énoncés du personnage, ceux-ci ayant conservé leur formulation première, et ayant seulement changé d'origine énonciative, puisqu'ils sont *relayés* par le narrateur primaire.

Le terme de monologue intérieur a souffert d'autre part d'une confusion faite par Dujardin qui, présentant son roman comme l'ancêtre de l'*Ulysse* de Joyce, réunit les deux œuvres sous l'appellation de monologue intérieur. Mais, comme l'ont bien vu D. Cohn (*op. cit.*, p. 30)[6] et Genette (1972, p. 193-194), on doit, selon des

6. Indiquons que D. Cohn (*op. cit.*, p. 26 sv.) ne rattache pas le monologue narrativisé au monologue intérieur, tout en déclarant que « comme le monologue rapporté, [il] reproduit mot à mot l'expression verbale propre au personnage ». Cette formulation est précisément celle qui doit conduire à regrouper monologue rapporté et monologue narrativisé sous le terme générique de « monologue intérieur ». Les traits stylistiques propres aux romans du « courant de conscience » (ellipses, syntaxe brisée, etc.) ne justifient pas qu'on leur réserve le terme de monologue

critères à la fois linguistiques et narratologiques, bien distinguer les genres dont relèvent ces deux œuvres, et les techniques narratives qu'elles utilisent. Chez Joyce, le discours intérieur du personnage nous est présenté sous la forme du monologue intérieur tel que défini ci-dessus : une technique narrative utilisée par un narrateur anonyme pour reproduire fidèlement la vie intérieure d'un personnage.

Chez Dujardin au contraire, « monologue intérieur » désigne en réalité non pas une technique narrative, mais un *genre littéraire*, qui mérite le nom de « monologue » plutôt que ceux de « récit » ou « roman » : il n'y a plus du tout de narrateur. Nous sommes, dès la première ligne, plongés dans la conscience d'un personnage qui use de la 1re personne. Pour dénommer cette œuvre singulière, D. Cohn propose le terme de « *monologue (intérieur) autonome* », qui a l'avantage de s'opposer visiblement à « monologue (intérieur) rapporté » (ou « narrativisé »)[7].

Concepts linguistiques	Concepts narratologiques
– *présence d'un narrateur-énonciateur* citation (de pensée) discours ind. libre (de pensée)	– *présence d'un narrateur primaire* monologue rapporté monologue narrativisé monologue intérieur
– *absence de tout narrateur* texte non narratif en 1re personne	– *absence de narrateur primaire* monologue autonome (Dujardin)

intérieur pour le refuser aux monologues des romanciers du XIXe siècle.

7. L'œuvre de Dujardin est probablement plus connue des critiques que des lecteurs de romans. Elle pose un problème littéraire intéressant : comment ce monologue d'un *personnage* qui use régulièrement du pronom *Je* réussit-il à se distinguer d'un récit autobiographique dont le héros est en même temps, par définition, narrateur primaire ? Cette question sera étudiée plus loin (6.2.1).

Le tableau ci-dessus résume les mises au point terminologiques proposées plus haut et les correspondances entre faits linguistiques et narratologique.

5.1.1. Le psycho-récit

Le psycho-récit est la technique narrative qui permet à un narrateur anonyme de raconter une histoire complexe et de diriger un nombre important de personnages tout en donnant au lecteur un certain minimum d'information sur les pensées et les sentiments de ces personnages, sans lequel les événements qui les concernent perdraient de leur signification. Le psycho-récit est dominé par *un narrateur tout-puissant* et, en cela, il réalise l'idéal poétique platonicien, pour lequel le *récit* (*diegesis*) doit l'emporter sur l'*imitation* (*mimesis*), celle-ci consistant à donner la parole aux personnages. Une œuvre peut naturellement faire alterner le psycho-récit et les formes de monologue intérieur, mais une multiplication des monologues rapportés ou narrativisés peut nuire à la puissance d'un récit, en l'empêchant de brasser une masse de personnages et d'événements. Quand des romans comme *Germinal* ou *La débâcle* font place à des considérations psychologiques, Zola n'a guère recours à d'autres techniques que le psycho-récit qui seul permet de ne pas s'attarder sur les mouvements de pensée des acteurs du récit.

Les deux procédés constitutifs du psycho-récit, le récit-analyse et le discours indirect classique, se distinguent clairement par leurs propriétés linguistiques, mais ils ne s'opposent guère du point de vue narratologique ; l'analyse raconte et parfois explique ou interprète ce qui se passe dans la conscience des personnages, le discours indirect donne des contenus de pensée de ces discours une formulation qui ne prétend en rien les reproduire littéralement, et peut même se borner à les résumer. Le narrateur est énonciateur des deux types d'énoncé, et ceux-ci s'enchaînent donc facilement, en l'absence de toute rupture énonciative.

Le psycho-récit a été une technique dominante des œuvres de fiction des siècles classiques, et l'est resté au XIXe siècle. Il est encore largement utilisé par Flaubert, qui est par ailleurs un des maîtres du monologue narrativisé, mais qui en fait un usage beaucoup plus limité que les romanciers modernes du courant de conscience.

Parmi les grands romanciers des XVIIIe et XIXe siècles, Fielding, Dickens, Thackeray, Stendhal, Balzac, Jane Austen est peut-être l'un de ceux chez qui le récit de pensées l'emporte le plus sur le récit d'événements, et dont l'œuvre illustre le mieux les ressources du psycho-récit. *Pride and Prejudice* (publié en 1813) consacre ainsi presque une page entière aux réflexions de l'héroïne, Elizabeth, consacrées aux avantages du mariage éventuel de sa sœur Jane :

> *As Elizabeth had no longer any interest of her own to pursue, she turned her attention almost entirely on her sister and Mr. Bingley ; and the train of agreeable reflections which her observations gave birth to, made her perhaps almost as happy as Jane...*[8] *(op. cit.*, p. 87)

Le narrateur anonyme tout-puissant ne se borne pas, on le voit, à décrire les contenus de conscience de son personnage, il en offre aussi une explication et une interprétation. Cette tendance est sans doute plus marquée encore chez Balzac, même si parfois le narrateur feint de ne pas tout savoir, ainsi dans ce passage du *Père Goriot* (1950, p. 211) qui décrit et explique les sentiments de Delphine Nucingen à l'égard de Rastignac :

> *Quelles que fussent ses raisons, Delphine se jouait de Rastignac et se plaisait à se jouer de lui, sans doute parce qu'elle se savait aimée et sûre de faire cesser les chagrins de son amant, suivant son royal bon plaisir de femme.*

La suite du passage nous transporte dans la conscience de Rastignac, et la transition se fait tout naturellement avec un énoncé en discours indirect classique :

> *Par respect de lui-même, Eugène ne voulait pas que son premier combat se terminât par une défaite...*

Toutefois, qu'il s'agisse de psycho-récit ou de récit de paroles, le

---

8. « Comme Elizabeth n'avait plus de préoccupation personnelle, elle s'intéressa presque uniquement à sa sœur et à Mr. Bingley ; et la série de pensées agréables que fit naître en elle ce qu'elle put observer la rendirent peut-être presque aussi heureuse que Jane... ».

discours indirect classique présente un inconvénient : ses frontières en sont toujours marquées par un verbe introducteur et un subordonnant, dont la multiplication peut présenter une certaine lourdeur, et même nuire à la continuité du récit[9].

5.1.1.1. Le narrateur dominant et le narrateur effacé : dissonance et consonance

Le psycho-récit peut être défini comme la mise en contact de deux subjectivités, celle du narrateur et celle du personnage, et par un certain degré d'équilibre ou de déséquilibre entre deux consciences dont l'une, celle du narrateur, a le pouvoir d'adopter une position prépondérante et de dominer en quelque façon la conscience, et la personnalité même, du personnage – ou, au contraire, de s'effacer, et de placer au premier plan, fût-ce pour un temps, le discours intérieur de l'acteur de l'histoire. Le psycho-récit peut ainsi s'infléchir dans deux directions opposées, *qui tendent à déterminer deux types de récits et romans différents* : dans l'un, plus traditionnel sans doute, le narrateur affirme constamment sa présence en prenant de la distance à l'égard de ses personnages. On observe alors des effets plus ou moins marqués de « *dissonance* »[10]. La distance entre narra-

---

9. Cette observation est faite, à propos de la restitution des paroles, par C. Fromilhague et A. Sancier (1991, p. 45), qui écrivent : « La lecture des romans du XVIIe siècle révèle bien des difficultés inhérentes à la restitution des paroles (longues pages au discours indirect) ». Elles indiquent à juste titre que La Fontaine évite fort bien ces difficultés en faisant alterner, dans ses récits, les trois types de discours rapporté. Les auteurs de fiction des siècles postérieurs font de même, mais leur préférence va en général à l'une ou l'autre des trois formes de discours rapporté. Ainsi, Stendhal et Dostoïevski associent volontiers le psycho-récit à de longs monologues rapportés (citations). Flaubert use des trois techniques.

   Ces remarques ne valent naturellement que pour les romanciers qui ont encore recours au discours indirect classique. On sait qu'une tendance majeure du roman moderne est de donner la parole aux protagonistes du récit au moyen de la citation et, de façon indirecte, au moyen du discours indirect libre.

10. Les termes de *dissonance* et *consonance*, comme ceux qui désignent les trois

teur et personnage, très évidente par exemple dans *Le Père Goriot* de Balzac ou dans *Vanity Fair* de Thackeray, s'associe naturellement avec l'expression des jugements évaluatifs du narrateur, notamment les jugements de valeur. Dans l'autre, au contraire, le narrateur, s'il continue d'assumer sa fonction d'énonciateur - origine, évite de manifester une subjectivité quelconque, et s'efface pour mettre au premier plan la vie intérieure des personnages. Cet effet de « *consonance* », où l'écart tend à disparaître entre conscience narrative et conscience objet de la narration est particulièrement évident chez des romanciers anglo-saxons du début du XXe siècle, notamment Joyce et V. Woolf qui, outre le psycho-récit consonant, ont fréquemment recours au monologue narrativisé.

Les romanciers des siècles classiques et du XIXe siècle prennent assez volontiers de la distance à l'égard de leurs personnages. Le psycho-récit leur donne des occasions multiples de manifester leur maîtrise du récit, d'analyser, expliquer, évaluer la vie intérieure des protagonistes et leurs motivations. L'effet de *dissonance* est d'autant plus perceptible que le lecteur perçoit mieux ce rôle de démiurge joué par le narrateur, qui montre qu'il en « sait » toujours plus que ses héros, et par là les domine. Il peut aller jusqu'à critiquer, parfois de façon ironique, le comportement de certains personnages. On en trouve des exemples chez Jane Austen, chez qui la qualité morale et intellectuelle des acteurs de l'histoire, à côté de leur statut social, est un objet de préoccupation constant, qui donne lieu à des jugements de valeur nombreux, parfois formulés ou suggérés par le narrateur. Ainsi, dès la page trois de *Pride and Prejudice*, après une brève analyse du caractère déroutant de Mr. Bennett, nous lisons, en cinq lignes, un portrait peu indulgent de son épouse :

> Her *mind was less difficult to develope. She was a woman of mean understanding, little information, and uncertain temper. When she was discontented, she fancied herself nervous. The business of her life was to get her daughters married; its solace was visiting and news.*[11]

---

techniques narratives qui servent l'accès à la conscience des personnages, sont ceux qu'emploie D. Cohn (1978).

11. « Son esprit à elle était moins difficile à analyser. C'était une femme

Stendhal et Flaubert, de façon analogue, semblent parfois prendre un malin plaisir à percer à jour leurs personnages et dénoncer l'idée qu'ils se font d'eux-mêmes, mais leurs remarques critiques, toujours brèves, si elles peuvent être ironiques, ne vont pas jusqu'au sarcasme. Au début d'*Armance* (p. 4), Stendhal nous présente ainsi le marquis de Malivert :

> *Fort étourdi et fort riche avant la Révolution, le marquis de Malivert* [...] *se trouvait réduit, par les confiscations, à vingt ou trente mille livres de rente. Il se croyait à la mendicité. La seule occupation de cette tête qui n'avait jamais été bien forte était maintenant de chercher à marier Octave.*

Chez Flaubert, dont les narrateurs sont le plus souvent effacés et laissent parler les événements, on trouve parfois aussi de brèves notations dont l'humour subtil manifeste quelque dissonance à l'égard du héros. Ainsi, à la fin du chapitre 4 de *l'Éducation sentimentale* (*op. cit.*, p. 50), après une analyse de l'état d'esprit de Frédéric où la consonance semble l'emporter, nous lisons :

> *Il se demanda, sérieusement, s'il serait un grand peintre ou un grand poète ; – et il se décida pour la peinture, car les exigences de ce métier le rapprocheraient de Mme Arnoux. Il avait donc trouvé sa vocation ! Le but de son existence était clair maintenant, et l'avenir infaillible.*

Dans ce passage remarquable, et qui appellerait une étude détaillée, il est difficile de ne pas admettre un effet de dissonance humoristique dans le premier et les deux derniers énoncés.

Le roman d'A. Huxley, *Point Counterpoint* (1988, publié en 1928), offre un exemple très remarquable d'utilisation du psycho-récit au service de l'analyse morale et psychologique. Roman d'idées caractéristique, *Contrepoint* fait peu de place à l'action, et l'essentiel du texte peut être schématiquement divisé en conversations, parfois fort longues, mondaines ou intellectuelles, et en passages d'analyse psychologique des protagonistes, où Huxley a recours à des procédés divers, parfois subtilement mêlés, mais où le psycho-récit a

---

d'intelligence médiocre, de savoir limité et d'humeur changeante. Quand elle était mécontente, elle se croyait fatiguée nerveusement. La grande affaire de sa vie était de marier ses filles ; ses seules satisfactions étaient les visites et les nouvelles ».

souvent sa place.

Le roman met en scène tout un groupe de personnages plus ou moins liés les uns aux autres, bien qu'ils appartiennent à des milieux différents. Tous ou presque sont cultivés, intelligents, éloquents et beaucoup, notamment Mark Rampion, dont les théories sont clairement inspirées de D.H. Lawrence, sont à tout instant disposés à discuter du sens de la vie et, à cette occasion, à formuler une justification théorique de leur propre mode de vie. Les citations de paroles occupent ainsi une part importante de l'œuvre et, en cela, les personnages bénéficient d'une grande autonomie : ils se montrent tels qu'ils sont ou tels qu'ils veulent paraître, et le narrateur reste ainsi effacé pendant de longues pages.

Il est permis néanmoins de considérer *Contrepoint* comme l'un des romans où le narrateur exerce le plus efficacement son pouvoir et manifeste le plus sa présence dans l'œuvre prise dans son ensemble : celle-ci laisse au lecteur le souvenir d'une galerie de portraits où chaque protagoniste est caractérisé, essentiellement mais non uniquement, par l'ensemble de ses comportements et des propos qu'il a tenus.

Le psycho-récit n'est naturellement qu'une des techniques narratives qu'utilise Huxley pour parvenir à ce résultat. La dissonance marquée dans les analyses psychologiques manifeste parfois une *simple distance* à l'égard d'un personnage qui, malgré ses faiblesses, ne mérite pas un jugement trop sévère, Walter et John Bidlake par exemple.

Le psycho-récit atteint le *point extrême de la dissonance* lorsqu'il s'agit de nous révéler la vie intérieure de l'incapable prétentieux et solennel qu'est Sidney Quarles. Le passage qui lui est consacré (p. 261-263) fait plus de place à l'analyse explicative qu'au monologue rapporté ; on y trouve très peu de discours indirect classique, et un énoncé qui peut s'interpréter comme du discours indirect libre (« What Rachel did, she did well »)[12]. C'est que, dans le cas de per-

12. « Ce que Rachel faisait, elle le faisait bien ». Rachel est l'épouse de l'incapable Sidney Quarles, et le spectacle de son efficacité est insupportable au mari, ce que Huxley, dans ce passage, nous explique plus qu'il ne le montre.

sonnages aussi inconsistants que Quarles, ou aussi méprisables que l'éditeur Burlap (voir par exemple la dernière page du livre), le psycho-récit dissonant ne s'attache plus guère à suivre les méandres mensongers d'une conscience qui ne cherche qu'à donner et à se donner une image flatteuse des motivations les plus égoïstes et les plus mesquines. Huxley, dans le cas de ce genre de personnages, fait un tableau assez rapide de leur vie intérieure et passe très vite à l'analyse interprétative et ouvertement critique. Il en va autrement de personnages plus estimables, chez qui l'on peut trouver une vie intérieure plus authentique et plus riche, et qui mérite d'être davantage montrée. C'est le cas de personnages comme Rachel Quarles (voir page 263), ou Elinor Quarles (p. 281), qui sont évoqués par un narrateur plus discrètement présent, et qui, en tout cas, s'il laisse percevoir une distance entre lui-même et ses personnages, ne fait jamais d'eux une analyse critique.

Point Counterpoint nous offre donc un exemple remarquable de narrateur dominant qui, tout en laissant parler abondamment ses personnages, laisse voir qu'il les connaît mieux qu'ils ne se connaissent (sauf sans doute Rampion) et, pour certains d'entre eux, *suggère les motivations profondes qui les font agir*, et même parfois les déterminations, sociales ou psychologiques, qui pèsent sur eux : Burlap l'éditeur fait profession de spiritualisme pour dissimuler sa cupidité. Dans le cas de Spandrell l'amoraliste, Huxley nous suggère de son comportement une explication de type psychanalytique, le choc affectif provoqué par le remariage de sa mère[13].

---

13. D. Cohn (1981, p. 45) indique à juste titre que, dans le psycho-récit, en particulier celui où la présence du narrateur est la plus forte, deux directions sont offertes à l'expression du pouvoir cognitif du narrateur : l'expression des jugements de valeur et l'exploration des profondeurs psychiques. Le narrateur de *Point Counterpoint* use, on l'a vu, de ces deux possibilités, mais n'est pas tenté de le faire systématiquement : l'évaluation critique concerne surtout deux personnages, Burlap et Sidney Quarles. Quant à l'explication psychanalytique du discours et du comportement de Spandrell, elle reste implicite, tout en étant offerte à l'interprétation du lecteur par la simple évocation de l'enfance du personnage. L'idée, discutable, que certaines techniques narratives, notamment le monologue intérieur, peuvent seules révéler des niveaux

Dans ce panorama de personnalités et de théories, qui par moments ressemble à une vaste entreprise de déconstruction de la conscience et de la pensée humaines, le psycho-récit n'est pas la seule technique narrative utilisée : Huxley a recours également à la citation de pensées (p. 367 par exemple, dans l'évocation des tristes souvenirs de Marjorie) et au discours indirect libre (p. 281, dans les réflexions inspirées à Elinor Quarles par l'ameublement du bureau de l'homme politique Webley), mais toujours brièvement et par intermittences.

ꕤ

Contrepoint est donc sans doute celui des romans de Huxley où l'emploi fréquent du psycho-récit dissonant illustre particulièrement bien le rôle dominant d'un narrateur anonyme dans la peinture de la vie intérieure des personnages. Si l'on tentait – entreprise bien hasardeuse – de classer les romanciers sur un continuum qui irait du *telling* au *showing*, pour reprendre les termes de la critique anglo-saxonne, ou de la « diegesis » à la « mimesis », Huxley apparaîtrait clairement comme un de ces auteurs qui *racontent* leurs personnages et ne les *montrent* que rarement. En les racontant, il les analyse, les explique et, pour certains, les perce à jour. Il est un représentant moderne très caractéristique de la catégorie des romanciers qui ne dominent pas seulement l'histoire qu'ils racontent et la durée qu'elle occupe, mais la vie intérieure, parfois subconsciente, de leurs personnages.

5.1.1.2. Consonance et émancipation des personnages

C'est une propriété définitoire du récit littéraire de mettre en relation deux instances, un narrateur d'une part, un ou plusieurs personnages d'autre part. On a dès lors des raisons de penser que les modalités de cette relation vont constituer une catégorie fondamentale des récits, peut-être même un principe de classement. Dans la

---

subliminaux de la vie intérieure a été défendue par des partisans de la littérature du « courant de conscience ». Elle est fort éloignée des conceptions et de la pratique de Huxley.

quasi-totalité des œuvres de fiction, la propriété essentielle des personnages est le pouvoir de s'exprimer et, dans nombre de romans modernes, de se parler à eux-mêmes en étant « entendus » par le lecteur. Dans les deux cas, ils ont le statut d'énonciateurs, énonciateurs rapportés par les soins du narrateur et selon les modalités que la langue offre aux narrateurs dans le récit de paroles et le récit de pensées.

On peut déduire de là que le rôle dévolu aux personnages-énonciateurs s'exprime de la façon la plus « naturelle » par la *séparation des voix* : le narrateur a, fondamentalement, la parole pour mettre en place les lieux, les moments, les acteurs de l'histoire, puis, lorsqu'il le juge nécessaire, il donne la parole aux personnages ou se charge de nous faire part, plus ou moins littéralement, de leurs propos et/ou de leurs pensées – à moins de se limiter à nous raconter et analyser leurs pensées et leurs sentiments, auquel cas la conscience des personnages reste l'objet du récit sans que leur « voix » se fasse entendre.

Le psycho-récit dissonant, que nous avons analysé à propos du roman *Point Counterpoint*, réalise pleinement cette séparation des voix et des consciences essentielle à l'intérêt de l'œuvre : le narrateur reste à distance des personnages et, même quand il rapporte les paroles ou les pensées des protagonistes de l'histoire, il ne crée généralement pas d'*ambiguïté sur l'auteur des énoncés*, des idées, des points de vue : la polyphonie qui affecte le discours indirect classique ne fait pas normalement surgir d'ambiguïté énonciative.

Le psycho-récit consonant réalise une *émancipation* plus ou moins marquée du personnage, corrélative de l'effacement du narrateur. Les commentaires et les jugements de valeur de l'omniscient anonyme tendent à disparaître, cependant que les personnages passent au premier plan du récit, non pas par l'usage du droit de parole, qui leur a été reconnu à toutes les époques, mais par le fait que leur vie intérieure tend à constituer l'intérêt essentiel de l'œuvre. Leur discours intérieur doit dès lors être livré au lecteur et fidèlement reproduit, car désormais *le discours du personnage apparaît, d'une façon ou de l'autre, plus intéressant que celui d'un narrateur dominateur détenteur de la vérité*, dont les acteurs de l'histoire sont les créatures qu'il manipule, juge et *construit* à son gré. Ce mouvement littéraire peut être vu comme une réaction contre le roman « traditionnel » qui a prévalu jusqu'au XIXe siècle, et on peut le situer historiquement. Les premiers grands romanciers qui, par des moyens narratifs, et à des degrés divers, ont accordé place et importance à la vie intérieure des personnages, tels Stendhal et Flaubert, peuvent être vus comme les précurseurs du mouvement littéraire qui, au début du XXe siècle, opère une sorte de *renversement* dans l'équilibre narratologique qui régissait la relation narrateur - personnage, et donne naissance notamment au roman du « courant de conscience »[14].

On perçoit aisément qu'un mouvement d'une telle ampleur ne pouvait avoir recours à la seule technique narrative du psycho-récit consonant. Les ressources linguistiques de la citation de pensée et du discours indirect libre peuvent même apparaître comme les instruments privilégiés du roman psychologique à narrateur anonyme. Il n'y a cependant aucune incompatibilité entre ces techniques narratives qui, très souvent, ont été utilisées alternativement dans une œuvre donnée – c'est déjà le cas chez Flaubert. Toutefois, les romanciers « psychologiques » modernes marquent en général une préférence pour l'une ou l'autre de ces techniques. Le psycho-récit consonant, souvent associé au monologue narrativisé, est indispensable au récit dans *A Portrait of the Artist as a Young Man* (Joyce, publié en 1916) ; le monologue intérieur sous la forme du discours indirect libre est la technique dominante dans le *Planétarium* de N. Sarraute (1959).

Le phénomène de consonance, qui est défini par D. Cohn en relation avec le psycho-récit, apparaît dès lors comme susceptible d'être appliqué à *toutes les techniques narratives* qui visent à *donner une représentation de la conscience des personnages*. Malgré l'impression de neutralité que peut donner le monologue rapporté, citation théori-

14. Le rôle fondamental donné à la représentation littéraire des mouvements de conscience des personnages a même reçu une justification théorique, voire proprement philosophique chez des auteurs et des critiques comme V. Woolf, Joyce, N. Sarraute, G. Blin, C.E. Magny, Sartre. Sous sa forme la plus abstraite, cette justification, est l'idée que « la vraie vie est la vie intérieure ».

quement littérale des pensées d'un personnage, ce procédé narratif comporte lui aussi des degrés de dissonance ou de consonance, explicités souvent dans le *contexte* introducteur, ou suggérés par le *contenu* même de la citation. Il en est de même du monologue narrativisé (le discours indirect libre) qui souvent réduit, voire annule, la distance du narrateur au personnage, mais peut aussi la maintenir.

Dissonance et consonance caractérisent ainsi inévitablement tout texte où un narrateur met en scène des personnages dont les paroles et les pensées sont, sur un mode ou sur l'autre, communiquées au lecteur : le problème de la distance que prend le narrateur à l'égard des paroles et monologues rapportés se pose toujours, et tout texte qui rapporte ou reproduit le discours, audible ou strictement intérieur, d'un personnage se caractérise par un certain degré de dissonance ou de consonance.

Sans trop courir le risque d'une simplification abusive, on peut considérer que les romans antérieurs au milieu du XIXe siècle ont le psycho-récit dissonant pour technique narrative fondamentale. C'est le cas, par exemple, de *La Princesse de Clèves* (publié en 1678), où la peinture des sentiments occupe une place prépondérante, où l'on trouve cependant un passage en monologue intérieur dans lequel un débat intérieur qui agite l'héroïne est reproduit par citation de pensées (1948, p. 330).

Il existe une affinité très forte entre le psycho-récit et la mise à distance, plus ou moins marquée, de la vie intérieure des personnages. On peut la constater, outre les romans des siècles classiques, dans des œuvres plus récentes, comme *Mort à Venise* de Th. Mann, étudié par D. Cohn, ou *Contrepoint* de Huxley, évoqué plus haut. En revanche, *le psycho-récit consonant* peut passer pour une rareté, qui donnera naissance à une œuvre de caractère expérimental. Un exemple éminent de ce choix littéraire est le roman de Joyce déjà cité, *A Portrait of the Artist as a Young Man*. Ici, comme le dit D. Cohn, le narrateur qui reste néanmoins présent en tant que repère-origine, *tend à une identification avec le personnage central* Stephen Dedalus : les faits rapportés sont ceux qui intéressent le héros, l'histoire est vue à travers son regard, et le style même du récit reflète exactement l'idiolecte du personnage, tel qu'il évolue à travers les périodes successives de sa vie[15]. Le degré de consonance atteint par le récit dans *Portrait* ne peut être dépassé : nous sommes ici à une limite et si, dans les passages en psycho-récit, on remplaçait le nom propre *Stephen Dedalus* par le pronom de 3e personne *he*, on obtiendrait des monologues narrativisés.

Outre le psycho-récit à consonance maximale, qui efface presque totalement le narrateur en ne lui laissant que la responsabilité des repérages fondamentaux, les temps et les personnes, l'œuvre de Joyce utilise les autres techniques narratives, monologues rapportés et narrativisés, pour émanciper presque totalement son héros de la tutelle du narrateur et nous faire voir toute l'histoire à travers son regard. Les passages mêmes qui relèvent du récit factuel *empruntent* fréquemment le point de vue du personnage central, selon une technique narrative très remarquable qui sera examinée plus loin (6.2.5), dont Joyce est peut-être le représentant le plus éminent.

5.1.2. Le monologue rapporté (la citation de pensée)

Des trois types de discours rapporté, la citation, qu'elle soit de parole ou de pensée, est linguistiquement le plus simple (cf. sur ce point le chapitre 3). Elle consiste à répéter des propos ou des pensées attribuables à une tierce personne, de façon théoriquement littérale, donc fidèle, et dont l'énonciateur-rapporteur a connaissance. La propriété la plus évidente de la citation, à la fois des points de vue linguistique et narratologique, est qu'elle implique une *rupture énonciative* : l'énoncé cité est extrait d'un discours ancré dans une situation d'énonciation qui n'est pas celle du rapporteur, et il n'est pas *énoncé* par lui. Cette rupture est traditionnellement marquée par la *ponctuation* (deux points et guillemets), ce qui a l'effet, généralement ressenti comme fâcheux, de souligner la discontinuité du texte. Ainsi s'explique la tendance fréquente des auteurs à faire l'économie des guillemets en même temps que, pour assurer l'insertion de la citation

15. Voir notamment les pages 47-50 (*op. cit.*) où D. Cohn cite l'expression, due à Léo Spitzer, de « contagion stylistique » qui marque à quel point le style du narrateur est influencé, « contaminé » même, par des expressions, poétiques ou dialectales, que l'on doit attribuer au personnage.

dans le récit, ils usent de l'incise, les deux procédés ayant, l'un et l'autre, l'avantage d'atténuer l'effet de la rupture énonciative. Dans un roman où les monologues rapportés sont nombreux, *Armance*, Stendhal écrit ainsi (1948, p. 16) :

> *« Grand Dieu, se dit-il, il n'y a donc plus d'exception à la bassesse de sentiments de toute cette société ?... »*[16]

La frontière que marquent les guillemets disparaît fréquemment, en particulier lorsque la citation de pensée s'insère dans un contexte déjà consacré à la vie intérieure du personnage, psycho-récit ou monologue narrativisé. L'exigence narratologique d'assurer au texte la meilleure continuité possible l'emporte souvent sur les règles, au statut d'ailleurs fluctuant, qui régissent la ponctuation. On atteint dans ce domaine une limite avec les romans du courant de conscience où, spécialement à partir de l'*Ulysse* de Joyce, le monologue rapporté n'est plus signalé comme tel, sinon par son contenu. Cette disparition de la ponctuation comme marque des citations est très remarquable, par exemple, chez N. Sarraute.

5.1.2.1. Monologue intérieur et courant de conscience

Certains critiques considèrent qu'on ne peut qualifier de monologues intérieurs des textes antérieurs au mouvement du courant de conscience ; d'autres vont plus loin encore et considèrent qu'il n'y a véritablement monologue intérieur que si le texte nous livre, à l'état brut, des contenus de conscience à peine verbalisés, des fragments d'énoncés, en un mot *une pensée non encore vraiment élaborée*. Bien qu'écrit en discours indirect libre, le début de *Planétarium* de N. Sarraute illustre ce type de discours intérieur :

---

16. Il arrive qu'un romancier ne recule pas devant la solution un peu étrange qui consiste à introduire un monologue intérieur rapporté au moyen d'un verbe de pensée antéposé. C'est le cas de Gide dans *Les faux-monnayeurs* (1975, p. 59), qui écrit :

    Il pensa : « Le difficile dans la vie, c'est de prendre au sérieux longtemps de suite la même chose. »

    Ce procédé syntaxique peut être rangé parmi les originalités et les archaïsmes pour lesquels Gide avait un goût marqué.

Non vraiment, on aurait beau chercher, on ne pourrait rien trouver à redire, c'est parfait... une vraie surprise, une chance... une harmonie exquise, ce rideau de velours...

Bien que les romanciers du courant de conscience, de Joyce au Nouveau Roman, aient fait du monologue intérieur une ressource littéraire fondamentale, et qu'ils l'aient souvent utilisé pour mettre au jour des pensées rudimentaires en cours d'élaboration, il n'y a pas de raison déterminante de limiter le monologue intérieur à des textes plus ou moins chaotiques, parfois présentés comme l'expression d'états de conscience en voie de verbalisation, ou même presque subliminaux.

Il n'est pas sans intérêt de noter que, si l'on peut voir dans le monologue intérieur, sous ses deux formes, une technique narrative moderne, elle n'est pas pour autant une invention du XXe siècle. On trouve ainsi dans *La Princesse de Clèves* un monologue rapporté (déjà mentionné), consacré à un débat intérieur de l'héroïne (*op. cit.*, p. 330). Le *Tom Jones* de Fielding contient un chapitre entier consacré à « une conversation que Tom eut avec lui-même ».

Les monologues intérieurs rapportés deviennent un moyen d'analyse usuel au XIXe siècle chez des romanciers comme Stendhal ou Dostoïevski. Dans *La Chartreuse de Parme*, Fabrice commente fréquemment pour lui-même les situations périlleuses où il se trouve, notamment lors de la bataille de Waterloo ; la duchesse Sanseverina (*op. cit.*, p. 264-269) s'interroge longuement sur les moyens qui s'offrent à elle de rester auprès de son neveu. Dans *Crime et châtiment* (1957, p. 71-79), Raskolnikov, en un long monologue entrecoupé d'énoncés narratifs ou en psycho-récit, s'indigne du mariage envisagé pour sa sœur Dounia, et recherche les moyens d'empêcher le sacrifice que cette union représente.

Le discours intérieur que se tiennent ces personnages ne se distingue guère, par sa syntaxe et son style, de celui qu'ils tiendraient dans une conversation. C'est un discours qui reste construit, même dans les moments de crise, de débat intérieur ou de désarroi, où l'on voit seulement se multiplier des structures syntaxiques, interrogatives, exclamatives, qui marquent l'agitation intérieure du personnage. Dans le roman moderne, le monologue rapporté, en dehors même des romans de courant de conscience, reste une technique narrative vivante. Chez des romanciers qualifiés, parfois avec quelque condescendance, de « béhavioristes », tel Hemingway, la prédominance du récit d'événement n'exclut nullement l'intérêt porté à la psychologie des hommes plongés dans une action brutale ou meurtrière : dans *For Whom the Bell Tolls* (1955), le narrateur anonyme nous informe régulièrement des pensées, émotions, souvenirs, supputations qui traversent la conscience de Robert Jordan. De brèves, mais nombreuses, citations de pensée, toujours introduites par des incises du type « *he thought* », « *he said to himself* » (on en trouve treize dans les cinq pages du chapitre 30), déclenchent fréquemment des passages en discours indirect libre, ou permettent au monologue rapporté de se poursuivre. On lit par exemple au chapitre 8 (p. 73) :

> *It is bad, Robert Jordan thought. This is really bad. Here is a concentration of planes which means something very bad. I must listen for them to unload.*[17]

Des citations de pensée de ce type, qui sont supposées reproduire la pensée du héros, sans pour autant nous révéler les profondeurs obscures de sa conscience, méritent pleinement le nom de monologue intérieur. La syntaxe disloquée de certains monologues rapportés de Joyce, Faulkner ou N. Sarraute ne caractérise qu'un type particulier de monologues intérieurs. La justification de ces monologues, qui visent à reproduire un niveau pré-discursif de l'activité de la conscience, est l'idée que les pensées et les états de conscience ne trouvent pas d'emblée une expression linguistique construite, donc qu'*à un certain niveau, la pensée a une existence pré-linguistique*[18]. Quelque réponse que l'on tente de donner à ce vaste

---

17. « Mauvais, pensa Robert Jordan. Vraiment mauvais. Cette concentration d'avions est un très mauvais signe. Il faut que j'écoute pour savoir où ils lâchent leurs bombes ».

18. Il y a une grande différence entre l'idée qu'il existe des étapes dans la formation des pensées et l'idée que le discours chaotique de certains monologues intérieurs permet de reproduire un niveau préconscient de l'activité mentale.

problème des rapports entre langue et pensée, reconnaître l'intérêt littéraire des œuvres du courant de conscience n'oblige pas à exclure du monologue intérieur les citations de pensée des nombreux romans, de *La Princesse de Clèves* à *La Condition humaine*, dont le style n'est pas radicalement différent de celui de la conversation.

5.1.2.2. Consonance et dissonance dans le monologue intérieur rapporté

Le monologue rapporté étant censé reproduire fidèlement l'activité de la conscience du personnage, on pourrait penser que son emploi manifeste une forme de neutralité « objective » du narrateur à l'égard du personnage. Il n'en est pourtant pas toujours ainsi : si la citation donne la parole au personnage, le *contexte* narratif permet au narrateur d'éclairer le monologue d'un jour favorable ou défavorable, et en particulier d'évaluer le *degré de lucidité* dont il fait preuve. Stendhal, qui fait volontiers s'exprimer la conscience de ses héros, autorise assez souvent ses narrateurs à porter un jugement sur leurs conceptions ou leurs ambitions. Ainsi, dans *Armance*, nous voyons se succéder trois monologues intérieurs au cours desquels Octave se persuade d'abord, sans raison valable, de la bassesse

---

Personne sans doute ne songerait à prétendre que l'inconscient peut s'exprimer par un texte, même dans des monologues aussi déconstruits qu'on le voudra. Il n'est guère qu'un procédé (qui n'est pas une *technique* narrative) qui appelle clairement et suggère une interprétation psychanalytique : c'est, on n'en sera pas surpris, le récit des *rêves*. Dostoïevski nous en donne un exemple remarquable dans *Crime et châtiment* (1957, p. 92-99) : alors qu'il est poursuivi et tourmenté par son dessein criminel, Raskolnikov fait un long rêve, dont la scène centrale nous montre un paysan ivre qui s'acharne sur son « pauvre petit cheval » et le frappe sauvagement à coups de fouet, puis de barre de fer, jusqu'à le tuer. L'image des coups répétés d'un instrument métallique (le mot « hache » est même prononcé) évoque clairement celle des coups de hache qui tueront la vieille usurière, puis sa sœur Élisabeth. Notre propos n'est pas de proposer une analyse freudienne de ce rêve, d'ailleurs assez transparent, mais il est bien difficile de nier qu'il fait surgir l'image horrible du meurtre que Raskolnikov refuse de se représenter tel qu'il se déroulera concrètement, et qui ne saurait atteindre sa conscience à l'état de veille, sous quelque forme que ce soit.

d'Armance (p. 16), puis de son propre manque de modestie (p. 18), pour envisager finalement, « avec la surprise gaie d'un enfant », l'usage qu'il fera de sa fortune (p. 19). Le narrateur *prend clairement de la distance* à l'égard du premier monologue, d'où un effet de *dissonance* marqué. Il fait de même dans le passage narratif qui commente le troisième de ces monologues :

> *Et l'homme, qui pendant trois quarts d'heure venait de songer à terminer sa vie, à l'instant même montait sur une chaise pour chercher dans sa bibliothèque le tarif des glaces de Saint-Gobain.*

Chez Stendhal, chez Flaubert même, dont pourtant les narrateurs restent généralement effacés, chez des romanciers comme Sartre, dont un thème favori est la mauvaise foi, les monologues intérieurs peuvent, plus ou moins fréquemment, exprimer les complaisances, les illusions ou l'inconsistance des personnages. L'effet de distanciation qui en résulte peut naître du psycho-récit ou du commentaire qui accompagnent la citation de pensée, ou du contenu même de la citation.

Inversement, un effet de *consonance* parfois discret peut être perçu dans des romans dont le narrateur, *fondamentalement peu présent* dans le récit, peut laisser deviner une certaine sympathie pour les héros et leurs conceptions du monde. Dans *For Whom the Bell Tolls* et *La Condition humaine*, dont pourtant les narrateurs restent effacés, n'usent guère de termes évaluatifs ou affectifs, le texte suggère subtilement au lecteur un sentiment de sympathie ou au moins d'estime pour les acteurs des conflits où se place l'action, Robert Jordan chez Hemingway, Tchen et Kyo en particulier chez Malraux. Dans les deux cas, nous voyons l'histoire comme ils la voient. Dans les deux cas, nous avons affaire à des hommes qui risquent leur vie pour une cause qu'ils croient juste, et dont la vie intérieure nous garantit les qualités humaines. Les citations de pensée ne sont qu'une des techniques narratives qui représentent cette vie intérieure, mais elles contribuent souvent à rapprocher le narrateur des personnages. Les monologues rapportés de Robert Jordan manifestent tantôt ses qualités de combattant, sa lucidité, son esprit de décision, tantôt ses qualités d'homme, son sens de la solidarité, son souci de comprendre ses compagnons d'armes espagnols. Chez Malraux, les citations de pensée, plus rares et plus brèves, jouent un rôle analogue. Ainsi, dans la scène initiale, après un passage en psycho-récit et un monologue narrativisé qui montrent les sentiments complexes de Tchen au moment d'exécuter un trafiquant d'armes, nous lisons une citation de pensée très brève mais très profonde : « Assassiner n'est pas tuer » (p. 10).

Les relations de consonance ou de dissonance entre narrateur et personnages caractérisent naturellement mieux le psycho-récit, où elles sont facilement explicitées par le narrateur, que les monologues rapportés : c'est le narrateur qui met en scène les personnages, les raconte, les évalue s'il le souhaite, et non l'inverse. Pourtant, les monologues rapportés des personnages, à la fois par leur contexte, leur contenu et leur style contribuent à nous présenter les acteurs de l'histoire sous un certain jour. Comme l'écrit D. Cohn, ils « parcourent tous les degrés de l'authenticité » (*op. cit.*, p. 101) : des projets futiles de l'Octave de Stendhal évoqués plus haut aux périls mortels qu'affrontent le guérillero d'Hemingway ou le révolutionnaire de Malraux.

5.1.2.3. Monologue rapporté et monologue de théâtre : modalités énonciatives

Il est naturellement nécessaire, en littérature, de distinguer monologue et dialogue. Quant à la distinction entre monologue strictement intérieur et monologue audible, elle ne mérite aucun statut théorique, et n'a pas d'importance réelle des points de vue narratologique ou énonciatif. Dans la vie quotidienne comme en littérature, un être humain peut, à peu près indifféremment, « penser », ou « se dire » quelque chose. Les écrivains qui utilisent fréquemment la citation de pensée écrivent tantôt « pensa-t-il » (*he thought*), tantôt « se dit-il » (*he said to himself*), sans qu'on puisse distinguer de différence réelle entre les citations insérées dans le récit par ces deux types d'incises. La vraie caractéristique du monologue est qu'il ne s'adresse pas à un interlocuteur, et donc n'est pas tenu d'être intelligible, ni même audible pour autrui. Dès lors, le mot « intérieur », dans « monologue intérieur » n'a pas pour fonction de désigner un type de monologue par opposition à un autre, mais seulement de *souligner la propriété définitoire du monologue qui est de ne pas s'adresser à un autre locuteur.*

Cette propriété est naturellement commune aux monologues rapportés des récits de fiction et aux monologues de théâtre, qui ont été examinés, sous l'angle énonciatif, au début du chapitre 2. Ce que nous avons admis des monologues et apartés de théâtre vaut également des monologues rapportés des romans :

a. Le monologue n'échappe pas à la fonction de tout usage des langues naturelles, qui est de communiquer. Il implique donc, d'une certaine façon, l'existence d'un destinataire[19].

b. Les analyses du monologue, qu'elles soient « traditionnelles » ou « énonciatives », postulent toutes que le monologue résulte d'un « *dédoublement* » dans la personnalité de l'énonciateur : il se « parle à lui-même », c'est-à-dire qu'une part de lui-même s'adresse à une autre. Par exemple sa conscience morale s'adresse à sa volonté, pour l'exhorter à faire le bien et ne pas céder à la tentation ou encore, exemple moins théâtral, son intuition s'adresse à son jugement pour le persuader que la réalité est bien telle qu'elle vient d'être révélée.

c. Ce dédoublement instaure un destinataire qui est parfois linguistiquement repérable par l'emploi des pronoms personnels. Dans des situations où existe un *débat* intérieur entre des motivations divergentes, on pourra trouver le pronom de 2e personne, éventuellement accompagné d'un vocatif. Dans le célèbre « Rentre en toi-même, Octave » de Corneille, la conscience morale du héros s'adresse à sa volonté incertaine pour l'exhorter à suivre la loi morale. L'emploi de la 2e personne marque la séparation, le déchirement du personnage entre des tendances opposées.

---

19. Dans le cadre d'une linguistique énonciative, il convient de préciser le statut énonciatif de ce destinataire construit par l'énonciateur qui monologue. Nous avons indiqué au chapitre 2 qu'il peut être le produit d'un *dédoublement* de cet énonciateur, mais aussi une entité quelconque, physique ou morale, ou encore un interlocuteur *absent*, et doit être compris comme résultant d'un « repérage fictif » (sur ce point, voir chapitre 7).

On trouve d'autre part des situations où *l'accord* est réalisé entre deux tendances primitivement opposées. Dans ce cas, leur union est manifestée par l'emploi du pronom de 1re personne du pluriel : « Courons à la vengeance » (*Le Cid*, I, 6) indique qu'une décision est prise qui réunit les deux tendances initialement ou virtuellement opposées.

Le monologue rapporté doit être ainsi défini comme un dialogue avec soi-même. On peut vérifier aisément qu'il ne peut être caractérisé comme monologue par aucune marque linguistique et, dans les énoncés tels que ceux qui viennent d'être cités, le destinataire pourrait fort bien être une autre personne, distincte du personnage qui monologue.

Une analyse énonciative permet également de définir simplement le contraste entre monologue et récit : *le récit a le lecteur pour destinataire,* et tout pronom de 2e personne ou vocatif réfère au lecteur ; *dans le monologue, le personnage est à la fois énonciateur et destinataire,* et il ne saurait donc s'adresser au lecteur.

Les monologues rapportés des récits de fiction sont linguistiquement analogues aux monologues de théâtre, et ils doivent donc présenter les mêmes propriétés énonciatives. Ils sont, eux aussi, des dialogues du personnage avec lui-même. *Cette propriété doit se manifester dans les moments où s'effectue le dédoublement* qui fait surgir dans le texte l'entité psychologique qui jouera le rôle de destinataire, provoquant l'apparition des pronoms *tu* ou *nous*, des vocatifs et des optatifs-impératifs de 1re personne du pluriel. Ces moments sont, comme au théâtre, des moments de *débat intérieur*, d'incertitude, parfois de déchirement, éventuellement suivis de réconciliation avec soi-même.

Au chapitre 4 de *Crime et châtiment*, le grand monologue de Raskolnikov (*op. cit.*, p. 71-78) nous « montre », au sens narratologique, la crise intérieure déclenchée par l'annonce du projet de mariage de la sœur du héros, Dounia, mariage que Raskolnikov voudrait empêcher à tout prix. Le caractère dialogique du monologue apparaît clairement dans les moments où le dialogue avec soi-même devient un *débat* : la forme du dialogue apparaît avec le pronom de 2e personne, et les actes de langage de type conatif (questions, exhortations, appels à l'évidence, etc.). Ainsi, après avoir décidé que le mariage de sa sœur ne se ferait pas (p. 78 : « Cela ne sera pas, moi vivant »), Raskolnikov fait retour sur lui-même et s'exhorte à prendre conscience de son impuissance à changer le cours des choses :

Cela ne sera pas ? Mais que feras-tu donc, pour que cela ne soit pas ? Tu le leur interdiras ? Mais de quel droit ? Que peux-tu leur permettre en retour, pour exercer un tel droit ? Leur consacrer toute ta vie, tout ton avenir quand tu auras fini tes études et trouvé une situation ?

Le personnage, soudain conscient des réalités, construit un destinataire nourri d'illusions, qu'il interpelle pour l'obliger à voir la réalité telle qu'elle est. Ce « co-énonciateur », érigé par l'énonciateur à partir de lui-même, est déterminé, du point de vue énonciatif, par une « différenciation » qui a un fondement psychologique et explique l'apparition du pronom *tu*, des vocatifs et des actes de langage caractéristiques d'un débat.

Le monologue de Raskolnikov est exceptionnellement représentatif des dissociations qui permettent à un personnage de dialoguer avec lui-même en usant de la 2e personne : en une vingtaine de lignes, on trouve douze pronoms *tu*, et deux vocatifs ; en outre, tous les énoncés sont marqués, en termes culioliens, par une modalité de type « intersubjectif » ; en termes de la théorie des actes de langage, le passage est presque entièrement constitué d'appels à l'évidence sous forme interrogative (questions rhétoriques) ou assertive et d'exhortation de forme impérative.

Lorsque le dédoublement du moi qui rend possible le dialogue intérieur implique non pas affrontement, mais réconciliation ou simplement unité de pensée, le *tu* qui marque un face-à-face disparaît au profit d'un *nous* qui marque l'accord et l'unité de pensée. On en trouve un exemple au début du monologue de Raskolnikov :

Eh bien, nous allons voir s'il y a un moyen ou non !

Cet emploi du pronom *nous*, souvent associé à l'optatif-impératif de 1re personne du pluriel est fréquent dans les monologues et apartés de théâtre. Il apparaît, comme ici, dans des énoncés liés à une décision de passer à l'action, décision présentée comme commune aux parties en présence, qui ont pu par ailleurs s'affronter.

Ces deux emplois des pronoms et des types d'actes de langage qui leur sont associés se rencontrent dans le grand monologue de la Sanseverina (*La Chartreuse de Parme*, p. 262-268). Dans un premier temps, la duchesse est déchirée par un dilemme, qui va rendre possible l'emploi des deux types de pronoms de dialogue. Elle réagit en s'exhortant à trouver une solution :

Je m'égare... Voyons, revenons au vrai ; envisageons de sang-froid l'exécrable position où je me suis plongée comme à plaisir.

Un peu plus loin, ayant projeté de fuir le despotisme, elle laisse s'exprimer la loi morale qui exige qu'elle sacrifie son amour pour Fabrice ; le déchirement intérieur s'exprime par le *surgissement du* ***tu*** *et des vocatifs* :

Allons, marche, malheureuse femme ; fais ton devoir ; va dans le monde, feins de ne plus penser à Fabrice. (p. 264)

Comme c'est le cas lorsque l'unité intérieure du personnage n'est pas menacée, ou lorsqu'elle est rétablie après le débat moral qui a fait surgir le dialogue intérieur, le personnage revient à l'emploi du *Je* dont la fonction est de dénoter l'énonciateur. Bien qu'elle envisage encore bien des difficultés, dans toute la fin du monologue la duchesse ne se désigne plus que par le pronom de 1re personne. On est donc apparemment revenu aux conditions « normales » d'utilisation du langage pour communiquer avec autrui. Pourtant il n'en est rien, puisque le soliloque se poursuit. Se pose alors le problème de l'*identité du destinataire*. Les monologues de théâtre apportent à cette question diverses réponses, en termes psychologiques et/ou stylistiques. Le nouveau destinataire, nécessairement extérieur ou personnage, peut être une entité abstraite, que l'énonciateur construit et érige en destinataire ; il peut s'agir du destin ou des dieux, comme dans les stances de Rodrigue (*Le Cid*, I, 6) :

Ô Dieu l'étrange peine !
En cet affront, mon *père est l'offensé...*

Il peut s'agir de la personnification d'un objet matériel *(ibid.)* :

Digne ennemi de mon plus grand bonheur
Fer qui causas ma peine...

Dans les monologues de roman, il s'agit plutôt d'une *personne ab-*

sente dont seule la représentation peut, repérée fictivement, être traitée comme un destinataire. C'est le cas dans le monologue de la duchesse Sanseverina :

> *Hélas, pauvre Fabrice, à quoi cela te servira-t-il ?* (p. 263)
>
> *Pauvre Fabrice, que ne peux-tu être ici un instant avec moi.* (p. 266)

Dans les emplois de ce type, la présence de *Je* ne permet plus de définir le monologue comme un dialogue avec soi-même : il n'y a plus dédoublement du personnage, et l'on voit apparaître *un autre type de destinataire fictif*, qui reste muet, mais est *extérieur à l'énonciateur*, de sorte que le monologue se présente comme un *dialogue ordinaire tronqué*, où les réparties du destinataire sont absentes, bien que le personnage puisse feindre d'avoir reçu une réponse, comme le fait le héros de Camus dans *La Chute*[20].

Les monologues rapportés qui sont, du point de vue énonciatif, des *dialogues intérieurs*, présentent ainsi, dans des romans d'époques très différentes, et même parfois des romans du courant de conscience, l'intérêt psychologique de faire vivre de façon presque théâtrale les moments de crise et de débat intérieur que traverse le personnage.

5.1.3. Le monologue narrativisé (le discours indirect libre)

Le phénomène narratologique du monologue narrativisé (*narrated monologue*) est en corrélation avec le phénomène linguistique du discours indirect libre : il ne s'exprime que par lui (mais l'inverse n'est pas vrai, le discours indirect libre pouvant servir à rapporter des discours qui n'ont rien d'intérieur).

---

20. Le texte de *La Chute*, on le sait, écrit en 1re personne, s'adresse à un interlocuteur désigné par des vocatifs tels « monsieur » ou « cher compatriote ». Mais ce personnage est censé prendre parfois la parole, et le héros de Camus, sans jamais le citer, répond parfois à ses objections et remarques diverses. Ainsi (1956, p. 28) :

    Vous comprenez maintenant ce que je voulais dire en parlant de viser plus haut.

    ou encore (p. 35) :

    Je vois que cette déclaration vous étonne.

Le discours indirect libre est un phénomène linguistique tout à fait remarquable, et d'une extrême originalité du point de vue énonciatif. C'est sans doute là la raison pour laquelle il a été identifié assez tard[21] : jusqu'au début du XXe siècle, il semble être passé inaperçu, ou avoir été considéré comme un fait marginal, notamment par la majorité des critiques anglo-américains. Les critiques français contemporains, tels Todorov et Genette, ne voient pas son importance ni son originalité. Genette (1972, p. 192) le considère comme une variante du discours indirect classique, pour refuser ensuite (1983, p. 35) d'entrer dans une controverse linguistique qui lui paraît de peu d'intérêt.

Le caractère paradoxal du discours indirect libre réside dans *un type particulier de polyphonie* qui fait son intérêt littéraire : *il réalise une interaction absolument originale entre monologue et récit*. L'énonciateur y est le narrateur primaire, de sorte qu'un texte en discours indirect libre s'intègre sans difficulté à un contexte narratif. Mais ce narrateur - énonciateur est aussi discret qu'il est possible, et se borne au rôle de *repère-origine* des marques de temps et des pronoms personnels : pour le reste, le lecteur entend les mots du personnage qui monologue. Le narrateur, qui a la parole et *peut s'adresser au lecteur comme dans le reste du récit*, ne parle pas pour lui-même mais uniquement avec les mots du personnage, dont il se fait une sorte de *porte-parole* (sur ce point, voir le chapitre 3). C'est en cela que le discours indirect libre, utilisé pour rapporter les pensées, donne naissance au phénomène narratologique du monologue narrativisé, qui est la deuxième technique narrative du *monologue intérieur* : comme avec le monologue rapporté, nous sommes mis en contact avec la conscience du personnage, mais ce contact est assuré par la médiation du narrateur, qui transforme le monologue en un récit qui est le sien.

De façon peut-être paradoxale, c'est chez les romanciers réalistes du XIXe siècle (mais aussi chez Stendhal) que le discours indirect libre devient une technique reconnue, et c'est alors généralement

---

21. M. Bakhtine (1929, publié en 1977), qui lui consacre le dernier chapitre de son livre et, avant lui, la thèse de M. Lips (1926) sont peut-être les deux premiers travaux qui l'analysent de façon approfondie, après de rares études antérieures à 1914, dont une de Charles Bally.

pour servir le récit de pensées, sous la forme du monologue narrativisé. Comme on l'a remarqué, tout se passe comme s'il permettait alors de *réintroduire la subjectivité*, celle des personnages, dans des récits anonymes qui se présentent comme fondamentalement objectifs, chez Balzac et Flaubert notamment, puis chez les romanciers naturalistes. On sait d'autre part le rôle prépondérant qui est le sien au XXe siècle dans le roman français et anglais du courant de conscience, même si la relation entre phénomènes linguistiques et techniques narratives a rarement été élucidée, et si certains critiques se demandent encore comment exactement on doit distinguer et rapprocher le monologue intérieur (concept narratologique) et le discours indirect libre (concept linguistique).

La richesse des ressources littéraires que renferme le discours indirect libre repose sur trois propriétés linguistiques.

La première, déjà mentionnée, est *l'absence de toute rupture énonciative* provoquée par le surgissement d'un énoncé en discours rapporté dans un récit. Dans un contexte d'analyse psychologique, un énoncé relevant du monologue narrativisé est spontanément perçu comme tel, ou du moins *peut l'être*, dès lors que son contenu s'y prête. La *continuité discursive* est ainsi assurée, contrairement à ce qui se passe avec le monologue rapporté. Même chez les auteurs qui, à toutes les époques, se sont dispensés des marques de ponctuation, le changement de voix reste perceptible avec l'apparition du monologue rapporté, alors qu'il est en quelque sorte gommé dans le monologue narrativisé, l'énonciateur étant inchangé.

Évoquant les projets que Mme Moreau forme au sujet de son fils Frédéric, Flaubert écrit ainsi, dans *l'Éducation sentimentale* (p. 57) :

> *Mme Moreau nourrissait une haute ambition pour son fils. Elle n'aimait pas à entendre blâmer le Gouvernement, par une sorte de prudence anticipée. Il aurait besoin de protections d'abord.*

La transition du psycho-récit au monologue narrativisé ne saurait se faire plus aisément. Cet exemple, très caractéristique de l'usage que fait Flaubert des formes du discours rapporté, est de ceux qui permettent de considérer le monologue narrativisé comme l'instrument privilégié du monologue intérieur. Généralement introduit par un énoncé en psycho-récit ou en monologue rapporté, le monologue narrativisé tend à effacer une discontinuité narrative stylistiquement fâcheuse : un passage en monologue narrativisé s'insère sans difficulté entre un fragment de psycho-récit et la poursuite du récit d'événements.

La deuxième propriété essentielle des énoncés en monologue narrativisé est leur *ambiguïté énonciative* : en dehors de quelques rares faits linguistiques qui caractérisent les énoncés en discours indirect libre[22], le monologue narrativisé se présente comme du récit, et son contenu peut même parfois être attribué au narrateur. Son identification est donc une question d'interprétation, comme cela apparaît dans ce bref passage de *La condition humaine* (p. 14), extrait de la scène initiale du meurtre :

> *Et il n'avait pas encore pris le papier pour lequel il avait tué cet homme. / Les vêtements étaient accrochés au pied du lit, sous la moustiquaire. / Il chercha dans les poches. / Mouchoir, cigarettes... / Pas de portefeuille. / La chambre restait la même : moustiquaire, murs blancs, rectangle net de lumière.*

Le premier énoncé peut indifféremment être vu comme une notation du narrateur ou la transcription d'une pensée de Tchen, le héros, qui découvrirait qu'il a tardé à remplir sa mission.

Le deuxième énoncé exprime le point de vue d'un témoin oculaire : c'est vraisemblablement celui de Tchen, qui cherche le document objet de sa mission. L'interprétation « monologue narrativisé » est dominante.

Le troisième énoncé est clairement dû au narrateur.

Les quatrième et cinquième énoncés, en vertu notamment du verbe « chercher » qui fonctionne ici comme « déclencheur » de discours indirect libre, sont du monologue narrativisé : ils représentent clairement la pensée de Tchen, qui énumère pour lui-même les objets découverts et non découverts. En outre, le *style* elliptique est naturellement compris comme étant celui d'un monologue intérieur plutôt que d'un énoncé narratif, dans une œuvre où le récit conserve une syntaxe construite.

---

22. Voir sur ce point 3.4.1. Les marques linguistiques du discours indirect libre sont plus nombreuses en anglais qu'en français.

Enfin, le dernier énoncé poursuit vraisemblablement le monologue intérieur du personnage, qui parcourt un instant du regard la chambre du meurtre, comme pour voir si rien n'y est changé, ce que confirme d'ailleurs l'énoncé suivant (non cité ci-dessus) : « le meurtre ne change donc rien ».

Ainsi, dans un paragraphe dont la continuité discursive n'est pas mise en péril, et qui est fondamentalement narratif, de subtils changements de point de vue peuvent être perçus : le narrateur primaire peut parler tantôt en son nom, tantôt au nom de son personnage grâce à l'alternance discrète du récit et du monologue narrativisé.

La *troisième propriété* linguistique cruciale du discours indirect libre est le fait que le lien entre le personnage et son discours n'est pas explicité : dans un contexte narratif, il suffit qu'un énoncé ou un simple terme évoque l'activité consciente d'un personnage pour que l'énoncé suivant puisse être perçu comme relevant du monologue narrativisé. Le monologue se fond dans le récit, contrairement au psycho-récit et au monologue rapporté qui nécessitent une formule introductrice ou, à tout le moins, une marque de ponctuation.

Ces trois propriétés déterminent dans une large mesure l'intérêt littéraire du monologue narrativisé : la présence du narrateur est suffisamment discrète pour passer à peu près inaperçue, même lorsque les pronoms personnels et les marques de temps nous rappellent son rôle de narrateur. Par là, il est de plein droit un instrument du monologue intérieur, par l'extrême évanescence de la frontière qui sépare le discours du narrateur du discours intérieur du personnage. Comparé au monologue rapporté, il possède une supériorité stylistique qui explique en partie son développement dans la littérature moderne et, notamment, l'emploi systématique qui en est fait dans les romans du courant de conscience[23] : la continuité discursive, grâce à laquelle le lecteur peut passer sans transition du

---

23. Le monologue rapporté a aussi sa place dans ces romans mais, précisément, leurs auteurs (V. Woolf, Joyce) effacent fréquemment les frontières des citations de pensées ou de paroles et, en premier lieu, les marques de ponctuation, parfois même les verbes introducteurs : le monologue rapporté tend ainsi à se fondre dans le récit, comme le monologue narrativisé le fait naturellement.

récit à la conscience du personnage, et inversement.

5.1.4. L'intérêt littéraire des deux modes du monologue intérieur

À travers une étude rapide du monologue rapporté (la citation) et du monologue narrativisé (le discours indirect libre appliqué à la pensée), nous avons montré les caractéristiques linguistiques et narratologiques de ces deux techniques narratives. Malgré leurs spécificités, il nous est apparu impossible de ne pas les considérer comme deux modalités du monologue intérieur : toutes deux donnent au lecteur accès à la vie intérieure du personnage ; les mouvements de pensée du personnage reçoivent dans les deux cas une expression linguistique (strictement littérale dans le cas de la seule citation) qui est censée les reproduire fidèlement.

Les deux modes du monologue intérieur se distinguent naturellement, du point de vue littéraire, par des propriétés qui mériteraient une étude détaillée, et ne peuvent ici être qu'esquissées. La nature linguistique, plus précisément énonciative, de ces deux modes explique, pour une large part, le choix de l'un ou de l'autre qui est fait par les auteurs : la citation rapporte non seulement des contenus de pensée ou d'émotion, mais aussi un acte d'énonciation (audible ou strictement interne) ; *l'activité énonciatrice est représentée* : le personnage a la parole, peut se désigner par *je* et désigner par *tu* et des vocatifs un destinataire construit par un repérage « fictif ». Son discours intérieur s'inscrit dans *une relation d'interlocution à laquelle le lecteur ne participe pas*.

Le monologue narrativisé, au contraire, *ne représente pas un véritable discours* : *il efface*, on l'a dit, *l'acte d'énonciation* initial et la *relation d'interlocution* construite qui le rend possible ; il est *énoncé par le narrateur*, et ne représente que des *contenus* de pensée – ceux du personnage – qui sont en outre *mis à distance*, notamment par l'emploi du pronom de 3e personne désignant l'énonciateur rapporté et l'emploi fréquent, quoique non obligatoire, du passé « aoristique » (cf. 2.5.2), qui lui aussi éloigne, donc « assourdit » les actes mentaux rapportés. D'autre part, l'identité du narrateur-rapporteur et son activité énonciatrice n'étant manifestée que de façon très discrète, par un minimum de marques grammaticales, il est assez clair que, dans le monologue narrativisé, *l'expression des contenus l'emporte sur la représentation des actes énonciatifs*, dont l'origine, on le sait, est souvent incertaine. Le début de *Mrs Dalloway*, de V. Woolf, et une partie importante du *Planétarium* de N. Sarraute sont particulièrement représentatifs à cet égard : bien souvent, c'est grâce à l'interprétation des contenus que l'on parvient à y identifier les énonciateurs.

Cette opposition entre monologue rapporté et monologue narrativisé explique sans doute en partie que la littérature du « courant de conscience » – où il s'agit précisément de conscience plus que de discours – s'exprime plus volontiers par le discours indirect libre que par la citation de pensée.

Lorsqu'il s'agit au contraire de mettre en scène un débat intérieur, produit d'un dédoublement du personnage, les actes de discours (exhortations, reproches à soi-même, etc.) ont une importance essentielle : ils doivent être reproduits et le personnage doit pour cela être énonciateur ; il s'adresse à un destinataire construit (« fictif »), et c'est avec lui qu'il instaure une relation d'interlocution que la citation ne peut pas reproduire, mais dont elle peut du moins *manifester les marqueurs* (rupture énonciative et marqueurs grammaticaux).

5.2. La vie intérieure dans le récit autobiographique

Le narrateur autobiographique a un accès direct à sa propre vie intérieure, du moins dans les limites de sa mémoire pour ce qui est de sa vie passée et, inversement, il ne peut que deviner ou imaginer ce que ressent autrui. C'est là ce qui l'oppose le plus fondamentalement au narrateur anonyme. Les problèmes de l'accès aux consciences, dans son cas, sont d'abord les problèmes de la rétrospection, et les modalités du jeu de la mémoire, sur laquelle le récit est censé se fonder.

L'étude du récit autobiographique conduit, on le sait, à distinguer deux « instances », le « *scripteur* » et le « *personnage* ». Le statut de ces deux instances a suscité de nombreuses discussions, déjà évoquées, qui ont parfois conduit à des hypothèses surprenantes, telle la distinction entre un *Je* narrateur et un *Je* personnage. Nous avons montré (chapitre 4) qu'il est impossible, du point de vue linguistique et plus précisément énonciatif, de distinguer deux énonciateurs, *se désignant tous deux par **Je***, et que seul distinguerait l'écoulement du temps. Nous avons admis d'autre part que le narrateur-énonciateur, origine des *repérages* fondamentaux (temps et personne) peut, en évoquant son passé, exprimer des *points de vue* différents, donc, en termes linguistiques, se faire le support de *modalités* différentes. Il peut en particulier, se référant à des périodes diverses de sa vie passée, exprimer des savoirs et des jugements appréciatifs différents, reconstruisant ainsi le personnage qu'il a été dans le passé. De ces *deux instances narratologiques*, seul le « narrateur scripteur » est *énonciateur*. Si on peut dire que, dans certains passages (parfois dans la totalité) d'un récit, c'est le personnage qui semble *parler*, cela signifie que *le narrateur-énonciateur exprime le point de vue qui a été le sien dans le passé*. On dira que, dans tel autre passage, c'est visiblement le narrateur qui parle s'il exprime le point de vue *qui est le sien au moment de la narration* pour éclairer, analyser ou critiquer ses points de vue passés, ou faire des commentaires d'intérêt général. Dans le premier cas, c'est fondamentalement le temps du récit qui est employé, l'aoriste ; dans le second cas, c'est fondamentalement le présent.

L'alternance entre les points de vue du moi-narrateur et du moi-personnage est fréquente dans *La Vie de Marianne* de Marivaux. Ainsi, p. 450 (1997), la comtesse narratrice vient de raconter comment une lettre de son amant Valville lui a appris qu'il était infidèle. Les énoncés en italiques expriment le point de vue du moi-personnage (Marianne) ; le présent est celui du moment de la narration (écriture par Marianne devenue comtesse de ce roman-mémoires en forme de lettre) :

> Je badine de cela aujourd'hui ; je ne sais pas *comment j'y résistai alors*. Continuons, et rentrons dans tout le pathétique de mon aventure.
>
> Nous sommes à la lettre de Valville que *je lisais, et que j'achevais malgré les soupirs qui me suffoquaient. M*[lle] *Varthon avait les yeux fixés à terre, et paraissait rêver profondément en pleurant.*

Le problème de l'accès aux consciences en récit autobiographique est ainsi celui de la relation entre les deux instances narratives. En fonction du rôle que le narrateur, maître du récit, s'attribue à lui-même, et du degré d'émancipation qu'il accorde au personnage, on peut distinguer schématiquement *deux grands types de récits autobiographiques*. L'opposition consonance / dissonance peut être utilisée pour caractériser ces deux types de récit, sensiblement comme on le fait à propos des récits anonymes : le « personnage » des récits autobiographiques n'est certes pas un « personnage » au sens plein du terme, puisqu'il est dénoté par *Je*, et *n'a pas besoin d'être cité par le narrateur énonciateur pour que son point de vue soit exprimé* : le narrateur peut nous informer directement, en usant des temps du passé, de ce qu'il pensait autrefois. Nous le désignons du terme de « *moi-personnage* » pour mieux caractériser la dualité de son statut narratif : *identique référentiellement au « moi-narrateur »*, mais susceptible d'être *différent par son point de vue* sur le monde et par son expérience.

5.2.1. La consonance dans l'auto-récit

Le premier grand type de récit autobiographique est celui dans lequel le narrateur n'exprime pas, ou n'exprime qu'occasionnellement les points de vue qui peuvent être les siens au moment de la narration, et accorde la *prééminence au moi-personnage*, que le lecteur suivra au long du récit : il vivra et verra les événements à travers son point de vue. L'absence, ou la rareté des interventions du moi-narrateur, commentant ou analysant les points de vue du moi-personnage, créent une *consonance* entre les deux instances, et suggère que le narrateur *adhère* à son moi passé.

Le *David Copperfield* de Dickens (publié en 1850) illustre bien ce type d'auto-récit[24] : le narrateur se donne pour tâche de raconter sa vie depuis sa naissance jusqu'à une époque où, ayant atteint la maturité, heureusement marié, il est solidement installé dans une existence paisible qui semble bien destinée à durer, et dont il jouit d'autant mieux qu'il a connu l'adversité, le malheur et la méchanceté, et

24. Le fait que le roman renferme nombre d'éléments autobiographiques n'est sans doute pas étranger à la consonance forte du récit, mais cette observation relève naturellement de l'histoire littéraire, et non de la narratologie.

qu'il en a triomphé. Le narrateur (le scripteur) et la situation d'énonciation ne sont pas absents du roman, mais ils ne sont évoqués qu'avec discrétion, selon deux modalités différentes. Le narrateur se présente comme tel *au début et à la fin* de son récit, pour indiquer d'abord brièvement le dessein autobiographique qui est le sien, puis, le récit terminé, pour nous dire que sa tâche est achevée et qu'il jette un dernier regard sur l'histoire de son passé :

> *And now my written story ends. I look back, once more – for the last time – before I close these leaves.*[25]

Le reste du roman est entièrement consacré au récit des événements qui ont jalonné sa vie depuis sa naissance, et les temps sont le prétérit aoristique et les temps qui lui sont associés : le lecteur reste plongé dans le passé, qui se déroule dans l'ordre chronologique, à l'exception de trois brefs chapitres rétrospectifs. Nous restons ainsi au contact de la vie intérieure du moi-personnage, dont le narrateur nous livre, fidèlement semble-t-il, les pensées, les sentiments, les espoirs, en un mot le point de vue. À aucun moment il n'est suggéré que ce point de vue n'est pas celui du narrateur, d'où l'impression de consonance forte que donne le roman.

Le narrateur reste néanmoins présent dans tout le récit, mais jamais pour commenter, analyser, encore moins critiquer les actes ou les jugements de valeur du moi-personnage : il structure le récit de sa vie en donnant un *titre* à chacun des chapitres de son histoire. Ces titres rappellent discrètement mais régulièrement le rôle littéraire et la présence cachée du scripteur. Ils le font de façon plus visible lorsqu'ils ont la forme d'un bref énoncé qui résume le chapitre, car ils utilisent alors des présents historiques : « I fall into disgrace » (chap. 4), « I make another beginning » (chap. 15), etc. Le présent historique, on le sait, renferme une dualité essentielle : présent par sa morphologie, passé par sa valeur référentielle, il résulte d'une opération sémantique complexe, qui sera analysée au chapitre 7 comme un repérage « fictif », ou « mixte » : combinaison d'un repérage par « rupture » (qui fournit la valeur de « passé » et

---

25. « Et ici s'achève mon histoire. Je jette un regard sur mon passé, une fois de plus – mais c'est le dernier – avant d'écrire les dernières pages. »

permet l'association à des repères adverbiaux passés), et d'un repérage par « identification » avec le repère temporel origine, qui explique la morphologie de présent.

Cet emploi du présent historique dans des récits, et notamment dans des titres, n'a rien d'exceptionnel aux siècles classiques, ni en français ni en anglais[26], et son effet est toujours de réduire, pour un temps, l'impression de distance normalement produite par un récit à l'aoriste. Une analyse analogue vaut pour l'emploi des déictiques adverbiaux tels que *now*, *today*, *maintenant*, etc. dans des contextes passés.

David Copperfield illustre de façon presque parfaite le premier type d'auto-récit, qui est défini par un degré élevé de consonance entre le moi-narrateur et le moi-personnage : le narrateur ne se manifeste comme tel, avec son point de vue, qu'aux frontières du récit et par les titres de chapitres. Dans le reste du roman, le lecteur a le sentiment d'entendre la voix du personnage : en fait, le narrateur reste énonciateur et gestionnaire du récit, mais *il exprime constamment le point de vue du personnage*. L'impression dominante produite par le roman est celle d'une adhésion parfaite de l'homme mûr narrateur de sa vie à l'enfant et au jeune homme qu'il a été.

Un nombre non négligeable de grands romans se conforme, à des degrés divers, au type de l'auto-récit consonant esquissé ci-dessus. C'est le cas notamment des romans picaresques et, plus généralement, des romans d'aventures, tel le *Robinson Crusoë* de Defoe (publié en 1719) ou, à un moindre degré, le *Gil Glas* de Lesage (publié en 1715). À l'époque moderne, ce type d'auto-récit n'a pas disparu : on le retrouve par exemple dans le roman de J. Braine, *Room at the Top* (publié en 1957), roman de formation qui, pour l'essentiel se conforme au schéma analysé plus haut : un narrateur raconte, le plus souvent dans l'ordre chronologique, son entrée dans une phase nouvelle de sa vie, et reproduit les expériences vécues au cours de la période qui précède le moment de la narration.

26. Le repérage mixte responsable du présent historique explique, dans *David Copperfield*, le titre du chapitre I : « I am born » (ma naissance), forme inusitée et inutilisable, sauf précisément comme présent historique.

La technique narrative de J. Braine n'est plus exactement celle de Dickens en ce que le dessein explicitement autobiographique et les titres de chapitres du narrateur ont disparu ; en ce sens, le point de vue du personnage s'exprime sans interruption tout au long du roman, dans lequel le narrateur-scripteur n'intervient pas. Le roman peut en cela être vu comme parfaitement conforme à un *modèle* hypothétique qui serait celui de *l'auto-récit consonant, déroulant le fil des événements sans manifestation du point de vue du narrateur*. Le roman se termine par un dénouement tragique, la mort accidentelle de la maîtresse du héros, Alice Aisgill, mort dont celui-ci se sent responsable : un élément de discordance apparaît alors, mais il oppose le personnage à lui-même, qui regrette son comportement antérieur. On peut considérer que ce regard critique jeté par le personnage sur ses actes passés était déjà suggéré au lecteur par le narrateur, dont le point de vue est cependant resté inexprimé : s'il y avait discordance dans l'auto-récit, elle était implicite, et tout au plus laissée à l'appréciation du lecteur.

Un autre exemple parfait d'auto-récit consonant nous est offert par le roman, déjà cité, de J. Fowles, *The Collector* (1963), que l'on pourrait ranger dans ce que nous avons appelé la « littérature de la démence » (chap. 4). Le héros de l'histoire est un modeste employé municipal, peu cultivé, maîtrisant mal la langue anglaise, et qui, fasciné par une jeune fille dont il admire précisément l'élégance, la culture et les bonnes manières, décide un jour de l'enlever et de la garder captive dans sa maison, dans le dessein de lui prouver, par son « bon » comportement, qu'il vaut mieux que son statut social ne pourrait laisser penser. Quand, après plusieurs tentatives d'évasion, la jeune fille meurt, il en cherche une autre pour renouveler l'expérience, et il commence ainsi cette monstrueuse collection qui inspire le titre du livre. La fin de l'histoire coïncide, autant que cela est possible, avec le moment de la narration. À la faible distance entre le temps des événements et le temps de la narration correspond une absence totale de distance entre le point de vue du scripteur et celui du héros, c'est-à-dire entre le moi-narrateur et le moi-personnage : du début à la fin, le héros reste identique à lui-même. La vision qu'il a de lui-même, des hiérarchies sociales et surtout son dessein, qui lui paraît « normal », d'enlever et de collectionner les jeunes filles un peu comme on collectionne les papillons, rien de tout cela ne change, et le héros reste, à la fin du récit, le déséquilibré qu'il était au début.

Les sections 1 et 3 du roman, qui constituent son récit (la section 2 étant le journal de la prisonnière) manifestent une consonance dans l'auto-récit qui ne pourrait être plus parfaite, et qui est en quelque façon soulignée par le style du récit : son niveau de langue, nettement sub-standard, reste le même tout au long de son récit. Le lexique (« She had a la-di-da voice ») et la syntaxe (« I only knew how her father was Doctor Grey ») nous rappellent sans cesse à la fois ses ignorances et sa condition sociale, et le fait que la conscience aiguë qu'il en a est peut-être une des causes de la fascination exercée par sa captive et de son propre déséquilibre mental.

ঙ

Comme dans tous les récits autobiographiques, et notamment ceux où une consonance forte rapproche le moi-narrateur du moi-personnage, le discours rapporté de pensées n'a guère de raison d'être : le narrateur, outre les repérages des personnes, des lieux et des moments, qu'il opère naturellement, a le pouvoir, tout en restant énonciateur, de se faire le support de modalités et d'exprimer un savoir qui caractérisent le personnage. C'est ainsi que le *futur du passé*, combinaison d'un *repérage* passé (le prétérit) et d'une *modalité* de « visée » de sens futur – le modal *will* en anglais – apparaît naturellement dans l'auto-récit, sans devoir être introduit par un verbe de parole ou de pensée : il combine un repérage temporel dû au narrateur, maître du récit, et le point de vue du personnage (la modalité). On lit ainsi dans *The Collector* (1963, p. 38) :

> *Things like that disgusted me, it was because I knew they would disgust her too.*[27]

L'énoncé montre à la fois que le narrateur d'un auto-récit peut user du discours indirect classique pour rapporter ses propres

27. « Les choses comme ça me dégoûtaient, c'était parce que je savais qu'elles la dégoûteraient elle aussi. »

pensées, mais aussi que le recours au discours rapporté ne lui est pas nécessaire, puisqu'il est déjà énonciateur, et qu'il peut d'autre part laisser se manifester les modalités qui expriment le point de vue du moi-personnage. On pourrait en effet trouver, au lieu de l'énoncé ci-dessus :

Things like that disgusted me, it was because they would disgust her too.[28]

Les faits de cet ordre éclairent le *statut énonciatif complexe du moi-personnage* des auto-récits : à la fois « personnage », puisqu'il peut être cité et aussi analysé ou critiqué par le narrateur, et d'autre part pourvu de certaines propriétés d'un narrateur de plein statut (cf. sur ce point 4.2.2).

Le recours aux diverses formes du discours rapporté est ainsi sensiblement plus rare dans l'auto-récit que dans le récit anonyme, et on en voit la raison : le narrateur a régulièrement le choix entre deux procédés narratifs, l'un étant de *faire directement dire « X »* au moi-personnage, l'autre étant de *lui faire dire qu'il a dit « X »*. Les formes du discours rapporté gardent toutefois leur intérêt même dans l'auto-récit : la citation permet, comme dans tout récit, de rapporter, outre les conversations, des pensées du moi-personnage auxquelles on veut conserver strictement leur forme littérale ; le discours indirect classique permet, entre autres choses, de signaler de quelle façon (constatation, déduction, savoir ancien, découverte surprenante, etc.) un contenu propositionnel est venu, ou revenu à la conscience. Le discours indirect libre est fort peu usité en auto-récit ; il ne se distingue guère, par sa forme, des propos ou pensées directement attribués au moi-personnage (les repérages temporels, notamment, étant les mêmes), et il comporte une contrainte spécifique, celle d'être préparé par un « déclencheur », cependant qu'il prive le personnage de la possibilité d'être désigné par *Je*.

28. « Les choses comme ça me dégoûtaient, c'était parce qu'elles la dégoûteraient elle aussi. »

5.2.2. La dissonance dans l'auto-récit

Une consonance forte entre le narrateur et le personnage dans l'auto-récit caractérise le plus souvent une œuvre entière ; c'est le cas, on l'a vu, dans les romans de Dickens et de J. Fowles évoqués plus haut. C'est souvent le cas des romans d'aventures ou d'esprit picaresque où le lecteur accompagne le personnage à travers les hasards de son existence passée, qu'il vit avec lui du point de vue qui est le sien, le narrateur restant muet sur ce point[29]. Ceci n'est pas, toutefois, une nécessité du genre. Ainsi, dans le *Moll Flanders* de Defoe, publié en 1721, où il s'agit des aventures (« fortunes and misfortunes ») d'une courtisane, la morale ou les conventions obligent l'auteur à faire fréquemment intervenir le moi-narrateur dans son récit pour lui faire *marquer sa distance à l'égard de la vie dissolue du personnage*, et le narrateur formule ainsi fréquemment le point de vue qui est le sien, sous la forme de jugements de valeur qui permettent à l'œuvre de se présenter comme conforme à la morale. Le roman de Defoe peut être comparé à l'histoire du héros – ou de l'anti-héros – de J. Fowles dans *The Collector* : dans les deux cas le personnage qui raconte sa vie est un être que la morale dominante de l'époque ne peut que condamner, mais les choix narratifs des deux romanciers sont différents. La liberté de l'artiste est plus grande au XXe siècle, et aucune contrainte morale ne pouvait empêcher J. Fowles de choisir la forme de l'auto-récit consonant, et de faire s'exprimer de bout en bout, sans la moindre préface explicative, et sans la moindre dissonance dans le récit, un personnage qui est manifestement un criminel déséquilibré. Au contraire, dans l'Angleterre du début du XVIIIe siècle, le romancier « bourgeois » que l'on voit en Defoe, ayant osé choisir de raconter la vie d'une femme de mauvaise mœurs (choix qui n'est pas unique à son époque) s'est senti contraint d'adopter la technique d'un récit fortement dissonant, précaution renforcée par la « préface de l'auteur », qui répudie non seulement

---

29. Le roman d'aventures autobiographique lie beaucoup plus étroitement le lecteur au héros que ne le fait un roman à narrateur anonyme « focalisé » sur un personnage, selon le terme de Genette.

l'immoralité de son héroïne, mais même le style immodeste dans lequel elle est censée avoir elle-même raconté sa vie de débauche et dont le narrateur a atténué les excès : la dissonance n'est pas seulement morale, elle est aussi stylistique.

☙

Les raisons du choix de la technique de l'auto-récit dissonant sont normalement, surtout à l'époque moderne, d'ordre esthétique et littéraire. Elles tiennent essentiellement à la conception qu'ont les auteurs du rôle que peut jouer la mémoire dans la restitution des expériences passées, et singulièrement de la vie intérieure qui a été celle du héros : le problème posé est ici celui de la validité et des modalités de la *rétrospection*. Les récits autobiographiques consonants, dont le *David Copperfield* de Dickens est un parfait exemple, reposent entièrement sur la *convention d'une mémoire fidèle*, sans imperfections et sans déformations ; la distance qui sépare les événements vécus du moment de la narration, ainsi que le temps nécessaire à la narration sont négligés. C'est en particulier à ce type d'auto-récit que s'adressent les critiques d'un auteur comme N. Sarraute (cf. *L'ère du soupçon*, 1996), pour qui la *rétrospection fige et schématise les expériences vécues*, et donc ne rend pas compte de la réalité vraiment intéressante et nouvelle dans la fiction, la vie intérieure authentique, vécue d'instant en instant, telle, par exemple, que le montre *Le Planétarium*. L'opposition est ici radicale entre les romans du courant de conscience et les longs auto-récits consonants, où l'introspection est sacrifiée à une rétrospection déformante.

La technique narrative de l'auto-récit dissonant s'oppose à la fois à celle des récits que l'on pourrait appeler « naïvement consonants », où les problèmes de la rétrospection sont négligés, et à celle des romans du courant de conscience, qui visent à saisir la réalité vivante des instants vécus, et non à survoler de grands espaces de temps. L'auteur le plus représentatif du récit autobiographique dissonant est bien certainement M. Proust, dans *À la recherche du temps perdu*. Le problème du rôle de la mémoire et, à travers lui, de la maîtrise du temps, occupe naturellement chez lui une place centrale. L'écriture porte ici sur l'effort de la mémoire comme sur les données passées brusquement restituées dans une sensation dont la vivacité fulgurante apparaît comme une présence qui s'impose.

On pourrait tenter de définir tout roman et tout récit littéraire d'une certaine ampleur par la façon dont il répond à cette double exigence : créer le sentiment de la durée et suggérer une signification. On a des raisons de penser que, pour Defoe, le simple récit des aventures de Robinson et, en particulier, la description, dans l'ordre chronologique, des travaux minutieusement préparés et réalisés par son héros sur son île déserte pour y créer les conditions de la meilleur survie possible a pour le lecteur une signification qui transcende le détail de l'histoire et, par exemple, fait de celle-ci un symbole de la victoire de l'homme sur la nature et, peut-être, exalte en outre l'activité organisatrice et concrète de l'homme dans le monde, au détriment des activités spéculatives. *Le simple déroulement de l'histoire apparaît, dans ce cas, comme suffisamment porteur de signification* ; il n'y a pas de conflit entre les deux exigences, pas de conflit non plus entre les point de vue du narrateur et du héros : la linéarité chronologique du récit s'associe à une consonance parfaite.

Le projet littéraire de Proust dans *la Recherche* s'oppose radicalement sur ce point à ce modèle de l'auto-récit consonant. Le travail de reconstruction du passé, l'effort permanent pour *revivre* l'expérience oubliée ou simplement lointaine implique, chez Proust, une liberté de déplacement dans le temps gouvernée par les associations mémorielles, par les retours en arrière et par les anticipations sur ce qui doit arriver dans l'avenir du personnage. De ce point de vue, purement chronologique, le récit proustien apparaît déjà comme fortement *dissonant*. Il est vrai que, dans ses grandes lignes, le récit reste conforme à l'ordre chronologique : l'évocation des souvenirs d'enfance précède celle des souvenirs de l'adolescence et de l'âge adulte. Mais, à l'intérieur de cette structure temporelle générale, qui reste d'ailleurs toujours un peu floue, le narrateur opère des rapprochements constants entre des moments de l'expérience passée, pour réinterpréter et enrichir le souvenir de chacun d'eux à la lumière des relations qui le lient aux autres. Le projet littéraire de Proust est d'accéder à la « vraie vie », qui n'est pas celle de l'instant présent dans ce qu'il a d'unique et d'irremplaçable – nous sommes, avec lui, aux antipodes de la philosophie du courant de conscience – mais celle à laquelle on peut accéder par un retour progressif et difficile, tantôt volontaire, tantôt involontaire, vers d'autres moments passés, et qui est constituée par « l'édifice immense du souvenir ».

Dans cette œuvre où l'intérêt de chaque moment du récit naît de sa relation, complexe et subtile, à d'autres moments de la vie passée, la gestion du temps est soumise aux exigences des mouvements de la mémoire reconstructrice du narrateur. Celle-ci revêt d'ailleurs deux formes bien différentes : il y a la « mémoire volontaire » ou « mémoire de l'intelligence » (*Du côté de chez Swann*, 1954, p. 43), à laquelle Marcel et, à travers lui, Proust n'accorde qu'une confiance limitée, mais dont il faut bien admettre qu'elle est l'instrument de la rétrospection consciente qu'implique tout récit autobiographique, et en particulier de l'architecture temporelle générale de l'œuvre. Il y a d'autre part cette mémoire proprement proustienne, qui échappe à la volonté, qui naît spontanément de la ressemblance perçue soudain entre une expérience vécue et tel moment du passé resté longtemps dans l'oubli, moment privilégié dont le souvenir vient enrichir le moment vécu mais qui, en même temps, pourra lui-même être modifié, transformé ou vivifié par l'expérience présente : la perception de la saveur et de la forme d'une « petite madeleine » qu'on offre au narrateur à l'heure du thé, une après-midi d'hiver, fait soudain naître en lui une « puissante joie » d'abord incompréhensible (*op. cit.*, p. 44). La mémoire de l'intelligence est incapable d'expliquer cette émotion si subite et si forte – et ce n'est que plus tard que la cause de cette émotion se révèle : c'est le souvenir des madeleines que l'on offrait à l'enfant, le dimanche matin, à Combray. On sait que cette mémoire involontaire, incontrôlée, révélatrice d'une vie profonde et généralement inaccessible, est celle qui fait, de façon récurrente, resurgir la trace laissée dans l'esprit du narrateur par l'« aubépine rose » ou la célèbre « petite phrase de Vinteuil ».

L'effort pour retrouver le « temps perdu » et faire revivre le passé s'exprime chez Proust dans un type d'auto-récit que l'on ne rencontre guère ailleurs, surtout dans des œuvres de cette ampleur, un récit dominé par un narrateur omniprésent, *dont le point de vue et notamment le savoir viennent* fréquemment, presque constamment, *compléter, enrichir et expliquer le moment vécu par le personnage*. Ce narrateur domine le temps raconté en usant fréquemment de l'imparfait itératif ; les scènes ainsi évoquées, dont la première est celle des couchers douloureux de Marcel enfant, condensent de longues périodes vécues et en expriment la quintessence. Les anachronies fréquentes, anticipations et retours en arrière[30], la gestion exceptionnellement complexe du temps sont une autre marque du pouvoir souverain du narrateur.

Les scènes passées que fait revivre la mémoire ne se suffisent pas à elles-mêmes, et le narrateur y ajoute fréquemment des informations que n'avait pas le personnage, introduites par des formules du type « J'ai su depuis que... », ou « nous ne savions pas alors... ». Ainsi, le point de vue du moi-personnage ne semble guère pouvoir ou devoir être restitué dans son originalité de l'instant. C'est l'inverse qui est vrai : il est complété, éclairé, enrichi par les souvenirs auxquels il se rattache.

Les commentaires du narrateur ne sont pas une technique narrative originale, ni dans l'auto-récit ni dans le récit anonyme. Dans un contexte où le point de vue du narrateur est perceptible sous des formes diverses, le lecteur n'est pas surpris d'en rencontrer fréquemment, sous la forme d'explications ou interprétations à l'imparfait, en marge d'un récit dont le temps de base reste le passé défini aoristique. Les commentaires au présent gnomique manifestent également la présence du narrateur, d'une manière qui peut, en cela, faire songer à Balzac, ainsi, dans *Du côté de chez Swann* (p. 48-49), lorsqu'il s'agit d'évoquer les « chambres de province ».

Je citerai enfin deux énoncés très célèbres de *la Recherche* pour

30. Dans les trois premiers chapitres de son *Discours du récit* (1972), Genette étudie, avec une précision et une exhaustivité remarquables, tous les procédés narratifs grâce auxquels un récit se démarque de l'ordre chronologique des événements, et qu'il nomme « anachronies » : les anticipations (« prolepses »), les retours an arrière (« analepses »), et la combinaison, parfois fort complexe, de ces procédés (prolepse sur analepse, etc.). Ce n'est pas par hasard que Genette, dans cette étude de narratologie théorique, s'intéresse tout spécialement à Proust au point que ces chapitres traitent à la fois et presque simultanément du temps dans le récit de fiction, et du temps dans l'œuvre de Proust.

clore ce tableau de la dissonance forte déterminée par l'omniprésence du narrateur dans le récit : le premier, qui ouvre le premier volume de l'œuvre, par lequel Marcel prend ouvertement en charge le long récit qui va remplir quatorze volumes :

> *Longtemps, je me suis couché de bonne heure.*

et le dernier, chargé d'émotion, qui clôt le dernier volume :

> *Mais c'est quelquefois au moment où tout nous semble perdu que l'avertissement arrive qui peut nous sauver : on a frappé à toutes les portes qui ne donnent sur rien, et la seule par où on peut entrer et qu'on aurait cherchée en vain pendant cent ans, on y heurte sans le savoir et elle s'ouvre.*

6

Modèles, catégories, variations, expériences

Dans son *Nouveau Discours du récit* (1983), Genette s'intéresse au problème fort délicat de la possibilité d'édifier une typologie des récits. Il passe en revue une série de classifications des récits, généralement présentées sous forme de tableaux à double entrée, proposés par divers critiques, et dont il montre les insuffisances, pour aboutir finalement à la proposition d'une typologie plus riche que les précédentes, mais qui ne distingue que neuf types d'œuvre, situées dans un tableau qui comprend douze cases. Il manifeste d'ailleurs, à juste titre, un certain scepticisme quant à la valeur de cette typologie : « On ne prendra pas, j'espère, cette proposition trop à la lettre », écrit-il (*op. cit.*, p. 89), et il ajoute que, en dernière analyse, c'est l'idée de la combinatoire de plusieurs « catégories » du récit qui est importante : tout récit peut en principe être *caractérisé par l'association d'un certain nombre de catégories*, de propriétés définitoires, et toute typologie des récits se devra de représenter graphiquement la combinatoire de ces catégories dont chaque récit résulte.

L'idée que l'on peut distinguer des types de récits s'impose inévitablement à quiconque entreprend une analyse de la forme des récits littéraires : une théorie des récits doit nécessairement, face à chaque récit particulier, distinguer certaines caractéristiques générales qui le rapprochent d'autres récits, et permettent ainsi de postuler l'existence d'un *type narratif*.

Cette affirmation appellerait plusieurs remarques relatives au projet d'établir une typologie des récits.

La plus importante est que, dès que l'on pose une bipartition des récits en deux grands types, on a bel et bien mis en route une entreprise de classification dont il est bien loin d'être évident qu'elle puisse parvenir à un terme, en raison à la fois de la multiplicité et de la variété considérables des récits littéraires, des innovations qui conduiraient à allonger la liste des paramètres utilisés, et du caractère *graduable* de certains de ces paramètres (ainsi « consonance » et « dissonance » ne s'opposent pas de façon tranchée comme « anonyme » et « autobiographique »). Le narratologue peut donc bien nourrir l'espoir qu'une typologie à peu près satisfaisante des récits sera un jour établie qui, telle la classification de Mendeleiev, assignerait une place à chaque sous-type de récit effectivement observé, et prévoirait en outre les sous-types possibles et non encore exploités. Dans l'état actuel des connaissances, une telle entreprise ne peut qu'apparaître téméraire, et nous ne nous y risquerons pas.

Le propos du présent chapitre est d'esquisser un panorama aussi organisé que possible des récits de fiction relevant des littératures qui ont été évoquées jusqu'ici, c'est-à-dire, pour l'essentiel, rédigés en français ou en anglais. Il s'agira de dresser *la liste des « catégories »*, ou *propriétés formelles constitutives* des récits, qui ont été étudiées plus haut de façon plus ou moins détaillée : existence d'une relation narrateur-lecteur, choix nécessaire entre deux types de narrateur, opposition consonance-dissonance, etc.

Trois précisions essentielles doivent être ajoutées ici.

a. Les catégories énumérées sont de deux types : les unes se présentent comme des *propriétés universelles* de tout récit de fiction, ainsi la séparation radicale du monde fictif et du monde réel ; les autres comme résultant d'un *choix* nécessaire entre deux ou plusieurs techniques narratives, par exemple entre le récit anonyme et le récit autobiographique. Seules celles-ci peuvent jouer un rôle dans une classification des récits.

b. La réunion d'*un ensemble donné de catégories narratives définit ce qu'on est amené à appeler un « modèle » ou un « type »* : on dira par exemple que *l'Éducation sentimentale* de Flaubert relève d'un « modèle » définissable (outre les propriétés universelles des récits de fiction) comme :

– un récit à narrateur anonyme,

– un récit fidèle à l'ordre chronologique,

– un récit de type « consonant » (à « narrateur effacé »),

– (donc) un récit à point de vue neutre (informatif, peu appréciatif).

On constate que, dans ce tableau schématique de la technique narrative du roman, l'une des catégories (la nature du point de vue narratif) est liée à une autre (« l'effacement » du narrateur).

Les autres catégories forment une combinatoire libre.

c. Les notions de « catégorie du récit » et de « modèle » impliquent la mise en jeu de *règles* définissables avec un degré raisonnable de précision, et cette idée, appliquée à un genre aussi riche et multiforme que le récit littéraire, risque d'apparaître déformante et réductrice. Elle appelle à coup sûr une justification, que les analyses qui précèdent n'ont pu fournir entièrement.

Dans son ouvrage sur *la Transparence intérieure* (*op. cit.*, p. 132 sv.), D. Cohn, s'appuyant sur des observations d'histoire de la critique, formule fort bien l'un des arguments qui militent en faveur de la reconnaissance de « termes critiques bien définis » qui permettent d'identifier des « normes générales » et des variations par rapport à ces normes. À propos du discours indirect libre, qui est pour nous un phénomène linguistique, et n'est que l'un des instruments du monologue intérieur, l'autre étant la citation de pensées, D. Cohn énumère quatre critiques anglo-saxons qui, ayant identifié le discours indirect libre chez des auteurs divers, dont H. James, Joyce et V. Woolf, le décrivent de façon approximative, mais surtout le considèrent toujours comme *une particularité spécifique de l'œuvre étudiée*. Elle en conclut, à juste titre, que le discours critique eût été grandement simplifié par l'adoption d'un terme unique appliqué à un phénomène général bien défini ; chaque occurrence individuelle de ce phénomène aurait pu dès lors être décrite comme un exemple d'une « *norme* » générale et, le cas échéant, une « *variation* » par rapport à cette norme.

Ce programme est précisément celui qui inspire le présent chapitre. Les *catégories* du récit de fiction dont nous examinerons les plus importantes correspondent aux « normes » dont parle D. Cohn, et les *modèles* dont nous avons esquissé un exemple avec *l'Éducation sentimentale* sont des combinatoires de ces catégories.

Les variations, ou innovations, qui peuvent intervenir n'importe où dans le complexe des propriétés constitutives d'un récit, et ne sont que partiellement prévisibles à partir de la norme qu'elles transgressent, sont en fait reconnues par tous les historiens de la littérature, et parfois même revendiquées par les auteurs. Les plus importantes débordent largement le cadre des seules techniques narratives, bien qu'elles retentissent sur les modalités du récit, et on leur applique alors volontiers le terme d'*expériences* : les œuvres que l'on rattache au Nouveau Roman ont ce caractère expérimental. L'important pour nous est le fait que les « variations » et les « expériences » impliquent une « norme » d'un niveau quelconque et donc parfois un « modèle ». Peut-être verra-t-on là une justification supplémentaire pour l'adoption de ces termes dans l'étude d'un domaine comme la narratologie, conçue ici comme l'application de la linguistique à des œuvres littéraires, qui sont par nature originales et uniques.

On peut ajouter que la lecture d'une œuvre implique, chez le lecteur, *l'attente* de normes, catégories ou modèles, qui contribuent à la lisibilité de l'œuvre. Inversement, la perception des variations ou du caractère expérimental d'une œuvre se fait par contraste avec ces normes.

6.1. Six catégories majeures du récit de fiction

Nous donnerons ici une vue d'ensemble de ce qu'est pour nous le récit de fiction en rappelant, dans un ordre de généralité décroissant, les propriétés définitoires qui ont été étudiées jusqu'ici. Cette liste des catégories du récit concerne les propriétés les plus générales des récits de fiction et elle pourrait d'autant moins se prétendre exhaustive que – outre sa brièveté relative (on a recensé six catégories majeures) – il apparaît hautement improbable qu'une telle liste puisse jamais être achevée : il est sans doute théoriquement possible de poursuivre l'analyse des récits en propriétés de plus en plus fines, mais celles-ci en viendraient à ne plus caractériser qu'un nombre infime de récits, et perdraient alors toute valeur générale.

Il convient d'ajouter ici que, bien que le présent travail se présente comme un ouvrage de théorie du récit, il ne saurait ignorer totalement la dimension historique du problème traité. Une histoire générale et détaillée des formes narratives dans la littérature française, anglaise ou européenne, par exemple, serait un ouvrage d'un grand intérêt, mais qui présupposerait des études théoriques précises : les formes, les catégories du récit naissent de l'histoire, et ne possèdent pas d'existence transcendantale ; mais, d'un autre côté, une définition des catégories narratives serait un instrument indispensable à l'historien du récit qui, sans elle, serait confronté à une mouvance multiforme, opaque et presque infinie. Si notre étude vise à caractériser des structures narratives, elle ne postule pas que ces structures soient nécessairement réalisées de façon rigoureuse par un récit, ni encore moins par un ensemble de récits : c'est pourquoi la notion de variation apparaît indispensable. Certaines de ces variations peuvent, avec le temps, donner naissance à des catégories nouvelles par combinaison de propriétés traitées jusque là comme incompatibles, ou addition de propriétés nouvelles[1].

---

1. Dans des ouvrages théoriques, N. Sarraute défend l'idée que les modèles ne sont que les formes narratives pratiquées à l'époque, ou aux époques précédentes. On peut ainsi définir un type de roman balzacien (qui a été en son temps « recherche » neuve), mais ce modèle de récit a cessé d'être productif : on ne peut plus, au XXe siècle, écrire comme écrivait Balzac. Dans cette perspective, le problème se pose évidemment de savoir pendant combien de temps une nation ou une civilisation pourront continuer à inventer des formes narratives nouvelles (on sait que, pour certains, en cette fin de XXe siècle, le roman peut être considéré comme mort). Le problème se pose d'ailleurs à tous de savoir si la liste des catégories du récit doit être vue comme « ouverte » ou « fermée ». Elle n'est certainement pas ouverte au sens strict du terme (c'est-à-dire infinie), mais on ne saurait non plus affirmer qu'elle soit fermée. Une innovation comme celle de J. Fowles dans *The French*

Ainsi, la liste des catégories narratives exposée ci-dessous ne vise pas à permettre une caractérisation exhaustive de la forme de tous les récits écrits en anglais ou en français. Elle présente seulement les six propriétés définitoires du récit de fiction qui, à l'époque contemporaine, nous paraissent les plus importantes, c'est-à-dire celles qui ont le plus haut degré de généralité. Accompagnée de l'étude des variations les plus évidentes et les plus exploitées jusqu'ici, elle constitue à nos yeux un instrument heuristique dont l'intérêt majeur est d'être fondé sur une linguistique de type énonciatif. L'enrichissement de cet instrument d'analyse doit permettre de caractériser de façon plus fine les œuvres narratives existantes ; peut-être aussi celles qui seront écrites à l'avenir.

Nous étudierons d'abord ces six catégories majeures du récit, avant d'évoquer quelques-unes des variations les plus importantes définissables à partir de ces catégories.

a. Nous avons rejeté plus haut (chapitre 4) la notion proposée par Benveniste d'un type de texte dénommé « histoire » ou « récit », dans lequel les événements « semblent se raconter eux-mêmes », et qui ne met en jeu aucune relation entre un énonciateur et un destinataire sur lequel on veut produire « un certain effet ». En d'autres termes, nous avons adopté une *conception « communicationnelle » du récit en général* et du récit littéraire en particulier. Si le type de communication instauré par un récit de fiction est à coup sûr très particulier, et fort éloigné de celui que Benveniste appelle « discours », il est manifesté dans les récits par une *relation au lecteur* qui revêt elle-même des formes très diverses, mais qui est toujours présente. Elle est explicitée dans les autorécits par l'emploi du pronom de 1re personne, qui implique la présence au moins virtuelle du pronom dénotant le destinataire. La subjectivité psychologique du narrateur s'exprime le plus souvent par l'emploi du vocabulaire évaluatif et affectif, qui

Lieutenant's Woman (1977), qui raconte simultanément deux histoires différentes et pourtant intimement liées, pourrait un jour donner naissance à un sous-type de roman, possibilité que l'on envisage difficilement pour *La Modification* de Butor, œuvre qui ne semble guère pouvoir faire école, et constitue plutôt une « expérience ».

manifeste les jugements de valeur et les réactions émotives du narrateur.

Le récit anonyme ne se plie pas aussi facilement à une analyse communicationnelle du récit. Il est vrai que les intrusions du narrateur, les interprétations, les généralisations ne se comprennent que si, précisément, le texte narratif est adressé par un narrateur à un destinataire. Mais comme l'a fait observer Kuroda[2], la notion d'un narrateur « anonyme » ne semble pas pouvoir s'intégrer à un quelconque schéma de la communication langagière, le narrateur anonyme étant pourvu d'un statut, et notamment de pouvoirs qui n'appartiennent nullement à un locuteur humain (sur ce point, voir 7.2 ci-dessous).

b. La séparation radicale du monde fictif et du monde réel.

Le terme de *fiction*, appliqué à un texte narratif quelconque, ne signifie pas que les assertions contenues dans ce texte peuvent être fausses ; dans le cas d'un roman historique, il ne signifie pas que tel personnage authentique qui y figure (le Richelieu d'A. Dumas, le Louis XI de W. Scott) n'est pas nécessairement dépeint tel qu'il était réellement, ou aux yeux des historiens. Le terme de fiction s'applique à des récits explicitement imaginaires, qui construisent un *univers* également imaginaire, *disjoint du monde réel* auquel appartiennent l'auteur et le public. Malgré les relations complexes de ressemblance / différence qui peuvent exister entre le monde imaginaire et le monde réel (sur ce point,

---

2. Kuroda (1975, p. 260-292) cite certains phénomènes linguistiques étudiés par des auteurs comme K. Hamburger (1968), A. Banfield (1973) et Benveniste (1966) et qui pourraient être utilisés pour critiquer la notion de « narrateur omniscient » et la conception communicationnelle du récit. La thèse d'A. Banfield selon laquelle le discours indirect libre suspend la fonction communicative du langage a été critiquée ci-dessus (cf. 3.4.3).

La dichotomie histoire / discours (Benveniste, 1966, *op. cit.*) dont Kuroda maintient le principe, a été évoquée plus haut (cf. 4.1) : elle ne fournit de théorie satisfaisante ni du langage ni du récit littéraire. Enfin, les problèmes que posent le statut du narrateur anonyme (« omniscient ») et le statut énonciatif de la fiction en général sont étudiés ci-dessous (cf. 7.2).

voir 7.1), ce qui est dit dans le texte de fiction ne saurait concerner le monde réel.

Quelque degré de vraisemblance ou de ressemblance effective que l'on attribue au portrait, aux actes, aux paroles d'un Richelieu fictif, *la question ne se pose pas* de savoir s'ils sont conformes à la vérité, et si les assertions le concernant sont vraies ou non dans le monde réel.

L'univers construit par le récit de fiction est totalement dissocié de l'univers réel, ce qui implique, entre autres choses, que ni les personnages ni même les narrateurs autobiographiques ne sauraient adresser la parole aux lecteurs empiriques de chair et d'os qui tiennent le livre à la main. Que le narrateur anonyme ne puisse s'adresser explicitement au lecteur va de soi, puisqu'il n'est pas censé avoir forme humaine : le fait paradoxal qu'il se désigne par *Je* dans quelques romans des siècles classiques doit être considéré comme une variation, peut-être même une violation des règles du modèle. Quand d'autre part le narrateur autobiographique s'adresse au lecteur, ce n'est pas au lecteur empirique qu'il s'adresse, qui est pour lui entièrement indéterminé, mais à une image construite, représentation abstraite des lecteurs possibles. Quel que soit le type de narrateur, le texte narratif s'adresse à un « Lecteur Modèle », selon le terme d'U. Eco (1985), qui a analysé la « coopération interprétative » entre narrateur et lecteurs, et montré, notamment, comment « le texte prévoit le lecteur » (*op. cit.*, p. 142 et *passim*).

c. Le choix d'un narrateur anonyme ou d'un narrateur autobiographique.

Contrairement aux deux précédentes, cette catégorie du récit de fiction se présente comme un choix nécessaire entre deux types de narrateurs, définis chacun par un ensemble de propriétés énonciatives, qui ont été exposées plus haut (cf. chap. 4).

Une mise au point est ici nécessaire quant à l'objet sur lequel s'exerce la contrainte que constitue ce choix, ainsi que les autres catégories du récit : le mot « récit » est pris au sens d'œuvre narrative, et non simplement de fragment, passage ou chapitre de forme narrative.

Cette mise au point est indissociable de la nécessité où se trouve le critique de ne pas limiter son étude aux textes proprement narratifs, mais de prendre aussi en considération le paratexte qui l'accompagne (nom de l'auteur, titre, éventuellement sous-titre et préfaces d'auteurs ou dédicaces). Cette nécessité apparaîtra pleinement dans l'examen du phénomène même de fiction proposé au chapitre suivant.

Nous avons indiqué déjà que, dans certaines œuvres, l'auteur passe d'un type de narrateur à un autre : le concept de variation par rapport à une norme trouve donc ici encore son application, étant entendu que les normes définitoires d'un « modèle » ou d'une « catégorie » concernent les *œuvres* de fiction.

d. Le traitement du temps.

Les critiques considèrent depuis longtemps qu'une propriété fondamentale du récit est la représentation de l'écoulement du temps : un texte n'est pas un récit s'il ne fait pas naître l'impression de la durée. En cela, la création de la durée dans les œuvres narratives est une catégorie du récit littéraire du même niveau de généralité que la séparation du fictif et du réel. Elle repose de façon cruciale sur l'emploi des temps verbaux ; plus précisément, elle implique la présence dans le texte d'une récurrence de temps aoristiques, expression de la successivité des événements (cf. 2.5.2). On évoquera ci-dessous le problème que posent, en français, certains textes d'allure narrative où le temps de base est le passé composé et non l'aoriste (le passé simple).

Une sous-catégorie liée à la représentation de l'écoulement du temps dans les récits est la relation entre la chronologie de l'histoire et sa représentation dans le récit. Il y a là une distinction bien connue entre les récits qui suivent globalement le fil du temps et ceux où le narrateur se meut librement dans le temps, usant, plus ou moins fréquemment, des anticipations et retours en arrière. Cette opposition n'est pas tranchée, et on ne cherchera pas ici à déterminer si l'un des deux constitue une norme et l'autre une variation. Sur cet aspect du traitement du temps, le lecteur trouvera une étude détaillée dans les trois premiers chapitres du *Discours du récit* de Genette.

e. La relation narrateur - personnages, consonance et dissonance.

Les ressources du récit de fiction ont été largement explorées, on le sait, au XXe siècle[3] : les variations et les expériences narratives ont, dans certains cas, poussé l'innovation jusqu'à l'extrême, au point de remettre en question les limites du genre « récit de fiction », et par là même les frontières de la narratologie. Ce problème n'admet pas de réponse simple ; il paraît donc nécessaire, *en relation avec ce qui nous apparaît comme l'orientation majeure des innovations contemporaines*, de prendre appui sur le sens même du mot « récit » pour définir une catégorie incontestable du récit de fiction. Cette catégorie – à partir de laquelle nous définirons certaines des variations les plus importantes – est la *mise en jeu d'un énonciateur-narrateur, de personnages et d'une relation* qui permet de déterminer la fonction de l'un et l'autre dans le récit.

Le fait narratologique crucial est ici cette présence dans le texte de deux instances narratives, dont l'une, le narrateur, semble avoir nécessairement la parole à un moment ou l'autre, ne serait-ce que pour mettre en place les lieux, les temps, les personnages, cependant que l'autre, les personnages eux-mêmes, *peuvent recevoir du narrateur certaines des propriétés d'un énonciateur* : le lecteur peut, grâce aux modes de discours rapporté, avoir connaissance de leurs paroles ou de leurs pensées. Le récit de fiction établit ainsi, selon des modalités très diverses déjà évoquées, *un contact entre les consciences de deux instances de niveau différent*, dont l'une domine l'autre, mais lui accorde une forme d'autonomie énonciative, reformulant, citant ou relayant ses propos ou ses pensées.

Malgré la polyphonie qui affecte le discours indirect classique et, à un degré moindre, le discours indirect libre, il est permis, en schématisant, de postuler *une séparation des activités énonciatives de*

3. Les innovations et violations d'une ou plusieurs des normes du récit n'étaient pas inconnues aux siècles précédents ; elles étaient seulement beaucoup moins nombreuses et ne visaient pas à faire école. Les plus célèbres et les plus originales sont *Tristram Shandy* de Sterne (publié en 1759) et *Jacques le Fataliste* de Diderot (publié en 1796). Ces deux œuvres suffisent à poser à la fois le problème de la définition et des frontières de la fiction et du genre « récit de fiction ».

ces deux instances ; d'un côté, le narrateur est responsable du récit : gestion du temps et de l'information narrative, analyse de la vie intérieure des personnages ; de l'autre côté, les citations de paroles et de pensées et, de façon indirecte, le discours indirect libre, manifestent l'activité énonciative des personnages. À la frontière qui les sépare, le discours indirect classique, énoncé par le narrateur, communique au lecteur une partie des contenus de conscience des personnages.

Si l'on néglige l'interaction entre énonciateur rapporteur et énonciateur rapporté qui affecte, on l'a vu, le discours indirect, on peut donc, sans déformation excessive, poser l'opposition fondamentale narrateur / personnage et, parallèlement, la distinction entre *énoncés (narratifs) primaires* et *énoncés rapportés*.

Pour schématique qu'elle soit, cette opposition permet de définir des variations et même des modèles narratifs. D'un côté, on trouve le narrateur omniprésent de *La Princesse de Clèves*, défini comme « narrateur dissonant » (cf. 5.2.2.). À l'autre extrémité de ce qui est peut-être un continuum, toute une partie du *Portrait of the Artist as a Young Man*, ou la « consonance » de la narration atteint un degré extrême.

La question posée ici est double : à partir des concepts, proposés précédemment, relatifs aux deux instances narratives, peut-on définir des types narratifs qui permettraient au moins d'envisager une classification un peu plus fine des œuvres narratives que celle d'un tableau à double entrée ?

On peut aussi adopter un instant une perspective historique, qui n'est pas celle du présent travail, mais qui permet de poser une question fort importante : peut-on déceler à l'époque moderne *une évolution qui tendrait à privilégier l'une des deux instances narratives* aux dépens de l'autre, et selon quelles modalités aurait lieu une telle évolution dans l'une au moins des littératures qui nous ont permis jusqu'ici d'illustrer une étude de caractère fondamentalement théorique ?

Il n'est pas sans intérêt de noter que cette question rejoint celle qui opposait Aristote à Platon (cf. 1.1) ; pour Platon, on l'a dit, le récit ne doit *faire entendre qu'une voix* : la « diegesis » (narration) doit l'emporter sur la « mimesis » (l'imitation), qui *« montre », donc fait parler les personnages*. Pour Aristote, la mimesis au sens le plus large est l'objet même de l'art et doit ainsi, dans le récit, montrer les personnages comme locuteurs et acteurs de l'histoire. C'est sur ce problème fondamental que Flaubert prend position dans un passage souvent cité de sa *Correspondance* en écrivant les lignes citées en épigraphe du présent ouvrage :

Il faut, par un effort d'esprit, se transporter dans les personnages, et non les attirer à soi.

f. Le point de vue.

Il a été défini (cf. 4.3) comme un « regard » constitué de deux composantes fondamentales, l'une épistémique (le savoir manifesté par un énoncé), l'autre appréciative (les jugements évaluatifs ou affectifs que renferme un énoncé).

Le premier problème concernant le point de vue est celui de savoir ce qu'il caractérise : un énoncé ou groupe d'énoncés, auquel cas des points de vue multiples alterneraient à l'intérieur d'une même œuvre ; ou bien une œuvre entière, auquel cas le choix d'un point de vue caractériserait un récit, nouvelle, roman, etc., au même titre que le choix d'un type de narrateur. Nous avons conclu (cf. 4.3.3) que le point de vue est une caractéristique, plus ou moins nettement marquée, d'un énoncé et, par delà l'énoncé, d'un énonciateur. Le point de vue est une façon de regarder, et non une façon d'être regardé : si un personnage est décrit « de l'extérieur », c'est que le narrateur a choisi ce type de vision (aux dépens d'une vision « psychologisante »), ou qu'il n'a pas d'autre choix possible (cas d'un narrateur autobiographique qui n'a pas accès à la conscience d'autrui). Quand l'activité de la conscience d'un personnage nous est communiquée, c'est naturellement le point de vue du personnage qui est exprimé.

Le second problème, lié au premier ainsi qu'à celui de la relation narrateur - personnage, est celui des interactions entre le pouvoir énonciateur de ces deux instances : puisqu'il existe un mélange des voix, une « polyphonie » dans le discours rapporté, qui manifeste cette interaction entre narrateur et énonciateur rapporté, et qu'on a admis d'autre part des phénomènes de

« consonance », qui affectent également la relation narrateur - personnage, on sera amené à envisager un problème non évoqué jusqu'ici : celui de *l'interaction des points de vue*, donc des modalités qui le constituent, considérée indépendamment des formes de polyphonie généralement reconnues.

6.2. Variations et expériences

Du fait que les catégories du récit étudiées ici sont définies par des propriétés narratologiques systématiquement corrélées avec des phénomènes linguistiques de type énonciatif découle que les variations et innovations narratologiques seront définies de la même façon : une variation ou une expérience narratologique aura un corrélat linguistique.

6.2.1. La relation aux lecteurs. Du récit au monologue

Tout récit est un acte de communication langagière, c'est ce que nous avons admis. Tout récit implique donc l'instauration d'une relation avec des destinataires, donc des lecteurs dans le cas d'une œuvre littéraire. Il faut, plus précisément, distinguer *deux relations* d'interlocution mettant en jeu deux instances narratives déjà définies et dont le statut énonciatif sera précisé plus loin (cf. 7.1.4), l'auteur et le narrateur.

L'auteur (par exemple Balzac, auteur du *Père Goriot*) s'adresse à un *public*, faiblement déterminé sans doute, mais dont il a une certaine idée. Cette relation, qui établit une communication entre l'auteur et les lecteurs d'une œuvre existe toujours, quelle que soit l'œuvre, et elle est *indépendante des propriétés, littéraires ou autres*, de l'œuvre[4].

En revanche, l'autre relation qui a été postulée concerne le *narrateur* et le *lecteur*, conçu au départ comme un « Lecteur Modèle » (cf. U. Eco, *loc. cit.*) qui sera actualisé et singularisé par le fait de tenir le livre en mains et de lire le récit de fiction dont il s'agira. Cette relation n'est pas indépendante des propriétés intrinsèques

---

4. Lorsque l'œuvre comporte une dédicace à un protecteur ou à un grand personnage quelconque, c'est cette même relation qui est mise en jeu : le dédicataire est simplement un membre éminent de l'ensemble des lecteurs.

d'une œuvre de fiction : certaines œuvres modernes, parfois dénommées « romans », sont des expériences *qui jouent sur cette relation* en même temps que sur la *nature, narrative ou non, de l'œuvre,* donc également sur l'existence d'un énonciateur-narrateur.

On examinera trois œuvres qui posent la question de la nature des partenaires entre lesquels est établie la relation d'interlocution : *qui parle et, surtout, à qui parle-t-on ?* Cette question est essentielle, et indissociable de la nature du projet littéraire des auteurs dont il s'agit.

La première est l'œuvre de Dujardin, *Les lauriers sont coupés*, composée en 1887, publiée en 1924, que l'on ne sera pas surpris de voir évoquée ici : l'auteur ne la présente pas comme un roman ni un récit, mais comme un « monologue intérieur ». Ce terme, on l'a dit, est utilisé régulièrement pour désigner une technique narrative qui regroupe à nos yeux la citation de pensées (le « monologue rapporté »), et le discours (intérieur) indirect libre (le « monologue narrativisé »). Chez Dujardin, qui se présente comme l'inventeur du monologue intérieur, il désigne en fait non une technique qui trouve place dans des récits de fiction, mais un *genre littéraire sui generis* défini par le fait que l'œuvre nous livre le monologue intérieur d'un « personnage », mais que ce personnage n'est en aucune façon un acteur d'une histoire racontée par un narrateur : *aucun narrateur n'apparaît dans l'œuvre,* de sorte que le terme même de « personnage », appliqué au locuteur du monologue, peut sembler inadéquat, un personnage étant, par définition, mis en œuvre par le récit.

Reprenant une suggestion de D. Cohn, nous avons appelé « *monologue autonome* » le genre d'œuvre dont relève *Les lauriers sont coupés*, afin de mieux caractériser l'œuvre de Dujardin et de lever l'ambiguïté qui pèse sur « monologue intérieur ».

Le texte de Dujardin se présente au premier abord comme un auto-récit au présent, apparenté par conséquent à un journal ou à une narration simultanée. Le pronom de 1re personne y apparaît librement, et l'énonciateur joue son rôle normal de repère-origine, à l'égard des déictiques adverbiaux (*ici, maintenant*...) et des personnages, dénotés par les pronoms de 3e personne (*il, elle*) ou par des noms propres. On lit par exemple au début de l'œuvre (p. 9) :

L'heure a sonné ; six heures, l'heure attendue. Voici la maison où je dois entrer, où je trouverai quelqu'un ; la maison ; le vestibule ; entrons. Le soir tombe... Si par hasard il était sorti avant l'heure ? Cela lui arrive quelquefois.

Certes, le style parfois peu élaboré (« la maison ; le vestibule ») peut surprendre dans un récit, mais le texte est, dans son ensemble, fidèle à une syntaxe construite. La question reste donc posée : en vertu de quoi Dujardin déclare-t-il que son livre n'est pas un récit, mais un monologue ? Peut-on déceler dans le texte des marques indiscutables du monologue, d'un discours adressé à soi-même, et où le *destinataire ne saurait donc être le lecteur* ?

Nous avons établi précédemment (cf. 5.2.3) que les monologues rapportés des romans, comme ceux du théâtre, possèdent des marques énonciatives caractéristiques, résultant du fait qu'ils sont le produit d'un *dédoublement* de l'énonciateur – idée qui, en elle-même, n'est pas originale : le locuteur qui monologue se dissocie mentalement, et construit un destinataire auquel il va s'adresser comme il pourrait s'adresser à une autre personne. La nature de ce destinataire oblige à définir le monologue rapporté comme un dialogue (tronqué) avec soi-même.

Dans le cas du livre de Dujardin, on pourrait penser que le destinataire absent n'est autre que le lecteur – et nous serions en présence d'un auto-récit.

Il se trouve toutefois que certains phénomènes énonciatifs signalent comme tels les monologues (cf. sur ce point 5.2.3) : certains énoncés, renfermant par exemple des vocatifs et des pronoms de 2e personne, ne pourraient être adressés qu'à un destinataire « réel », ce qui n'est pas le cas chez Dujardin ; *ne pouvant être adressés au lecteur*, ils marquent comme tel le dialogue avec soi-même qu'est le monologue. En termes de la théorie des actes de langage, certains actes illocutoires sont accomplis qui ne sauraient l'être à l'intention du lecteur. On lit ainsi (p. 10) :

la maison ; le vestibule ; entrons.

et plus loin à nouveau :

vivement entrons.

Les impératifs-optatifs de 1re personne du pluriel ne sont pas destinés au lecteur, et marquent de façon caractéristique l'exhortation à l'action que l'on s'adresse à soi-même.

À la même page, on lit encore :

Pourquoi le tapis de l'escalier est-il retourné en ce coin ?

question que, dans sa solitude, le personnage ne peut que se poser à lui-même.

Page 10 encore, on trouve :

Pourvu qu'il ne soit pas sorti ; où courir le trouver ?

où l'incertitude inquiète, exprimée en un style qui mêle le parlé et le littéraire est clairement vécue par l'énonciateur à travers son énonciation même ; la question qui suit ne pourrait pas davantage être adressée au lecteur.

Les énoncés de ce type émaillent le texte de Dujardin et le désignent sans ambiguïté comme un monologue intérieur (qui intègre parfois des dialogues réels dont la conscience de l'énonciateur se fait l'écho, qu'il se répète à lui-même). Mais ce « personnage » qui monologue n'est présenté par aucun narrateur ; il remplit la fonction de *repère-origine* ; il a le statut d'un énonciateur sans destinataire, et ne peut que se parler à lui-même de bout en bout.

Ainsi, comme l'affirme Dujardin, *Les lauriers sont coupés* sont bien *un pur monologue intérieur* (« *monologue autonome* » pour nous), et ce fait, que l'intuition du lecteur peut observer, est confirmé par une analyse énonciative. L'œuvre de Dujardin n'est en rien un autorécit, car elle ne peut pas avoir le lecteur pour destinataire. Le « personnage » n'y communique qu'avec lui-même, et l'œuvre ne relève en rien de l'analyse des récits.

ଓ

Bien qu'il porte le sous-titre de « roman », le *Planétarium* (1959) de N. Sarraute pose des problèmes analogues à ceux que soulève le livre de Dujardin. D'entrée de jeu, l'œuvre nous fait pénétrer dans la conscience d'un « personnage », et beaucoup plus nettement que les *Lauriers* :

> *Non vraiment, on aurait beau chercher, on ne pourrait rien trouver à redire, c'est parfait... une vraie surprise, une chance... une harmonie exquise, ce rideau de velours, un velours très épais...*

et, un peu plus bas :

> *Mais quel danger, quelle folie de choisir sur des échantillons, dire qu'il s'en est fallu d'un cheveu – et comme c'est délicieux maintenant d'y repenser – qu'elle ne prenne le vert amande. Ou pire que ça, l'autre, qui tirait sur l'émeraude...*

Le lecteur perçoit très vite que ce discours n'est pas adressé à une personne extérieure, et qu'il s'agit d'un monologue intérieur. La technique utilisée, contrairement au choix fait par Dujardin, est celle du discours indirect libre au présent : le pronom « elle » dénote clairement le personnage qui monologue, et nous trouvons là un monologue intérieur narrativisé. Le repérage effectué par le pronom de 3e personne est le fait d'un narrateur primaire, dont la fonction traditionnelle serait de gérer le récit et de donner la parole aux personnages, ou du moins rapporter leurs propos et leurs pensées.

On ne trouve rien de tel dans le « roman » de N. Sarraute : l'œuvre est une série de monologues intérieurs, qui, selon le cas, correspondent ou non à des sections – lesquelles ne sont d'ailleurs jamais désignées comme telles ni numérotées. Comme le monologue autonome de Dujardin, les monologues intérieurs du *Planétarium* intègrent parfois des fragments de dialogue signalés, selon les conventions, par des guillemets : les personnages *continuent à monologuer alors même qu'ils sont engagés dans une conversation* : les citations qui nous rapportent les fragments de dialogue, noyées dans le flux du courant de conscience, sont faites, ou donnent l'impression d'être faites par le personnage, et non par le narrateur primaire jamais manifesté. Ainsi, ce que ces citations nous font entendre, ce ne sont pas les paroles prononcées, mais l'effet qu'elles produisent sur le personnage ; elles ne présentent pas la production des énoncés concernés, mais plutôt leur *réception* par le personnage, et *l'écho qu'elles trouvent dans sa conscience*. De plus, et de façon paradoxale, ceci vaut également pour les paroles prononcées par le personnage lui-même, qui semble entendre son propre discours comme il entend celui des autres. On lit ainsi, au premier chapitre, qui évoque, plus qu'il ne raconte, la pose d'une porte en bois massif dans l'appartement d'une vieille dame, telle qu'elle est vécue par celle-ci :

> *Ils déboutonnent sans se presser leurs vestes de cuir, ils frottent leurs mains engourdies par le froid, ils ont cet air imperturbable, ces gestes lents, ce calme professionnel du médecin, tandis que la famille anxieuse attend... elle a envie de les pousser, de les tirer par la main... « Venez voir... mais c'est affreux... ça gâche tout... regardez l'allure que ça a là-dessus, cette poignée de porte et cette plaque de propreté... » Leur visage est impassible, fermé : « Eh bien, qu'est-ce qu'elles ont ? C'est celles qu'on nous a fournies. On a suivi les ordres du patron... »*
>
> *Les ordres, c'est tout ce qu'ils comprennent... des automates, des machines aveugles, insensibles, saccageant, détruisant tout... Des ordres – c'est tout ce qu'ils connaissent.*

Ce passage, représentatif de l'ensemble du « roman », met en évidence les deux propriétés énonciatives constitutives de l'œuvre :

1. Le texte étant entièrement composé en discours indirect libre, il y a nécessairement quelque part un énonciateur-narrateur qui rapporte les pensées des personnages, tous dénotés par des pronoms de 3e personne. Toutefois, ce narrateur est réduit à sa plus simple expression, *il n'est rien d'autre qu'un repère-origine* – encore ne repère-t-il que les personnages (par les pronoms de 3e personne, comme il se doit en discours indirect libre) ; les marques de temps sont régulièrement des marques de présent ; la conscience des personnages suit généralement le cours des événements, et use donc du présent qu'on trouverait dans une narration simultanée (voir ci-dessus : « ils déboutonnent... leurs vestes de cuir, ils frottent leurs mains »). Le report de ces repérages par le narrateur se fait également sur le mode de la simultanéité, et les présents de discours intérieur des personnages sont conservés. Aucun temps du récit traditionnel, aucun aoriste ne vient manifester l'activité énonciatrice de ce narrateur qui se borne à permettre le fonctionnement du discours indirect libre.

Le fait crucial, à la fois énonciatif et littéraire, est ainsi non pas *l'absence totale* d'un narrateur, comme chez Dujardin, mais *sa réduction à un pur repère-origine*.

2. Si l'on admet, comme nous l'avons fait, que le texte de l'œuvre est entièrement composé en discours indirect libre, on doit d'une part montrer que le récit – même un récit au présent – n'a absolument aucune place dans l'œuvre et, corrélativement, admettre que le monologue narrativisé assume, chez N. Sarraute, une fonction plus large que celle qu'il reçoit en général, et en particulier dans les textes du courant de conscience.

Ce qu'on peut appeler la fonction stricte du monologue narrativisé est illustré par le premier extrait du *Planétarium* cité ci-dessus : il s'agit de communiquer au lecteur ce qui se passe dans la conscience du personnage, c'est-à-dire de reproduire fidèlement (aux pronoms personnels près) les pensées, les perceptions, les émotions qui occupent sa conscience. Il s'agit bien là de « courant de conscience », c'est-à-dire d'un texte plus ou moins construit qui suit le déroulement des représentations qui, d'instant en instant, occupent la conscience.

Le monologue narrativisé du *Planétarium* ne répond pas de bout en bout à cette définition ; l'une des raisons de ce fait étant qu'il a la charge de nous informer des événements qui, sans constituer un récit organisé, doivent tout de même être mentionnés. Ces événements ne peuvent pas toujours être communiqués au lecteur à travers l'impact qu'ils ont sur la vie intérieure des personnages, tels qu'ils sont pensés et ressentis par eux. Il en résulte que certains passages, ou énoncés ou parfois même fragments d'énoncés, qui doivent nous informer de certains faits, pourraient facilement être considérés comme *narratifs*, donc comme manifestant l'activité de l'énonciateur-narrateur si discret par ailleurs. Considérons par exemple les lignes suivantes (*op. cit.*, p. 8) :

Cette excitation délicieuse, cette confiance, cette allégresse qu'elle sent tandis qu'elle monte l'escalier, sort la clef de son sac, ouvre sa porte, elle l'a souvent remarqué, c'est un bon signe, un bon présage...

Le début de l'énoncé manifeste l'ambiguïté bien connue qui fait qu'un fragment de discours indirect libre peut fréquemment être lu comme un fragment de récit (cf. 5.3) : aucun fait énonciatif n'impose l'une ou l'autre interprétation, et on en est réduit à invoquer la vraisemblance psychologique des deux lectures. Dans le cas présent, il semble peu probable que le personnage, en accomplissant certains gestes (monter l'escalier, etc.) ait présent à sa conscience le fait qu'elle est en train d'accomplir ces gestes habituels : le critique est en droit de se demander si certains fragments de récit ne viennent pas parfois, comme ici, s'intercaler dans les longs passages en monologue narrativisé, et si donc l'énonciateur, repère-origine et « relais » de tous les discours indirects libres, *ne devient pas un instant un narrateur primaire classique*.

Ce n'est pas, semble-t-il, l'impression que N. Sarraute veut créer : l'incise « elle l'a souvent remarqué » interrompt l'énumération des gestes du personnage apparemment décrits de l'extérieur, pour nous replonger dans sa conscience : ces gestes, comme ailleurs les fragments de dialogue, ne sont pas racontés tels qu'ils ont lieu, mais tels qu'ils sont vécus et perçus, tels qu'ils retentissent dans la vie intérieure que le monologue intérieur rapporte.

Le narrateur primaire serait donc bien réduit à la fonction minimale d'origine pour le repérage des personnes par pronoms personnels et de rouage énonciatif indispensable à l'écriture d'un « roman » composé de monologues intérieurs narrativisés. *Le Planétarium* occupe ainsi une place remarquable dans la *gradation qui va du récit classique au pur monologue* : *Les Lauriers* de Dujardin font totalement disparaître le narrateur, sans que le personnage qui dit *Je* apparaisse comme l'auteur d'un auto-récit. *Le Planétarium* va un peu moins loin, en laissant subsister un énonciateur origine, par relais des discours intérieurs : *il se situe à la frontière entre récit et monologue*. Plus près sans doute du pur monologue, car il n'a pratiquement aucune des propriétés constitutives du récit :

- On n'y décèle aucune relation au lecteur, le narrateur étant déconstruit, réduit à un rouage énonciatif[5].

---

5. L'auteur, lui, « communique », inévitablement, avec son public, auquel il

– Le fictif, s'il n'est pas mêlé au réel comme cela se produit dans *Jacques le fataliste*, ne constitue en rien un univers peuplé de personnages caractérisés, agissant et se déplaçant dans l'espace.

– Bien qu'à travers la séquence des monologues narrativisés on puisse déceler des « moments » qui se succèdent, l'œuvre ne donne pas le sentiment de l'écoulement du temps.

– Le problème de la relation du narrateur aux personnages, la cinquième des catégories du récit distinguées plus haut, ne se pose plus : d'une part le narrateur a presque disparu, on l'a vu ; d'autre part, les « personnages », s'ils ont (indirectement) la parole par le biais des monologues narrativisés, *ne sont pas des personnages au sens classique* : ils ne sont qu'exceptionnellement nommés (dans les dialogues), n'ont pas de caractère analysable, de comportements caractéristiques, et ne sont pas conçus pour *imiter* des personnes réelles. Ils sont le *support de mouvements intérieurs* qui constituent une vie intérieure peu construite, dont la succession remplace l'intrigue de la majorité des romans classiques[6].

Ces quelques remarques suffisent à montrer que *Le Planétarium* constitue, au sens le plus plein du terme, une « expérience », et même davantage : *il se présente comme un modèle nouveau*, qui ne relève plus du récit et qui ne vise à rien d'autre qu'à créer un nouveau type de roman, mais un roman sans narrateur, sans personnages, sans récit, constitué entièrement de monologues narrativisés reliés les uns aux autres par des liens très lâches, parfois obscurs. On voit que *Le Planétarium* est très proche des *Lauriers* de Dujardin, et on se demande si le livre ne pourrait pas être appelé « monologues intérieurs » plutôt que « roman ».

On sait que le propos de N. Sarraute (cf. notamment *L'ère du soupçon*, *op. cit.*, p. 1584-1586) est d'éliminer « les personnages, tels

---

propose son œuvre – mais ceci n'est en rien caractéristique des récits de fiction.

6. Sur ces « mouvements intérieurs » que N. Sarraute nomme « tropismes », voir en particulier « Tropismes » (*Œuvres complètes*, 1986, p. 3-35).

que les concevait le vieux roman... » qui « ne parviennent plus à contenir la réalité psychologique actuelle ». Dans le roman moderne, dont le *Finnegan's Wake* de Joyce et *Le Bruit et la Fureur* de Faulkner sont des exemples représentatifs, le lecteur doit, pour N. Sarraute, être « plongé et maintenu jusqu'au bout dans une matière anonyme comme le sang, dans un magma sans nom, sans contours » (*op. cit.*, p. 1586).

6.2.2. La séparation du monde réel et du monde fictif

La deuxième loi constitutive du récit de fiction est la séparation radicale du monde fictif et du monde réel. Elle concerne spécifiquement le récit de fiction, et non la fiction en tant que telle. Si celle-ci inspire presque tous les récits littéraires, romans, nouvelles, contes, fables, etc., les monologues évoqués ci-dessus à propos de Dujardin et de N. Sarraute relèvent de la fiction mais non du récit. Ils ignorent les lois du récit plus qu'ils ne les violent ; ils ne prétendent nullement créer un univers fictif. C'est cela au contraire que visent à faire les récits de fiction, tout particulièrement les romans.

Or, parmi ces récits de fiction – à certains desquels on refuserait peut-être le nom de roman – il en est qui constituent des variations ou des expériences *à l'intérieur* du genre « récit de fiction ». Les uns négligent, à quelque degré, les lois de la fiction ; les autres piétinent surtout les lois du récit ; souvent, ces deux types d'infractions sont associés. C'est le cas de deux œuvres célèbres, *Tristram Shandy* de Sterne, publié entre 1760 et 1767 et *Jacques le fataliste* de Diderot, rédigé sans doute en 1772, mais publié en allemand quelques années après, pour ne paraître en français qu'en 1796.

Le titre complet du livre de Sterne, *Vie et opinions de Tristram Shandy, gentilhomme*, suggère déjà que l'œuvre ne ressemble guère aux récits d'action, tels le *Robinson Crusoë* de Defoe ou *l'Île au Trésor* de Stevenson, qui sont fondamentalement des récits d'aventures et, par là, sont tenus de se plier, sous peine d'obscurité, à un respect minimum de l'ordre chronologique des événements. Même chez Proust, où les rétrospections et anticipations sont essentielles au projet littéraire, la chronologie générale reste perceptible. Sterne, au contraire, affiche d'un bout à l'autre de l'œuvre un mépris total de la chronologie, qui s'accompagne d'un égal mépris pour les règles implicites, mais généralement respectées, de la composition ; outre leur nature, la longueur des 300 chapitres de l'œuvre obéit au pur caprice : le chapitre 24 du livre IV est entièrement omis ; le chapitre 5 du livre VI se réduit à une phrase ; les chapitres 18 et 19 du livre IX sont laissés en blanc et insérés après le chapitre 25. La fantaisie qui gouverne la composition se retrouve assez naturellement dans l'ordre de présentation des événements. Après avoir, au début du livre, manifesté un respect pointilleux mais humoristique de la chronologie en évoquant la conception du héros autobiographique, avant de parler de sa naissance plusieurs chapitres plus loin, le texte ne suit plus que l'ordre arbitraire des associations de pensée : la chronologie est totalement niée, au point que le livre IX, le dernier, se termine avec l'année 1713, c'est-à-dire cinq ans avant la naissance du héros.

La fantaisie débridée qui préside à la composition du livre suffit à montrer que Sterne ne se soucie nullement d'écrire un récit. Son œuvre est plutôt un défi aux lois du genre. Elle est un tableau des « opinions » de Tristram et d'autres personnages, où l'ordre est à la fois « progressif » et « digressif » ; le narrateur nous déclare qu'à travers les innombrables digressions, il poursuit encore son propos (1955, p. 67). Ruptures, digressions, pendant lesquelles les portraits vont leur chemin, sont plus essentielles qu'un éventuel ordre des événements. L'œuvre est aussi, de façon presque inévitable, un défi à la loi fondamentale de la fiction, qui est la séparation radicale du fictif et du réel. Sterne franchit avec la plus totale insouciance la barrière qui sépare le fictif du réel, et on voit ainsi le narrateur, fictif par définition, adresser des instructions à l'imprimeur qui est, lui, bien réel. De la même façon, le chapitre 38 du livre VI est essentiellement une page blanche où le lecteur, tout aussi réel que l'imprimeur, se voit invité à fournir lui-même une description de la veuve Wadman : les lois du récit et celles de la fiction sont ici simultanément piétinées. Du point de vue narratologique, *Tristram Shandy* est une expérience narrative et de philosophie de la narration.

ↂ

Dans *Jacques le fataliste*, la désinvolture à l'égard des lois du récit de fiction, essentielle au projet littéraire, est comparable à celle dont fait preuve *Tristram Shandy*. Dès les premières phrases, Diderot renonce au pouvoir fondamental d'un narrateur (qu'il soit fictif ou réel) : celui de connaître l'histoire qu'il raconte ; il rejette en même temps la contrainte qui pèse sur un narrateur : celle de dire ce qu'il sait d'une histoire vraie ou qui – dans la fiction – est censée être vraie :

> *Comment s'étaient-ils rencontrés ? Par hasard, comme tout le monde. Comment s'appelaient-ils ? Que vous importe ? D'où venaient-ils ? Du lieu le plus prochain. Où allaient-ils ? Est-ce que l'on sait où l'on va ?*

Tout au long de la séquence de récits qui constitue l'œuvre, la narrateur autobiographique de *Jacques le fataliste* multiplie des appels au lecteur qui, en eux-mêmes, ne constituent pas une infraction aux règles du récit autobiographique, dont le lecteur est le destinataire, mais qui, par leur contenu, ne peuvent émaner que d'un pseudo-narrateur racontant un pseudo-récit. La désinvolture de Sterne se retrouve chez Diderot lorsque le narrateur remet sans cesse à plus tard, sous des prétextes futiles, le récit des amours de Jacques, qui est censé commencer à la page 3. Le trait le plus caractéristique de l'œuvre est que les adresses au lecteur ne visent pas à l'émouvoir ni le convaincre ou l'instruire, si ce n'est de *l'arbitraire du récit* : le narrateur souligne fréquemment qu'il fait faire à ses héros ce qu'il veut, et que son récit, en dernière analyse, relève de son caprice et de décisions souveraines immotivées. Ainsi lit-on à la page 3 :

> *Vous voyez, lecteur, que je suis en beau chemin, et qu'il ne tiendrait qu'à moi de vous faire attendre un an, deux ans, trois ans les amours de Jacques, en le séparant de son maître et en leur faisant courir à chacun tous les hasards qu'il me plairait* [...] *Qu'il est facile de faire des contes !*

Par certains aspects, *Jacques le fataliste* est en effet un conte philosophique, dont le thème central est celui du destin qui gouverne la vie des hommes et qui, n'étant lui-même déterminé par aucune conscience supérieure connue, a l'arbitraire du hasard. Les choix arbitraires qui émaillent le récit sont ainsi l'image de l'arbitraire que subissent et que créent les hommes. Les infractions aux lois du récit et au statut du narrateur relèvent d'une technique littéraire qui, elle, n'est ni marginale ni arbitraire, mais qui sert le projet littéraire de l'auteur.

L'expérience que constitue *Jacques le fataliste* porte également, comme chez Sterne, sur la séparation du réel et du fictif : le narrateur fictif de Diderot donne, lui aussi, des instructions au lecteur réel de l'œuvre, mais celles-ci portent surtout sur le rôle qu'il pourrait jouer dans le récit, en fonction de ses préférences personnelles. Ainsi, page 373 :

> *Je vois, lecteur, que cela vous fâche ; eh bien, reprenez son récit où il l'a laissé, et continuez-le à votre fantaisie, ou bien faites une visite à Mlle Agathe* [...] *voyez Jacques, questionnez-le.*

Diderot, comme le faisait déjà Sterne, use ici d'une variété de trope que Fontanier (1968, p. 129) appelle *métalepse*, par laquelle « on abandonne tout à coup le rôle de narrateur pour celui de maître..., en sorte que au lieu de raconter simplement une chose qui se fait..., on commande, on ordonne qu'elle se fasse ».

6.2.3. L'alternance des deux types de narrateur

Si la mise en jeu d'un narrateur s'adressant à un lecteur est pour nous une propriété définitoire du récit de fiction, toute œuvre de fiction se définit aussi par le choix inévitable entre deux types de narrateurs, l'autobiographe et l'anonyme. La quasi-totalité des œuvres de fiction littéraires font clairement ce choix, et s'y tiennent d'un bout à l'autre du texte, ce choix étant en grande partie imposé par la nature du projet littéraire (cf. sur ce point 4.2.3). L'unité esthétique et littéraire du récit de fiction rend à peu près inconcevable le passage systématique d'un type de narrateur à l'autre.

De fait, le changement du type de narrateur à l'intérieur d'un roman, d'un conte, d'une nouvelle ne se rencontre que rarement dans les œuvres littéraires. On le trouve plus souvent dans les œuvres qui relèvent de l'infra-littérature et les romans policiers. C'est le cas dans *The ABC Murders*, d'A. Christie, récit autobiographique comportant 35 chapitres, dont 8 sont confiés à un narrateur anonyme, ce qui est signalé dans le titre de chacun de ces chapitres. L'intérêt du passage du récit autobiographique au récit anonyme est assez évident, notamment dans le cas d'un roman policier, le récit anonyme et son « omniscience » facilitant grandement la communication au lecteur de l'information narrative.

Le même procédé est utilisé par P.D. James dans *The Children of Men* (1992), traduit sous le titre *Les fils de l'homme*. Pour donner à l'un des héros de l'histoire – qui relève de la science-fiction plutôt que du roman policier – le rôle d'un acteur-témoin, P.D. James fait alterner le récit anonyme et l'autobiographique : le personnage-témoin a la parole dans 11 des 33 chapitres du livre, et exprime ainsi directement son point de vue, qui est celui d'un acteur à la fois marginal et déterminant.

Une des rares œuvres littéraires où alternent les deux types de narration est *Les faux-monnayeurs* de Gide (1925). Là encore, la rédaction en 1re personne est dévolue à un personnage éminent, dont le point de vue a une importance primordiale et nous est communiquée dans 12 des 43 chapitres du livre, qui portent tous le titre « Journal d'Édouard ».

Cette alternance des deux types de narrateur ne prétend pas renouveler les lois du récit de fiction. On doit la considérer comme une variation bien plutôt que comme une expérience. Certains critiques pourraient y voir une faiblesse de l'œuvre, où l'auteur ne parvient pas à faire passer toute l'information narrative par un seul canal. Cette critique, toutefois, ne peut s'appliquer aux deux dernières œuvres citées, où le récit anonyme est dominant, et où les chapitres en 1re personne ont la fonction littéraire de donner une place éminente au point de vue d'un personnage qui s'exprimerait plus faiblement dans des passages en discours rapporté dominés par un narrateur anonyme.

6.2.4. L'abandon de l'aoriste et l'effacement de la durée

On a fait observer plus haut (cf. notamment 2.5.3) que la succession de plusieurs verbes à l'aoriste (passé simple français, preterit anglais) permet de créer le sentiment d'une *successivité* des procès, donc d'une *durée* (« Il lut son courrier, donna un coup de téléphone et reprit son travail »). Ceci explique que l'aoriste soit le temps de base des récits et que, accompagné des temps-aspects qui lui sont associés (imparfait, plus-que-parfait, passé antérieur), il structure les récits et leur donne la dimension temporelle qui les constitue comme tels[7]. Les procès exprimés par des passés simples ou des prétérits (aoristes « purs ») sont présentés comme dépourvus de lien, temporel ou causal, avec le présent de l'énonciation. En termes culioliens, ils font l'objet d'un repérage « en rupture » (cf. 2.5.3) qui est, à la limite, un non-repérage. Ils doivent donc, dans un récit, être repérés par un élément contextuel, date ou autre procédé (« Il mourut le jour de Noël »).

Si un texte d'où l'aoriste est totalement absent se présente néanmoins comme un récit, il pose au moins deux problèmes : ce texte parvient-il à donner le sentiment de l'écoulement du temps ? Si oui, quelle vision de la succession des événements serait offerte par un tel texte ? En quoi se distingue-t-elle de celle qui est fondée sur une série de formes verbales aoristiques ?

L'œuvre célèbre de Camus, *l'Étranger*, qui se présente comme un roman, pose précisément ces deux problèmes : les temps verbaux utilisés sont le présent et les temps qui lui sont associés : le passé composé, qui est, rappelons-le, un présent à l'aspect perfectif, le futur, qui exprime une modalité de « visée » à partir du présent de l'énonciation, mais aussi l'imparfait, temps à valeur aoristique qui, lui, est inévitablement usité dans les récits « classiques », entendons les récits à l'aoriste.

La forme verbale la plus fréquente dans *l'Étranger* est le passé composé. L'expérience de Camus y consiste donc à écrire un récit au passé composé, forme qui, tout en évoquant des faits passés, n'en reste pas moins fondamentalement un temps du présent, compatible, on l'a dit (cf. 3.5.2) avec des repères temporels présents (*J'ai maintenant terminé mon rapport. J'ai envoyé un télégramme aujourd'hui*). L'expérience – qui serait impossible en anglais avec le « present

7. On a indiqué également que, dans certains romans modernes, les passages à l'aoriste alternent avec des passages au passé composé, ainsi *Capitaine Conan* de R. Vercel. Ce fait doit être expliqué en termes littéraires, comme une alternance de fragments narratifs et de descriptions d'un état présent résultant d'événements passés, généralement récents, qui relèvent du journal et non du roman.

perfect » – n'est linguistiquement possible en français qu'en raison de la dualité du passé composé, compatible avec des repères temporels passés (*Je lui ai parlé hier*) aussi bien que présents. En première analyse, on peut ainsi distinguer deux types d'emploi du passé composé, l'un en contexte présent, l'autre en contexte passé. Les deux sont régulièrement utilisés dans *l'Étranger*, sans que ce fait crée le sentiment d'une rupture textuelle (« *Aujourd'hui, maman est morte* », à la première page, « *J'ai pris l'autobus à deux heures* », à la page suivante) (1962). Pour cette raison, et pour des raisons linguistiques, on doit rechercher une unité sémantique du passé composé, qui transcende sa dualité apparente. En termes non techniques, on écrit volontiers que le passé composé et le present perfect anglais effectuent un *bilan* présent d'événements passés : il s'agit dans les deux cas de voir le passé du point de vue du présent, ou encore de décrire le présent en tant qu'il est affecté par les événements passés (cf. 2.5.3). La différence entre l'anglais et le français est que l'opération « bilan présent du passé » exclut, en anglais, que les faits passés soient repérés comme tels, alors qu'elle l'admet en français.

Il reste alors à expliquer comment *l'Étranger* peut tout de même ressembler à un récit et être baptisé « roman » par son auteur tout en n'utilisant que des formes verbales qui sont fondamentalement des présents. Il faut expliquer comment ce texte parvient à marquer la successivité des événements, sans donner véritablement le sentiment de l'écoulement du temps.

La réponse tient d'une part à la valeur sémantique de la forme *avoir* (ou *être*) + *PP* (« participe passé ») et à l'analyse qu'on en donne, d'autre part au type de repères temporels utilisés.

La valeur aspectuelle perfective du passé composé (et du present perfect) a été présentée plus haut (cf. 2.5.3) : le procès au perfectif est l'objet d'une vision globale, comme dans le cas de l'emploi d'un aoriste (le procès est vu comme achevé dans les deux cas), mais il est envisagé *sous l'angle de sa borne terminale*, et par ailleurs il est *repéré par sa relation au présent de l'énonciation* (par « localisation », en termes culioliens), ce qui n'est pas le cas avec l'aoriste. Il est vu rétrospectivement, comme laissant derrière lui un espace temporel où règne un état de choses nouveau, espace dit « adjacent » qui crée sa relation au moment présent. Dans ces conditions, une série de procès exprimés par des passés composés *ne crée pas de successivité*, chacun d'eux étant, indépendamment, relié au présent : dans

> *J'ai parcouru le monde, j'ai observé les hommes, j'ai lu, j'ai médité ; quelle sagesse ai-je acquise ?*

les procès ne sont pas situés les uns par rapport aux autres. Ils représentent une sorte *d'empilement* d'expériences successives ou simultanées qui n'ont de lien qu'avec le présent. Ce court fragment ne donne qu'une image partielle du traitement du temps dans le texte de *l'Étranger* : la durée y est absente, aucune histoire ne pourrait être racontée sur ce mode.

La ressource narrative dont l'auteur de *l'Étranger* avait besoin pour introduire la successivité nécessaire dans une longue séquence de passés composés et de temps apparentés au présent était l'emploi à la fois récurrent et discret de repères temporels qui, compatibles avec le passé composé français, donnent une dimension temporelle au texte. La plupart de ces repères sont des adverbes qui marquent la pure succession de deux procès : *puis, ensuite, peu après, très vite,* dont on trouve 16 occurrences dans les 9 pages du premier chapitre. D'autres, également fréquents, marquent une simultanéité : un procès en repère un autre au moyen d'un adverbial de temps, tels *alors, à ce moment,* ou d'une circonstancielle (« Quand elle est partie, la concierge a parlé ») (22 occurrences dans le premier chapitre) ; les procès ainsi repérés s'intègrent à la chronologie esquissée par les repères du premier type.

Rarissimes sont les repérages du type *date*, qui n'instaurent de relation ni entre deux procès, ni entre un procès et le présent de l'énonciation. On en trouve un seul exemple dans le premier chapitre : « J'ai pris l'autobus *à deux heures* », qui d'ailleurs n'a de sens que par rapport à l'« *aujourd'hui* » qui ouvre le récit. Malgré une certaine analogie avec un *journal*, où l'écoulement du temps est marqué par la succession de journées identifiées, le texte de *l'Étranger* ne fait qu'occasionnellement réapparaître le déictique *aujourd'hui* pour désigner chaque fois une journée différente non ancrée dans le temps, et simplement postérieure aux précédentes.

L'Étranger est ainsi un roman qui, d'une part nous raconte bel et bien une histoire, grâce à l'emploi systématique des repères de successivité, mais dont, d'autre part, les événements sont repérés par rapport au moment de la narration, en vertu des formes verbales, qui sont en majorité du type « présent » perfectif.

De là provient le caractère paradoxal et profondément original de l'œuvre : d'une part elle nous présente une histoire qui, inévitablement, se déroule dans le temps ; d'autre part, les événements qui la constituent, tous vus depuis le présent de la narration (ou de narrations successives mal identifiées) car repérés par rapport à lui, donnent le sentiment d'être « déjà là », de représenter un acquis. Ils *ne surgissent pas* au fil de l'histoire, puisqu'ils sont les éléments d'un bilan, donc déjà connus, non seulement en eux-mêmes, mais dans les situations qui leur ont succédé et dont le présent fait partie.

L'impression produite par une histoire où ce qui se produit est, en quelque façon, déjà là est que les événements ne pouvaient pas ne pas avoir lieu, car la situation de narration-énonciation en est l'aboutissement. *L'Étranger*, si on le classe parmi les récits de fiction, n'y peut figurer que comme une expérience. Il est à l'opposé des récits d'aventures où, à chaque instant, l'avenir est ouvert. Faut-il dire que, dans le roman de Camus, les événements, quand ils se produisent, étaient déjà écrits ? L'impression qu'ils étaient *destinés à avoir lieu* est renforcée par le silence du narrateur quant aux motivations, vécues ou supposées, des personnages.

☙

L'emploi du passé composé dans des œuvres qui se présentent comme des récits se retrouve dans un certain nombre de nouvelles et de romans modernes, généralement courts. On peut citer par exemple *La Ronde*, nouvelle de Le Clézio, *La Place*, roman d'A. Ernaux, *La Vie tranquille* de M. Duras, *La Femme rompue*, récit de S. de Beauvoir. Ce dernier texte se caractérise par le fait que le sentiment de l'écoulement du temps n'y est pas radicalement affecté comme il l'est dans *l'Étranger* : les repères temporels créateurs de la successivité y sont utilisés assez fréquemment, associés aux passés composés comme dans un récit oral, pour donner au texte une structure chronologique « classique ». On peut voir un symptôme de cette dimension temporelle du texte dans la présence de *trois* passés simples dans les 88 pages qu'il comporte : ces aoristes apparaissent, inévitables à un certain moment, comme une sorte de preuve que, au long du récit, le temps s'est bel et bien écoulé.

Ces récits au passé composé semblent plus destinés à utiliser en littérature les ressources du récit oral qu'à répéter l'expérience de Camus dans *l'Étranger*. Ils restent actuellement peu nombreux, et ne laissent pas présager la substitution universelle du « passé composé narratif » des récits oraux au passé simple aoristique des récits littéraires.

6.2.5. Narrateur et personnages : vers une fusion des points de vue

On a fait observer déjà que, dans une œuvre narrative où des personnages se voient attribuer la parole par un narrateur-énonciateur, ou dont l'activité consciente est rapportée, sous une forme ou une autre, par ce même narrateur, on peut distinguer la présence dans l'œuvre de *deux activités énonciatrices*, alors même que, naturellement, l'une d'elles – celle des personnages – est nécessairement dominée par l'autre. Le discours intérieur des acteurs de l'histoire, tout particulièrement quand il nous est communiqué en discours indirect, et non purement cité, subit, de la part du narrateur, un travail qui change son statut énonciatif (cas du discours indirect libre), et qui, en outre, dans le cas du discours indirect classique, modifie son contenu même. À cela s'ajoute, par des procédés divers, une *mise à distance*, volontiers critique, des pensées du personnage (la *dissonance*) ou, au contraire, l'impassibilité d'un narrateur soucieux avant tout de « *montrer* » ses personnages, éventuellement avec une sympathie qui reste implicite (la *consonance*).

La consonance peut être vue comme une sorte d'*attraction exercée par le personnage* : le narrateur accepte plus ou moins nettement, et de façon intermittente ou continue, les points de vue d'un personnage. Ce phénomène est l'un de ceux qui, comme le développement du monologue intérieur, manifestent à l'époque moderne *l'émancipation* des personnages : conformément au vœu de Flaubert, le narrateur va de plus en plus vers les personnages.

Le surgissement d'un passage narratif consonant ne peut guère se produire qu'à la faveur d'un fragment de psycho-récit ou de monologue narrativisé, plus rarement de monologue rapporté : il faut que l'activité consciente du personnage ait une importance suffisante dans le passage pour pouvoir exercer cette force d'attraction qui va se manifester dans le discours narratif. On peut ainsi postuler des conditions *narratologiques* d'apparition des fragments narratifs consonants.

ଔ

Si l'on se donne une conception tout à fait rigoureuse du récit anonyme, on doit considérer qu'il ne peut faire place à la composante appréciative d'un point de vue qui serait celui du narrateur : celui-ci possède, de par son statut, une « liberté épistémique » totale, qui lui donne une maîtrise absolue des savoirs qu'il met en œuvre. En revanche, s'il « sait tout », il n'est pas censé éprouver d'émotions ni porter de jugements de valeur[8]. Son statut énonciatif explique qu'il puisse néanmoins introduire un degré, d'ailleurs très variable, de consonance dans son récit : en vertu de son savoir universel, l'emploi d'un terme évaluatif ou affectif pourra être interprété comme reflétant le point de vue d'un personnage – à la condition que soit reconnu le pouvoir d'« attraction » que peut exercer un tel point de vue sur le récit anonyme.

L'adoption du point de vue d'un personnage par un narrateur anonyme théoriquement objectif revêt les formes les plus diverses. Elle peut se limiter à l'emploi occasionnel d'un ou plusieurs termes évaluatifs ou affectifs, interdits en principe au narrateur, et qui d'autre part sont facilement interprétables comme reflétant les émotions d'un personnage. Un exemple remarquable tiré de *La*

---

8. Cette règle du récit anonyme est, on le sait, souvent violée par de grands romanciers des siècles classiques, de Fielding à Balzac et Thackeray. Il paraît néanmoins difficile de ne lui faire aucune place dans le « modèle » du récit anonyme ; c'est plutôt la rigueur plus ou moins extrême de sa formulation qui est ouverte à la discussion.

Chartreuse de Parme a déjà attiré l'attention des commentateurs[9] : Fabrice, assistant à la bataille de Waterloo, sans en voir que des épisodes isolés, découvre le cadavre d'un soldat, dont le narrateur nous a dit déjà qu'il « faisait horreur au cheval et au cavalier » (*op. cit.*, p. 37). Dans ce contexte de psycho-récit, le narrateur anonyme nous livre un énoncé d'abord purement descriptif :

> *Une balle, entrée à côté du nez, était sortie par la tempe opposée, et défigurait ce cadavre d'une façon hideuse.*

Le terme affectif *hideuse* surgit dans un contexte étroit purement descriptif, mais, en vertu du contexte large, qui analyse les réactions de Fabrice face au spectacle de la guerre, il est assez spontanément attribué au héros, par un phénomène qui a reçu des noms divers : « écho » des sentiments du personnage par le narrateur (Danon-Boileau), surgissement soudain d'une « focalisation interne » (Genette) ou encore *« contamination » d'un récit anonyme* par le point de vue d'un personnage, qui n'est pourtant pas, dans l'énoncé, un personnage rapporté.

Le début du roman nous fournit quelques exemples, toujours isolés car non systématiques, de cet « emprunt » par le narrateur d'un point de vue d'un personnage. Ainsi, page 63 (*op. cit.*) :

> *Le cheval qu'il venait d'acheter était magnifique, mais paraissait mourant de faim.*

L'évaluatif « magnifique » pourrait, sans violation grave des règles du modèle, être attribué au narrateur primaire, mais le contexte postérieur, qui relève du psycho-récit, suggère plutôt que l'énoncé tout entier reflète – pour un instant – le point de vue du personnage.

On observe ainsi, dans ces emprunts occasionnels d'un point de vue d'un personnage par le narrateur anonyme, un *contact* entre *deux « niveaux d'énonciation »*, c'est-à-dire entre l'énonciation d'un narrateur et l'expression d'une modalité appréciative dont le support est un personnage. Celui-ci n'est pas pour autant un énonciateur rapporté, mais l'emprunt occasionnel à son point de vue ne peut avoir

---

9. Cf. par exemple Danon-Boileau (1982, p. 46).

lieu que dans un contexte qui, d'une façon ou d'une autre, fait une large place à l'activité de sa conscience. Le narrateur reste naturellement gestionnaire du récit et auteur des repérages ; il ne peut emprunter, pour un instant, que des éléments évaluatifs ou affectifs qui relèvent, chez Culioli, de la « modalité appréciative ». Les repérages effectués dans le récit se trouvent ainsi, occasionnellement, *dissociés* de la modalité appréciative qui leur est normalement associée dans une seule et même activité énonciatrice.

Ces emprunts occasionnels d'un point de vue d'un personnage ne constituent que des *variantes locales* du modèle qu'est le récit anonyme.

ꕥ

Radicalement nouveau, révolutionnaire même, apparaît, au contraire, le recours à un récit anonyme où la consonance est ininterrompue et où, de plus, elle concerne toujours le même personnage, qui ressemble ainsi, par bien des aspects, à un héros autobiographique ; c'est le cas du roman de Joyce, *A Portrait of the Artist as a Young Man* (cf. sur ce point 5.1.2). L'usage que fait Joyce du récit anonyme est entièrement original, et mérite d'être considéré comme expérimental : si le héros, Stephen Dedalus, comme les autres personnages, est toujours traité comme une 3e personne, et désigné par son nom ou par le pronom *he*, il n'est pas excessif de dire que le récit ne nous fait pas sortir de sa conscience : malgré la variété des techniques narratives mises en œuvre, toute l'information narrative aurait pu être fournie par lui, de sorte que ce roman est de ceux qui se prêteraient le plus facilement à une conversion à un récit en 1re personne. En d'autres termes, ce récit anonyme nous maintient constamment informés du point de vue du héros. C'est naturellement le cas des passages en discours rapporté, dont telle est précisément la fonction ; le discours indirect classique, assez souvent utilisé, a souvent pour fonction d'introduire des passages, parfois assez longs, en discours indirect libre, seule expression linguistique du monologue intérieur. mais le trait dominant du récit de Joyce dans *Portrait* est le fait que, du point de vue de l'information narrative et des jugements appréciatifs – donc des composantes du

« point de vue » – ce récit pourrait presque toujours être fait par Stephen lui-même. Ainsi la description de la cour de récréation que l'on trouve à la page 2 du roman se présente comme exprimant la vision d'un narrateur-témoin anonyme, utilisant un style à la fois « objectif » et lexicalement élaboré, qui, contrairement à celui d'autres passages narratifs, pourrait ne pas être celui d'un jeune écolier. Mais, très rapidement et sans transition, le texte nous informe de la présence de Stephen dans la cour, puis de ses sensations, et de l'appréciation qu'il porte sur l'un de ses condisciples[10], ce dernier énoncé devant être interprété comme du monologue narrativisé en raison de l'énoncé en discours indirect qui le suit et l'explique. Au total, le paragraphe associe, de façon presque imperceptible, des notations d'allure « objective » (anonyme) de type narratif et du monologue narrativisé, dont le surgissement peut laisser penser que le début du paragraphe était peut-être du discours indirect libre non annoncé, mais réinterprétable comme tel après lecture de ce qui suit. Le lecteur hésite ainsi entre deux interprétations : la description de la cour de récréation était soit un monologue narrativisé non introduit, soit un fragment de *récit à consonance forte*, épousant le point de vue de Stephen, dont la présence est révélée dans un second temps, et dont les pensées vont de plus nous être révélées au moyen du discours indirect libre.

L'impression générale produite par des passages de ce type, qui sont nombreux dans le roman, est que, de toute façon, le regard du héros est partout présent : les énoncés d'allure narrative que l'on est tenté d'attribuer au narrateur sont réattribuables au personnage, ou bien, expriment de toute façon son point de vue, son savoir, ses jugements de valeur.

Un type d'énoncés consonants remarquable est celui des énoncés narratifs qui ont été appelés « *mimétiques* » (cf. Danon-Boileau, 1982, p. 72) : un énoncé mimétique est un énoncé qui contient des modalités (au sens culiolien) attribuables à un narrateur rapporté,

---

10. On lit ainsi : « *He kept on the fringe of his line...* » (il restait à la limite du groupe), puis « *He felt his body small and weak...* » (il se sentait petit et faible), et « *Rody Kickham was not like that* » (Rody Kickham n'était pas comme eux) (1990, p. 8).

cependant que les repérages sont effectués par le narrateur primaire. Il s'agit donc bien d'emprunt du point de vue d'un personnage par un narrateur. On trouve ainsi dans *Portrait* (p. 12-13) :

> *The bell rang and then the classes began to file out of the rooms and along the corridors towards the refectory. He sat looking at the two points of butter on his plate but could not eat the damp bread. The tablecloth was damp and limp.*[11]

Le passage, ainsi que ce qui suit, relève d'un récit primaire factuel ; seul le dernier énoncé introduit un point de vue appréciatif qui est assez clairement celui de Stephen, et pourrait donner le sentiment d'un changement de narrateurs que rien n'annonce. L'interprétation vraisemblable est celle d'un énoncé « mimétique », c'est-à-dire fortement consonant.

À la consonance des énoncés primaires s'ajoute l'emploi fréquent du monologue narrativisé qui plonge ou maintient le lecteur dans la conscience de Stephen. Joyce fait de cette technique narrative un usage extensif ; il l'utilise non seulement pour exprimer des contenus de conscience plus ou moins fugitifs, à la manière d'un courant de conscience, mais aussi, le plus souvent, *des souvenirs et des impressions persistants* à travers lesquels le présent est vécu. Le monologue narrativisé sert ainsi souvent à communiquer au lecteur l'information narrative : les faits passés nous sont racontés *sous la forme de souvenirs que Stephen en a* et qu'expriment le preterit et, le plus souvent, le past perfect[12].

---

11. « La cloche sonna et les élèves commencèrent à sortir en rangs de leurs salles, suivant les couloirs en direction du réfectoire. Immobile, il regardait dans son assiette les deux ronds de beurre mais il était incapable de manger le pain humide. La nappe était molle et humide ».

12. Ainsi, page 22 (*op. cit.*) : « *His father had told him, whatever he did, never to peach on a fellow* » (Son père lui avait dit, en toute circonstance, de ne jamais dénoncer un camarade). De même, page 26 : « *Then, why was he sent to that place with them ? But his father had told him that he would be no stranger there because his granduncle had presented an address to the liberator fifty years before* » (Dans ce cas, pourquoi l'avait-on envoyé là avec eux ? Mais son père lui avait dit qu'il n'y serait pas un étranger, parce que son grand-oncle avait fait au libérateur un discours d'accueil cinquante ans

Cet emploi remarquable du monologue narrativisé renforce l'impression dominante donnée par le roman, celle d'un narrateur qui s'identifie presque constamment à son héros : l'emprunt du point de vue du personnage par le narrateur anonyme va ici aussi loin qu'il est possible dans le sens d'une fusion.

Ce roman de Joyce, parmi d'autres, nous éloigne considérablement des œuvres narratives classiques où, sauf dans le discours indirect, la polyphonie ne compromet pas durablement la séparation des voix et des points de vue, et où les emprunts à la vision d'un personnage n'affectent que brièvement le récit primaire. Ici, le point de vue, parfois même le style, du héros tendent à contaminer le récit tout entier, donnant naissance à un type de roman que l'on ne peut qu'appeler *expérimental*. Mais il ne s'agit nullement d'une expérience comme celle de l'œuvre de Dujardin *Les lauriers sont coupés*, qui créent en fait un genre nouveau, le monologue autonome : les romans de Joyce restent des romans et, s'ils créent un modèle du genre romanesque, ce modèle n'est en rien le produit d'une expérience unique[13].

ꕤ

Des œuvres comme celles de Joyce et V. Woolf ont exercé une influence considérable, quoique sans doute diffuse, et bien difficile à mesurer, sur la littérature narrative française et anglaise du

---

auparavant).

13. Des observations analogues pourraient être faites à propos des romans de V. Woolf, publiés quelques années après le *Portrait* de Joyce. Chez V. Woolf, la technique narrative la plus frappante est l'alternance non marquée d'énoncés de récit factuel, de psycho-récit, et du monologue narrativisé qui, utilisant notamment l'ambiguïté énonciative constitutive des énoncés en discours indirect libre (cf. 5.3), fait naître une incertitude fréquente sur l'origine énonciative des énoncés. Ce jeu subtil sur la source énonciative d'énoncés qui se succèdent, souvent au sein d'un même paragraphe, frappe le lecteur dès la première page de *Mrs Dalloway*, qui est analysée en détail dans Danon-Boileau (1982, p. 111-115), où il est montré qu'à chaque instant la question « Qui parle ? » est posée au lecteur, sans qu'il puisse, le plus souvent, recevoir de réponse certaine.

XXe siècle. De façon un peu schématique, on peut distinguer deux propriétés narratologiques essentielles de ces œuvres qui ont exercé cette influence, et donné naissance à ce qu'on peut appeler, sans grossir exagérément le phénomène, *un nouveau type de discours narratif.*

La première de ces propriétés est le recours fréquent au monologue narrativisé. Il est assez connu que l'utilisation presque exclusive de cette technique est le fondement même des romans du courant de conscience, et aussi que, poussé à l'extrême, ce recours systématique au discours indirect libre pour suivre instant par instant les mouvements de pensée des personnages conduit à sortir du cadre du roman pour donner naissance à un « genre » ou à un « modèle » nouveau, celui du monologue, où la dimension temporelle et l'activité d'un narrateur ont à peu près totalement disparu (sur ce point, voir ci-dessus 6.2.1).

Mais il est une autre propriété constitutive du récit de Joyce ou de V. Woolf, fondée elle aussi sur les ressources linguistiques du discours indirect libre, qui a considérablement influencé des romans, parfois d'autres récits qui, fondamentalement, restent de type classique (le temps et la narration y jouent encore un rôle essentiel), mais où la relation narrateur - personnage n'en est pas moins nouvelle. Cette propriété est *l'alternance fréquente, sinon systématique, entre des énoncés relevant du récit factuel, du psycho-récit et du monologue narrativisé,* au sein d'un même chapitre ou d'un même paragraphe. Cette alternance est linguistiquement possible en raison du fait que tous ces types d'énoncés ont *le même énonciateur* : le narrateur primaire, qui peut être très présent, comme dans le psycho-récit, ou au contraire presque entièrement effacé, comme dans le monologue narrativisé ou le psycho-récit à consonance forte de type joycien.

C'est cette alternance entre des techniques narratives différentes, souvent renforcée par l'ambiguïté du discours indirect libre, qui a donné naissance à un nouveau type de discours narratif caractérisé par une *incertitude fréquente quant au point de vue exprimé* dans de nombreux passages de l'œuvre : il peut s'agir de celui du narrateur si l'énoncé considéré relève du récit ; il peut s'agir de celui du personnage si l'on est en monologue narrativisé. En outre – et c'est la condition nécessaire de ce nouveau type de discours narratif – *la différence entre les deux interprétations en vient à être peu importante* : si les énoncés en monologue narrativisé expriment, par définition, le point de vue du personnage, il en est presque de même des énoncés narratifs – récit factuel ou psycho-récit – qui accompagnent le monologue narrativisé. Le psycho-récit y est toujours fortement consonant, et marque la proximité du narrateur à l'égard de son personnage, voire sa sympathie ouvertement manifestée. Enfin, le récit factuel apporte une information qui, le plus souvent, est accessible au personnage et pourrait donc être livrée par lui, ou en tout cas, par les conclusions qu'on peut en tirer, ne saurait contredire le point de vue dominant du passage, exprimé tantôt par le personnage, tantôt par le narrateur.

Ce type de discours narratif ne caractérise pas un courant littéraire définissable, contrairement, sans doute – et malgré leur diversité – aux romans du courant de conscience. Il se retrouve au contraire chez des auteurs fort différents, dans des pays différents, et dans des œuvres aux ambitions littéraires très diverses. On a cité plus haut (cf. 5.3) le début de *La condition humaine* de Malraux pour illustrer le fait fondamental que, le plus souvent, un énoncé en monologue narrativisé pouvait aussi s'interpréter comme un énoncé primaire, dû au narrateur. Ce fait suffit à montrer que, partout où existe cette incertitude, il ne saurait y avoir de conflit, ni de divergence marquée entre les points de vue, exprimés ou suggérés, du personnage et du narrateur : dans ce cas, l'incertitude serait levée par l'opposition des contenus exprimés, savoirs ou appréciations.

Parmi bien d'autres du roman, un passage (*op. cit.*, p. 233, tableau en page suivante) illustre l'alternance, l'entrelacement même des diverses techniques narratives qui réalisent un type de fusion des points de vue dans le nouveau style romanesque postulé ici. Une interprétation, parfois incertaine ou discutable, est proposée pour chaque énoncé.

La complexité énonciative de ce passage, qui n'est pas exceptionnelle chez Malraux, atteint un degré particulièrement élevé, mais illustre bien ce qui nous apparaît comme un nouveau discours narratif, donc une « *expérience* », qui n'est pourtant pas isolée, comme le montreront d'autres extraits.

1.	« Pourvu que l'autre ne tarde plus », pensa Tchen.[14]	Monologue rapporté (point de vue de Tchen)
2.	Dans l'obscurité complète, il n'eût pas été aussi sûr de son coup,	Psycho-récit (point de vue de Tchen)
3.	et les derniers réverbères allaient bientôt s'éteindre.	Récit (pt de vue du narrateur) ou monologue narrativisé (point de vue de Tchen)
4.	La nuit désolée de la Chine des rizières et des marais avait gagné l'avenue presque abandonnée.	Récit (ou monologue narrativisé ?)
5.	Les lumières troubles des villes de brume qui passaient par les fentes des volets entrouverts, à travers les vitres bouchées, s'éteignaient une à une : les derniers reflets s'accrochaient aux rails mouillés, aux isolations du télégraphe ; ils s'affaiblissaient de minute en minute ;	Récit (ou monologue narrativisé ?)
6.	bientôt Tchen ne les vit plus que sur les pancartes verticales couvertes de caractères dorés.	Psycho-récit
7.	Cette nuit de brume était sa dernière nuit,	Monologue narrativisé ou récit
8.	et il en était satisfait.	Psycho-récit
9.	Il allait sauter avec la voiture, dans un éclair en boule qui illuminerait une seconde cette avenue hideuse et couvrirait un mur d'une gerbe de sang.	Énoncé primaire (pt de vue du narrateur) (ou monologue narrativisé ?)

14. Tchen, portant une bombe sur lui, se prépare à faire sauter la voiture de Tchang-Kaï-Tchek, et à sauter avec elle.

L'ambiguïté énonciative « énoncé primaire » (« récit ») *ou* monologue narrativisé, qui affecte les énoncés 3, 4 et peut-être 5 et 9, n'est pas un phénomène rare – on le trouvait déjà chez Flaubert – et repose sur des propriétés linguistiques connues du discours indirect libre. L'enchaînement d'énoncés rapportés de type différent (ainsi en 2-3, 7-8) n'a rien non plus d'exceptionnel.

En revanche, deux phénomènes illustrent l'originalité du discours narratif de Malraux qui – si l'on accepte nos interprétations – apparaissent comme des variantes narratologiques ou même des anomalies énonciatives. Le premier est qu'un même énoncé semble relever en partie du *récit*, en partie du *monologue narrativisé*. C'est le cas de l'énoncé 9, dont le *premier segment* s'interprète comme du monologue intérieur (narrativisé) : il s'enchaîne sur du psycho-récit et formule de façon vraisemblable une pensée de Tchen en ce moment dramatique (« il allait sauter avec la voiture »). En revanche, le caractère descriptif et le style élaboré du reste de l'énoncé, évoquant « l'éclair en boule » et « l'avenue hideuse », peuvent plus difficilement caractériser l'activité consciente de Tchen au moment dont il s'agit.

Le second phénomène caractéristique du récit de Malraux est illustré par cet énoncé 9 lui-même et par d'autres, dont sans doute, ici même, les énoncés 2 et 3, et, peut-être, les énoncés 4, 5 et 6 : à la suite d'un énoncé qui, littéralement ou non, reproduit un contenu de conscience du personnage, le lecteur en trouve un ou plusieurs autres qui, par le contenu et le style, ont l'aspect d'énoncés primaires objectifs, communiquant néanmoins une information narrative accessible au personnage. Un retour à la conscience du personnage se fait ensuite par du psycho-récit ou du monologue rapporté, éventuellement *enchaîné* sur le passage narratif, et qui contribue à faire douter du caractère primaire des énoncés précédents (cf. ici la succession des énoncés 3 à 6).

Tout se passe alors comme si tout le passage, encadré par des énoncés en discours rapporté, devait être compris comme du monologue intérieur du personnage, mais un monologue intérieur qui, par sa forme comme par son contenu, ne se distinguerait pas du discours narratif primaire (ici, les énoncés 4 et 5, malgré leur style descriptif élaboré, exprimeraient des contenus de conscience). On serait alors en droit de considérer que c'est un fait de *consonance qui rapproche le discours intérieur du personnage du discours narratif*, contrairement au mouvement habituel de la consonance qui fait que, par exemple, le narrateur de Joyce, dans *Portrait*, parle souvent comme pourrait parler son héros. L'impression générale produite par le texte est celle d'une unité thématique et de point de vue : hormis la citation initiale, qui donne clairement la parole à Tchen, l'alternance, d'ailleurs incertaine, des énoncés narratifs et des énoncés rapportés n'affecte guère l'unité énonciative du paragraphe. *À l'ambiguïté constitutive des énoncés en discours indirect libre s'ajoute la consonance des points de vue exprimés*, consonance qui ici rapproche le discours du personnage de celui du narrateur, et non l'inverse.

Le résultat paradoxal de la conjonction de ces deux phénomènes est que, face aux énoncés de ce texte et de tous les textes du même type, alors que, dans un premier temps, le lecteur se pose la question « Qui parle ? », dans un second temps, *cette question perd de sa pertinence* : une information narrative est communiquée par le texte, manifestant un point de vue qui est fondamentalement le même, qu'on doive l'attribuer au personnage ou au narrateur. Malgré des variations stylistiques, le jeu énonciatif qui inspire ce texte aboutit à créer l'impression d'une *fusion* des discours et des points de vue.

☙

Ce type de discours narratif ne peut être soutenu d'un bout à l'autre d'une œuvre que si certaines conditions narratologiques sont remplies : un même intérêt, chez le narrateur, pour un épisode de l'histoire et pour la façon dont cet épisode est perçu par un personnage dont le point de vue bénéficie de la consonance du récit et, en outre, reçoit l'approbation plus ou moins discrète du narrateur.

Ce nouveau type de récit peut occuper une place assez importante dans une œuvre pour en constituer une « catégorie ». De plus, il se retrouve, à des degrés divers et sous des formes variées, dans un nombre important de romans modernes à narrateur anonyme. On en évoquera rapidement trois qui, malgré leur diversité manifestent cette « fusion » si remarquable des points de vue qui va bien au-delà des faits de consonance localisés observés chez des romanciers comme Stendhal.

Tout le premier chapitre du roman d'I. Murdoch, *Bruno's Dream* (1971), illustre l'alternance systématique d'énoncés narratifs primaires et d'énoncés rapportés associée à la fusion des points de vue. Le chapitre est consacré, pour l'essentiel, à la vie quotidienne du personnage central, Bruno. Il est constitué d'énoncés des types suivants :

1. « Narratif primaire ». Ainsi le tout premier, « *Bruno was waking up* »[15] qui situe la scène ;
2. Énoncés ambigus, qui peuvent être du monologue narrativisé ou du récit consonant. Ainsi le second, « *The room seemed to be dark* »[16] ;
3. Énoncés en psycho-récit, souvent en discours indirect classique. Ainsi, au début du second paragraphe, « *He remembered, or somehow knew, that it was the afternoon* »[17]. Comme c'est presque toujours le cas, le psycho-récit est de type *consonant* en vertu des verbes « factifs » (présupposants) *remember* et *know* ;
4. Énoncés en monologue narrativisé, introduits par un « déclencheur » (verbe de pensée) ou simplement par un contexte proche de type psycho-récit. Ainsi le premier énoncé du second paragraphe : « *It was not night, Thank God* »[18]. Comme partout dans le chapitre, le monologue narrativisé est *porteur d'information narrative*, en raison du caractère général fortement consonant de tout le texte. Ce phénomène a déjà été observé dans *Portrait* de Joyce ;
5. De rares énoncés en monologue rapporté. Ainsi, le premier du dernier paragraphe de la page 9 : « *When I ought to be thinking*

15. « Bruno sortait de son sommeil ».

16. « La pièce semblait plongée dans l'obscurité ».

17. « Il se rappela, peut-être le savait-il, que c'était l'après-midi ».

18. « Dieu merci, ce n'était pas la nuit ».

about death, I am thinking about death duties, thought Bruno »[19].

À travers cette alternance des énoncés narratifs primaires, et des énoncés rapportés, où domine le monologue narrativisé, ce chapitre présente une forte unité thématique et de point de vue : hormis les quelques notations narratives qui situent le lieu, le temps, le personnage, le lecteur est presque constamment plongé dans la conscience du personnage central, Bruno. À l'exception de deux citations, aucun contraste marqué n'oppose le récit au discours rapporté.

L'impression d'unité des points de vue est donnée d'abord par les énoncés en discours indirect classique : souvent introduits par des *verbes factifs* (« présupposants »), tels *know, remember, see, overhear, notice*, ils expriment un contenu informatif qui reçoit *l'assentiment implicite* du narrateur-énonciateur. Ils peuvent ainsi être porteurs d'information narrative, ce qui les rapproche des énoncés proprement narratifs : les présupposés du discours indirect poussent la consonance du texte au-delà d'elle-même jusqu'à une adhésion implicite discrète.

Les énoncés en monologue narrativisé, fort nombreux, ne sont, dans leur contexte, que rarement affectés par l'ambiguïté énonciative constitutive du discours indirect libre. Mais, lorsque cette ambiguïté existe, elle ne nuit guère à l'unité de point de vue du chapitre, où la consonance reste dominante : *peu importe, dès lors, qu'une information soit fournie par le narrateur ou par le discours intérieur du personnage* (voir par exemple le deuxième énoncé du chapitre). L'absence totale de dissonance entre le récit et le discours intérieur s'étend au monologue narrativisé, qui alterne assez souvent avec le discours indirect consonant, et bénéficie en quelque façon de cette approbation implicite du narrateur, de sorte qu'il peut également être porteur d'information narrative.

Ici encore, comme dans tous les passages relevant du nouveau discours narratif, la question « Qui parle ? » tend à passer au second plan dans l'esprit du lecteur, sinon de l'analyste, en raison du degré élevé de fusion des points de vue.

---

19. « Quand je devrais penser à la mort, je pense aux droits de succession, pensa Bruno ».

☙

Le nouveau discours narratif que nous décelons dans la littérature contemporaine, et dont la dette à l'égard d'auteurs comme Joyce et V. Woolf est évidente, se retrouve sous la plume de romanciers très divers, y compris chez certains que l'on classe parmi les auteurs de romans policiers, mais dont les œuvres, riches et complexes, ne sauraient relever de l'infra-littérature. Nous évoquerons parmi celles-ci *Innocent Blood* (1980), de P.D. James, et *Small g : A Summer Idyll* (1995), de P. Highsmith.

Le récit, les descriptions, les dialogues occupent la majeure partie du roman de P.D. James, mais, à plusieurs reprises, le point de vue exprimé par le récit primaire manifeste une convergence marquée avec celui d'un personnage témoin de la scène ou du spectacle objets du récit. Il en est ainsi au début du livre II (p. 129), où l'un des personnages principaux, Scase, qui recherche puis poursuit la meurtrière de sa fille dans le but de venger ce crime, contemple un paysage des Midlands depuis le compartiment d'un train. Pendant toute une demi-page, le défilement de ce morne paysage, interrompu par deux arrêts du train, est décrit et raconté d'un point de vue qui est fondamentalement le sien, mais qui n'enferme pas le lecteur dans la conscience du personnage, car il reçoit l'approbation implicite du narrateur, grâce à divers procédés dont le plus évident, déjà évoqué, est l'emploi de verbes et expressions factifs pour rapporter les impressions du personnage, notamment *see, catch his attention, remind* : *le spectacle décrit est bien tel qu'il le voit* même si ce paysage est l'objet d'une description détaillée et stylistiquement élaborée, qui n'est sans doute pas l'expression littérale de ses représentations ; l'impression globale est tout de même celle d'une identification des deux regards, celui du narrateur et celui du personnage. Un autre procédé contribue à suggérer cette fusion des points de vue : l'alternance d'énoncés clairement primaires, et d'énoncés rapportés enchaînés naturellement par la continuité stylistique et thématique.

Des techniques narratives analogues, consonance du texte, alternance harmonieuse d'énoncés primaires et d'énoncés rapportés, se retrouvent dans le roman de P. Highsmith *Small g : A Summer Idyll* (1995). Un exemple en est fourni (p. 15) par la description de la cicatrice que porte le personnage nommé Rickie à la suite d'une opération. Introduite par l'énoncé « *He... took a good look at his scar* »[20], la description, qui utilise notamment l'ambiguïté classique entre discours indirect libre et récit, fait alterner les points de vue du récit et des énoncés rapportés du personnage et de deux médecins sans qu'aucune dissonance apparaisse entre eux.

Ce n'est point ici le lieu de mener une enquête historique sur la naissance et le développement de ce « nouveau discours narratif » que nous avons rapidement illustré et commenté. Peut-être peut-on y voir un stade de l'évolution souhaitée par Flaubert qui conduit à l'émancipation des personnages. Après Flaubert lui-même, puis des auteurs anglo-saxons comme Joyce et V. Woolf, une étape nouvelle est franchie avec l'élimination totale du narrateur, comme chez N. Sarraute et dans les œuvres du « courant de conscience généralisé » ; mais cette orientation littéraire s'accompagne de l'élimination du personnage et nous fait passer du récit au monologue : l'œuvre ne nous offre plus que le déroulement de contenus de conscience qui ne renvoient pas à des caractères construits. Le nouveau discours narratif que nous croyons déceler dans la littérature contemporaine peut être vu comme une autre orientation, qui donne au narrateur une fonction originale et conserve des personnages « émancipés », pourvus du rôle majeur qui, pour beaucoup de critiques et d'auteurs, doit être le leur.

---

20. « Il observa longuement sa cicatrice ».

7

La fiction

À partir d'une analyse proprement textuelle, il faut distinguer, on l'a vu, deux types d'énonciateurs-narrateurs à l'œuvre dans les récits de fiction, l'un qui *manifeste* son statut narratif par l'emploi, plus ou moins fréquent mais toujours possible du pronom de première personne ; l'autre, absent du texte, désincarné, doté de pouvoirs et de savoirs qui ne pourraient en aucun cas appartenir à un être humain, mais que l'on doit postuler comme conscience énonciatrice maîtresse du récit et qui se manifeste parfois, elle aussi, dans les commentaires et appréciations dont très peu de récits fictionnels sont totalement dépourvus.

7.1. L'énigme du texte de fiction

Cette analyse a laissé entier un problème fondamental des textes de fiction, celui de leur statut et de la *nature même de la fiction*. Rien, au niveau de la surface, ne distingue le récit fictionnel, roman, fable, nouvelle, du moins aucune propriété linguistique ou narratologique. Si un conte de fées est immédiatement interprété comme un produit de l'imagination de l'auteur, c'est en vertu de son contenu, du type d'événements qu'il nous raconte et de l'emploi de formules conventionnelles comme « Il était une fois... ». En revanche, de nombreux passages de romans ou de nouvelles, notamment de romans historiques, extraits de leur contexte, pourraient facilement être lus comme des récits « sérieux » destinés à nous informer d'événements réels.

Or, ce n'est jamais cela qui a lieu dans l'esprit d'un lecteur de fiction : les textes de fiction se distinguent tous radicalement des autres et les lecteurs n'hésitent pas sur leur statut fictionnel. Ce phénomène, qui apparaît aussi naturel que l'usage de notre langue maternelle, est, on le sait, le résultat d'une convention universellement acceptée, et qui permet de séparer l'ensemble des textes écrits en deux catégories étanches : la fiction et la non-fiction. Les récits de fiction ne sont jamais « pris au sérieux » : entendons par là que les énoncés assertifs qui en constituent la quasi-totalité, et qui sont normalement censés proposer au lecteur des vérités, l'informer et le convaincre, n'ont absolument pas cette fonction dans la fiction. La fiction est régie par la convention que les critiques anglo-saxons appellent « *suspension of disbelief* », par une *mise en sommeil de l'esprit critique*. Cette disparition de la possibilité de douter ne signifie pas que le lecteur va croire immédiatement, au sens usuel, tout ce qui lui est dit, pas plus qu'il ne va le rejeter. Simplement, le problème de la croyance ne se pose pas à propos des assertions de fiction : il est sans objet et sans signification de discuter la véracité du narrateur de fiction, et de prétendre, par exemple, ou même d'envisager que Mme Bovary n'a jamais trompé son mari.

Cette convention de fiction, qui est attachée aux termes de « roman », « nouvelle », « conte », « fable », et « fiction » lui-même, est clairement le produit de l'institution littéraire, et son acceptation ne pose pas, en elle-même, de problème. En revanche, l'intérêt toujours renouvelé qui s'attache aux récits de fiction, et le fonctionnement sémantique des textes de fiction appellent une élucidation. On peut d'une part s'interroger sur les relations entre les univers imaginaires des textes de fiction et le monde réel qui est le nôtre ; on peut d'autre part tenter d'analyser précisément le fonctionnement linguistique et énonciatif des textes de fiction, la nature des références qui y sont faites à des objets imaginaires, et des assertions qui ne visent à être crues de personne au sens usuel du terme.

7.1.1. La fiction et le réel, le vraisemblable et le surnaturel

Les auteurs des récits de fiction et leurs lecteurs font partie du monde « réel », celui de notre vie quotidienne. Les êtres qui peuplent les univers de fiction et les événements qui s'y déroulent nous sont présentés sur ce mode si remarquable de la littérature de fiction, qui fait qu'on n'affirme ni ne nie leur existence, cette question de leur réalité éventuelle étant sans objet. Ainsi se pose inévitablement le problème des divers types de relations qui peuvent exister entre les univers fictifs et le monde réel qui est le nôtre.

La convention de fiction a pour premier effet apparent de libérer les auteurs de toute contrainte : dès lors qu'il a le droit d'asserter sans même feindre de croire ce qu'il dit et de vouloir le faire croire aux autres, l'auteur de fiction peut raconter toutes les histoires qu'il pourra imaginer, à la seule condition de respecter une certaine cohérence logique. La convention de fiction l'autorise à raconter de l'étrange, du mystérieux, de l'incroyable aussi bien que du vraisemblable – elle ne l'autorise pas à affirmer une chose et son contraire, à dire qu'un même événement a eu lieu et n'a pas eu lieu.

Cette liberté de l'auteur de fiction se manifeste concrètement par l'extrême diversité des récits fictionnels, diversité qui se définit en termes de degrés de vraisemblance pragmatique ou, si l'on veut, de types de relation entre le monde fictif où l'on nous transporte et le monde réel de notre expérience quotidienne. On peut distinguer schématiquement *deux grands types de textes de fiction* en fonction de cette relation au réel : il y a fondamentalement en fiction *imitation* du réel ou, au contraire, *distanciation* par rapport à lui.

De la première catégorie relèvent éminemment toutes les œuvres qui, à quelque degré, peuvent être qualifiées de réalistes ou de naturalistes : le type de fiction que l'on trouve chez Balzac ou Zola va aussi loin qu'il est possible sur la voie paradoxale d'une *fiction réaliste*. L'œuvre de Balzac nous présente un panorama de la société française sous la Restauration inspiré par une théorie naturaliste des organismes vivants, nourri par une observation et une étude méthodiques des modes de vie et des relations entre les classes et catégories sociales. Le souci de donner une image juste des réalités sociales et économiques est peut-être plus évident encore chez Zola : des romans comme *Germinal, l'Assommoir, Au Bonheur des dames, Le ventre de Paris*, qui ont aussi une dimension épique, peuvent être lus pour leur valeur documentaire et intéresser l'historien de la condition ouvrière ou du grand commerce moderne sous le Second Empire. Si, dans toutes les œuvres qui méritent, à quelque degré, la qualification de réalistes, l'imagination garde le privilège de tracer les destins individuels, la représentation des cadres de vie est inspirée par le souci d'imiter, au sens aristotélicien du terme, une réalité sociale historiquement déterminée. En cela, la « fiction réaliste » se définit par l'abandon, plus ou moins complet, de la liberté théoriquement illimitée qu'implique la convention de fiction.

À l'autre extrémité de la gamme des possibilités offertes à la fiction se situe ce qu'on peut appeler la *fiction surnaturelle*. Ici les auteurs exploitent librement le droit donné à la fiction d'échapper à toute contrainte et singulièrement celle de rester dans les limites du vraisemblable : la fiction donne ainsi naissance au fantastique et au merveilleux, caractérisés par un traitement particulier du surnaturel. Il existe au moins deux façons de classer les textes où le surnaturel joue un rôle, l'une étant d'opposer fondamentalement le fantastique et le merveilleux. Todorov, dans sa *Théorie du fantastique* (1970) propose une classification plus complète et plus élaborée.

L'opposition fondamentale y est présentée, à juste titre, comme celle qui distingue deux lectures du surnaturel. La première, que Todorov appelle « lecture symbolique », est caractérisée, du point de vue énonciatif, par le fait que la fiction, au sens d'œuvre d'imagination, s'y révèle ouvertement comme telle, à la fois par le contenu des récits et par des formules conventionnelles du type « Il était une fois... ». Ce traitement du surnaturel est celui qu'en font les contes de fées français et les fables. Dans un conte comme *La Belle et la Bête*, de Mme Leprince de Beaumont, il n'est pas demandé au lecteur de prendre vraiment au sérieux, même provisoirement ou de façon simulée, les événements surnaturels qui sont racontés, mais plutôt de leur chercher une signification symbolique. Le surnaturel est ici au service d'une leçon morale ou philosophique. Il en est de même dans les fables : chez La Fontaine le monde des animaux qui parlent et se comportent comme les hommes a fort clairement pour fonction de représenter le monde humain et d'en montrer les rares vertus et les vices nombreux.

Très différente, et plus complexe, est l'utilisation du surnaturel dans des œuvres où l'invraisemblable, le mystérieux, l'incroyable doivent faire l'objet d'une « lecture littérale ». Ce surnaturel, qui présente un intérêt par sa nature même, et que le lecteur est prié de prendre au sérieux – dans les limites de la convention de fiction – recouvre, pour Todorov, trois réalités bien différentes :

– « L'étrange » qui, en toute rigueur, ne relève pas du surnaturel, mais en marque plutôt les frontières, puisque les événements racontés reçoivent, en dernière analyse, une explication rationnelle. À ce type d'œuvres appartiennent les romans de Mrs Radcliffe.

– Le « fantastique », dont *La Vénus d'Ille* de Mérimée est à nos yeux la meilleure illustration. Le lecteur est mis ici en présence d'événements mystérieux, fréquemment inquiétants, dont le texte permet d'envisager une explication naturelle, mais non vraiment satisfaisante, et une interprétation « merveilleuse », qui a l'inconvénient de faire appel au surnaturel sans être absolument imposée par les faits. L'hésitation entre les deux, l'incapacité définitive du lecteur, et éventuellement des personnages, de choisir l'une des deux solutions sont la marque propre du fantastique.

– Le « merveilleux », illustré par des œuvres nombreuses, dont *Le Château d'Otrante* de Walpole, et plusieurs contes d'Hoffmann ou des « histoires extraordinaires » d'E. Poe. L'existence du surnaturel est ici affirmée par le narrateur avec un sérieux absolu, et doit être prise au pied de la lettre, le lecteur étant, à la limite, prié d'oublier, au moins provisoirement, la convention de fiction. L'objet de certains récits de Poe ou d'Hoffmann est de susciter la terreur, ou d'ébranler la croyance en un univers rationnel. Très caractéristique à cet égard est l'histoire de Poe intitulée « *The Facts in the Case of Mr. Valdemar* » qui se présente comme le compte rendu d'une expérience scientifique, accumulant des arguments et des observations « objectives », dans le but de troubler l'âme et la raison du lecteur en lui prouvant que la frontière entre la vie et la mort n'est pas celle qu'il croit. On atteint, avec de tels textes, une limite, celle où la fiction fait un effort désespéré pour faire naître un mirage du réel, pour abolir la frontière entre l'imaginaire et le réel, c'est-à-dire pour faire oublier au lecteur la convention de fiction. Ce résultat, qui ne peut naturellement être atteint que pour un court instant, est parfaitement analogue à celui que peuvent atteindre les films de terreur, grâce à des moyens plus puissants, qui peuvent perturber plus durablement la sensibilité de certains spectateurs.

On peut ainsi étudier l'ensemble des récits de fiction sous l'angle de la relation qu'ils établissent entre l'univers du fictif et l'univers du réel. On ne conçoit guère de proximité plus grande entre les deux que celle dont le roman *Germinal* est un exemple, puisqu'on peut le considérer comme un document sur une vérité historique, la vie des mineurs du Second Empire, ce qui n'est pas sans poser un problème du point de vue énonciatif, puisqu'aucun des énoncés du roman ne fait référence à un réel authentique quelconque. La distanciation maximale par rapport au monde de notre expérience est celle qu'effectue le surnaturel symbolique des fables et des contes de fées : la fiction se présente ici comme telle, ce qui n'est pas le cas général, en ne posant qu'une existence lointaine pour les êtres qui la peuplent. Le surnaturel « littéral » des contes de Poe ou d'Hoffmann est le genre fictif le plus paradoxal, puisqu'il tente apparemment d'ébranler la vision du monde du lecteur en lui faisant, momentanément, croire l'incroyable, donc intégrer le fictif au réel.

7.1.2. Pseudo-références et pseudo-assertions dans les récits de fiction (Frege)

Les textes de fiction posent un problème tout à fait spécifique dans l'étude du langage ; ils se distinguent de tous les autres types de textes d'une manière qu'on peut qualifier de mystérieuse, puisque leur mode de fonctionnement sémantique n'a pas reçu à ce jour d'analyse satisfaisante.

Une des études les plus intéressantes du texte de fiction est celle qui est due à Frege, logicien allemand connu – entre autres choses – pour avoir posé la distinction désormais classique entre le *sens* et la *référence* (*Sinn* et *Bedeutung*)[1]. Le sens d'une description définie, telle

1. Cf. « Sense and reference », in *Philosophical writings of Gottlob Frege* (1962).

« l'étoile du matin » est défini comme étant d'abord une réalité sémantique déterminée par les règles de la langue, et comme étant bien distinct de la référence, l'objet dont on veut parler, en l'occurrence l'étoile elle-même. À cette distinction s'ajoute l'idée fondamentale que le sens est *le moyen d'accès à la référence* : la fonction première d'une description définie est de permettre la désignation d'un objet du monde. Une description qui n'a pas de référence, comme « la dixième planète du système solaire » ne remplit littéralement pas sa fonction. À ces définitions fondamentales s'ajoute l'idée qu'un référent peut être « présenté » de plusieurs manières différentes, c'est-à-dire que deux ou plusieurs descriptions définies peuvent avoir le même référent, ce qui est le cas précisément de « l'étoile du matin » et « l'étoile du soir », qui désignent le même astre, à savoir la planète Vénus. Ceci s'explique par le fait qu'une description définie fait référence en indiquant une propriété caractéristique de l'objet à désigner. Tout objet ou individu étant pourvu de nombreuses propriétés de ce type peut donc être dénoté au moyen de nombreuses descriptions définies différentes.

Cette conception du phénomène de référence, si elle doit être complétée dans le cadre d'une linguistique énonciative, est néanmoins, en elle-même, très généralement acceptée. Elle permet à Frege de poser en termes logico-sémantiques le problème troublant des textes de fiction. Le discours de fiction se caractérise par *l'absence de dénotation* des « expressions » qui y figurent, le mot « expression » désignant à la fois les descriptions définies et les phrases tout entières. Plus précisément, et de façon tout à fait remarquable, les textes de fiction se singularisent par la suspension de l'intérêt pour la dénotation des descriptions définies et des phrases. Comme le souligne J. Bouveresse (1992), le discours de fiction s'oppose ainsi radicalement au discours « scientifique » ou « véritatif », dans lequel le sens est traité uniquement comme moyen d'accès à la référence. Si les expressions du discours de fiction ne dénotent rien, ce n'est pas de façon fortuite, comme cela peut se produire dans le discours quotidien : il s'agit d'une propriété définitoire et parfaitement délibérée. Bouveresse fait remarquer que, dans les œuvres historiques en particulier, il est fait référence à des personnages bien réels, comme Don Carlos dans la pièce de Schiller. Mais on ne peut considérer comme identiques le Don Carlos de Schiller, ou le Richelieu d'A. Dumas et les personnages historiques que furent Don Carlos et le célèbre cardinal : le lecteur de romans n'est nullement tenu de prendre au sérieux les propriétés attribuées à Richelieu par le romancier, même si elles renferment une part de vérité. Dumas ne nous parle pas du Richelieu authentique, et son personnage, tel qu'il le décrit, doit toujours être replacé dans un univers imaginaire.

La conclusion d'une analyse logico-sémantique comme celle de Frege est que le discours de fiction s'écarte de l'usage normal du langage : il est incontestablement pourvu d'un sens (*Sinn*), mais ce sens ne donne accès à aucune dénotation (*Bedeutung*). En fiction, *le sens*, peut-on dire, *suffit*, de sorte que les énoncés de fiction ne nous parlent de rien d'existant. C'est en termes de *jeu*, ou de *simulation*, que l'on peut essayer de décrire le fonctionnement des récits fictifs : les lecteurs possèdent la capacité de « faire comme si » les individus et objets dont on leur parle existaient effectivement, et comme si les phrases de la fiction assertaient effectivement quelque chose. À proprement parler, les descriptions définies de la fiction n'effectuent que des *pseudo-références*, et les phrases, qui ne véhiculent jamais ni vérités ni faussetés, n'effectuent que des *pseudo-assertions*.

Une analyse de ce type décrit effectivement ce qui se passe dans la production et la réception des textes de fiction mais, comme le dit Bouveresse (*op. cit.*, p. 16), Frege ne pousse pas à son terme l'étude de la « capacité très remarquable que nous exerçons, dans le contexte de la fiction, de simuler l'existence d'un objet désigné ». Ce qui est sérieux et créateur dans la fiction est décrit en partie, mais non expliqué par une analyse logico-sémantique rigoureuse.

7.1.3. La fiction et la théorie des actes de langage (Austin)

Dans un ouvrage récent (*Fiction et diction*, 1991), Genette entreprend de rendre compte du phénomène de fiction en recourant à la théorie des actes de langage (*speech act theory*) dont les fondements ont été posés par l'ouvrage d'Austin *How to do Things with Words*, publié en 1962. L'optique adoptée n'est plus ici de type logique, c'est-à-dire fondée essentiellement sur la relation entre des expressions et leurs dénotations, mais de type énonciatif et, plus précisément, pragmatique. Elle prend en considération de façon cruciale les acteurs de la communication linguistique, et pose ainsi les questions fondamentales : que fait exactement un auteur de fiction qui s'adresse à un lecteur ? Quels actes de langage accomplit-il ? Comment ces actes sont-ils reçus et interprétés ?

Les récits de fiction, on l'a dit, ne sont caractérisés par aucune propriété linguistique qui permette de les repérer : telle nouvelle d'inspiration réaliste pourrait passer pour le récit d'un fait divers, à condition seulement de ne pas être présentée comme un texte de fiction. Il apparaît donc *a priori* judicieux d'orienter l'étude du phénomène de fiction vers l'analyse de la situation d'énonciation et du type de relation d'interlocution caractéristiques du discours de fiction. Telle est la tentative de Genette, qui se donne pour tâche de définir un type d'actes de langage qui rendrait compte du jeu de la fiction.

଼

Les récits de fiction, on le sait, sont constitués pour l'essentiel d'énoncés assertifs, dont la fonction est de poser l'existence des êtres et objets qui vont peupler l'univers fictif, puis de conter les événements qui constituent leur histoire. C'est particulièrement sur les énoncés de type assertif qu'Austin a jeté une lumière nouvelle par sa théorie des actes de langage. De tout temps, les spécialistes du langage ont pensé que certains types de phrases, notamment les impératives et les interrogatives, servaient à accomplir des actes (ordres ou questions), mais sans attacher à ce fait toute l'importance qu'il mérite. La première thèse d'Austin est que certains énoncés assertifs, du type de « Je vous déclare mari et femme », ou « Je baptise ce navire *Queen Elizabeth* » accomplissent eux aussi des actes, et il leur attribue donc l'appellation « performatifs ». Dans un second temps, il constate qu'en fait, même les énoncés assertifs d'allure simplement descriptive (« Le niveau des prix a augmenté de 2 % au cours du premier semestre ») possèdent eux aussi une dimension performative : asserter peut avoir pour fonction d'informer, de convaincre, de mettre en garde, de menacer, d'argumenter, etc.

C'est alors une nouvelle conception du langage qui nous est proposée : tous les énoncés quels qu'ils soient sont destinés à accomplir des actes dits « de langage » *(speech acts)*, et la structure de la langue manifeste cette propriété fondamentale. Ainsi, les énoncés « performatifs explicites », comme « Je promets de faire un rapport sur cette affaire », indiquent la nature de l'acte accompli (promettre) et leur énonciation, dans une situation appropriée, *suffit nécessairement à accomplir l'acte nommé* dans l'énoncé.

Austin analyse alors les énoncés et les actes de langage qu'ils accomplissent en trois composantes, qu'il nomme *locutoire, illocutoire, perlocutoire*. Tout énoncé renferme d'abord un *contenu locutoire*, de caractère purement représentatif, qui correspond sensiblement à ce qu'on appelle en logique un « contenu propositionnel », ainsi qu'à ce que la tradition appelle un *dictum* (par opposition au *modus*). Le contenu locutoire est une signification qui ne fait l'objet ni d'une adhésion, ni d'une dénégation – qui n'est affecté, en bref, d'aucune modalité.

La valeur illocutoire d'un énoncé est l'acte de langage qu'il accomplit : promettre, ordonner, menacer, jurer, prétendre, regretter sont autant d'*actes illocutoires* qui, sauf en cas de malentendu ou raté de la communication, est automatiquement accompli par l'énonciation, et pris pour ce qu'il est par le destinataire.

Austin distingue enfin les effets ou actes *perlocutoires* qui, contrairement aux actes illocutoires, n'ont pas lieu automatiquement, même s'ils font partie des intentions de l'énonciateur. Je peux par exemple avoir l'intention d'*avertir* mon interlocuteur d'un danger (acte illocutoire) dans le but de lui venir en aide (effet perlocutoire), et obtenir un résultat perlocutoire involontaire, l'effrayer et, par là, le desservir.

ꟽ

Tout acte de langage peut être analysé au moyen des concepts de locutoire, illocutoire, perlocutoire. Genette entreprend d'éclairer les énoncés de fiction au moyen de la théorie des actes de langage, ce qu'Austin n'a apparemment jamais songé à faire. Du point de vue locutoire, ces énoncés n'ont rien de remarquable : ils véhiculent des significations comme tous les énoncés bien formés. En revanche, et en vertu de la convention de fiction, les assertions de fiction sont dépourvues de la valeur illocutoire qui, pour Austin, *accompagne nécessairement* un contenu locutoire. En particulier, elles sont privées de la première visée illocutoire d'une assertion, qui est de manifester que l'énonciateur présente comme vrai le contenu propositionnel de l'assertion. En fait, c'est précisément le contraire qui a lieu : ces assertions sont feintes, formulation très proche de celle de Frege, qui parlait de « pseudo-assertions » et de « simulation ».

À supposer que l'énonciateur d'un texte de fiction accomplisse des actes de langage, ceux-ci seraient donc d'un type très particulier, et la théorie d'Austin n'en rend pas compte. Genette est ainsi amené, non sans quelque raison, à postuler un acte de langage spécifique, *l'acte de fiction*, qui a pour effet de « provoquer, dans l'esprit de son destinataire et fût-ce d'une manière fugitive et précaire, la considération [des événements décrits] ». L'acte de fiction serait donc un acte de langage tout à fait sérieux, et, comme le dit Bouveresse, un énoncé de fiction assertif pourrait, dans l'optique de Genette, se voir attribuer la forme générale suivante : « p est faux et vous et moi savons qu'il l'est ; mais, en disant que p, je fais naître en vous la pensée de l'état de choses imaginaire décrit par p ».

Une analyse de ce type ne peut manquer de susciter des réserves, dont certaines sont formulées par Bouveresse, qui s'inspire en partie de ce qui serait vraisemblablement le point de vue de Frege.

On peut tout d'abord hésiter entre deux interprétations de l'analyse envisagée par Genette. L'une consiste à considérer que chacun des énoncés de fiction assertifs doit être compris comme une abréviation de la forme développée indiquée ci-dessus. Il serait sans doute plus raisonnable de considérer que l'acte de fiction fonctionne comme un *opérateur* qui précède la suite entière des pseudo-assertions du récit, et les présente comme telles.

Une objection plus grave réside dans le caractère paradoxal d'un acte de langage tout à fait spécifique dont la fonction serait de signaler qu'en fait *aucun acte n'a lieu*. L'acte illocutoire de fiction conçu par Genette peut en effet être décrit comme visant à dire qu'aucun acte illocutoire n'a lieu, et que, pour comprendre une « assertion » de fiction, il suffit de *s'arrêter au stade locutoire*, c'est-à-dire au contenu de pensée. Pour Bouveresse, Frege considérerait certainement qu'il faut dire que le romancier exprime des pensées (des « contenus propositionnels ») dans un contexte tel que la question des valeurs de vérité ne se pose pas : un processus de simulation intervient, qui s'applique également aux expressions référentielles et aux pensées de sorte que le romancier n'effectue que des « pseudo-références » et des « pseudo-assertions ». Mais, dans l'optique d'Austin, et, de façon générale, dans une conception pragmatique du langage, l'expression d'un pur contenu de pensée (un contenu locutoire dépourvu de valeur illocutoire) est inconcevable, et contraire à la nature du langage.

L'ouvrage de Genette n'est pas pour autant dépourvu d'intérêt, et il constitue une avancée dans l'élucidation du statut énigmatique des énoncés de fiction. Il montre d'une part que c'est du côté du *mode d'énonciation*, d'un statut « illocutoire » si l'on veut, ou du moins énonciatif, qu'il faut chercher la spécificité de la fiction. D'autre part, l'idée, qui n'est pas nouvelle, mais qui a été peu exploitée, que l'*on doit faire un sort distinct*, dans un ouvrage de fiction, *au texte lui-même* et à un préambule ou opérateur initial *de niveau énonciatif différent* est l'une de celles qui peuvent le plus contribuer à éclairer la nature de l'énonciation de fiction.

7.1.4. L'auteur est réel, le narrateur est fictif

La difficulté que les théoriciens rencontrent à rendre compte des assertions de fiction réside dans le fait que ces assertions sont censées remplir à la fois deux fonctions incompatibles : en tant qu'assertions, elles doivent *présenter comme vrai* un contenu propositionnel et ainsi poser l'existence d'un individu, d'un objet, d'un événement ; mais en tant qu'assertions de fiction, elles doivent présenter l'existence des composants du monde décrit comme n'étant *ni vraie ni fausse*.

Face à cette aporie, on pourrait presque être tenté de nier le caractère véritablement assertif des énoncés dont il s'agit, mais aucune de leurs propriétés linguistiques ne semble autoriser une pareille démarche. Il est remarquable que, comme le disent Genette et Bouveresse, ces énoncés effectuent des actes de langage tout à fait sérieux et réussis :

> *Les paroles échangées entre les personnages d'un roman sont évidemment autant d'actes de langage sérieux effectués dans l'univers fictionnel de ce roman : une promesse de Vautrin à Rastignac n'engage pas Balzac, mais elle engage* [...] *sérieusement Vautrin* [...]. (Genette, *op. cit.*, p. 43)

En résumé, les mondes fictifs possèdent d'une part une cohérence qui a été évoquée plus haut, et aussi un degré de vraisemblance, une relation au monde réel assurément complexe. Il est peu contestable que, de façon générale, l'intérêt littéraire considérable des récits de fiction est suscité par cette relation au monde réel : la littérature de fiction qui, en termes de logique, ne dénote aucun existant, nous parle de l'homme, naît de l'expérience humaine et enrichit l'expérience humaine.

Le problème de la production des univers de fiction peut alors être posé dans les termes suivants : *quel est le statut énonciatif exact des assertions de fiction ?* Quel est le rapport énonciatif entre des énoncés dont la fonction est de poser l'existence de vérités, donc d'êtres ou d'événements réels et le mode d'existence si particulier de cet univers qui n'est ni vrai ni faux ?

Aucun des théoriciens du langage évoqués plus haut ne semble pouvoir donner un statut satisfaisant au monde du fictif : pour Frege, les expressions dénotatives de la fiction ne dénotent rien, et les assertions de fiction n'assertent rien car elles portent sur des référents qui n'existent pas. Pour Austin, les assertions de fiction ne sauraient constituer des actes de langage authentiques ; elles sont dépourvues de la valeur illocutoire constitutive d'un acte de langage assertif, qui consiste d'abord à présenter comme vrai un contenu locutoire (un contenu de pensée). Chez Genette, enfin, le progrès effectué par rapport à la théorie des actes de langage est discutable, et en tout cas insuffisant pour rendre compte du statut réel des univers de fiction qui, selon ses propres termes, ne sont que brièvement évoqués par les assertions de fiction, et ont une pseudo-existence essentiellement précaire.

ɞ

Je tenterai de montrer que le problème des assertions de fiction est moins celui de leur nature que celui de leur auteur. Le problème est de savoir *qui*, entendons *quel énonciateur*, affirme au lecteur que les êtres du monde fictif existent, que le père Grandet est un avare monstrueux ou que Lucien Leuwen a dû quitter l'École Polytechnique.

L'énigme que posent les textes de fiction réside dans la relation complexe, dont certains aspects ont été évoqués, entre le réel et le fictif, relation qui concerne non seulement le contenu de l'univers fictif, mais aussi l'ensemble du *processus de production des textes de fiction*, et en particulier leur *mode d'énonciation*. J'essaierai de montrer que la clef de cette énigme se trouve nécessairement dans la distinction et la séparation de deux *niveaux énonciatifs*.

L'analyse narratologique distingue depuis longtemps plusieurs « instances narratives » dans la production des récits de fiction. Ces instances peuvent être ou non des êtres de chair et d'os, tel l'auteur, dont le nom figure sur la couverture de l'ouvrage publié, et le lecteur qui a le livre en main et dont le rôle, on l'a souligné abondamment, n'est pas passif. Une instance narrative doit donc être définie en termes abstraits, comme un relais dans le processus qui conduit de la conception et de la rédaction du récit à sa lecture.

Parmi ces instances, dont on admet généralement que certaines « délèguent » un pouvoir à d'autres, il en est deux dont l'existence n'est guère contestable, même si elles sont parfois confondues : ce sont l'*auteur* et le *narrateur*[2]. Même si l'auteur peut être défini comme

---

2. La critique littéraire semble bien être revenue sur les imprudentes déclarations présentant la « mort » de l'auteur, qui ne serait en fait qu'un pur « effet de style ». Sur ce point, on peut lire, par exemple, l'article de J.-C. Bonnet (*Poétique*, n° 63, 1985) qui cite diverses études (M. Blanchot, P. Sollers, J. Derrida notamment) où, à partir d'une critique légitime d'une méthode naïvement biographique, on aboutit à une « déconstruction » de l'auteur. C'est ainsi que, dans *La mort de l'auteur* (1969), R. Barthes définissait l'écriture comme une « destruction de toute voix, de toute origine ».

« *l'écrivain en tant qu'il a composé tel ou tel livre* », il faut néanmoins le considérer, lui aussi, comme un être humain bien réel, pourvu d'un état civil, et dont le nom figurera sur la couverture de l'ouvrage.

Dans l'étude littéraire d'une œuvre, l'expression « l'auteur » fait donc référence à un être humain spécifique qui, dans la théorie de l'énonciation, est à la fois un *locuteur* et, pour reprendre une distinction essentielle chez Culioli, un *énonciateur*. On dira que son destinataire est le lecteur ou, plus exactement, le *public* – distinction qui sera reprise plus loin.

La question importante est celle de savoir ce qu'*énonce l'auteur*. Au premier abord, on est tenté de dire qu'il est l'énonciateur du récit. Mais précisément, il est généralement admis que *ce pouvoir de rédiger le récit est « délégué » par l'auteur au narrateur* – et cette distinction, qui a été négligée dans certaines discussions, est à prendre très au sérieux : au sens strict qui doit être le nôtre, l'auteur d'un roman ou d'un recueil de contes et nouvelles *n'énonce dans le livre que le paratexte* : *le titre, le sous-titre* (« roman », « conte », « nouvelle », etc.), éventuellement la dédicace, etc. Ce faisant, il asserte que ce qui suit est un récit de fiction, et qu'il confie à un narrateur la tâche de rédiger ce récit. Ce narrateur est un être abstrait, construit par l'auteur, et pourvu en premier lieu de la propriété essentielle d'être de type autobiographique ou anonyme.

C'est manifestement *l'auteur* qui choisit d'*adopter la convention de fiction*, et, le plus souvent, il nous en informe au moyen d'un bref préambule (avant-propos, dédicace) ou d'un simple « opérateur de fiction » (le sous-titre). Dès que le récit commence, nous entrons

---

Il convient d'ajouter que les études dont il s'agit confondaient deux concepts d'« auteur » qu'il faut distinguer : l'auteur en tant qu'énonciateur, qui « construit » un narrateur (au sens qui sera précisé plus loin), et l'auteur en tant qu'individu réel dont la subjectivité, d'une façon extraordinairement complexe, voire mystérieuse, détermine la forme et la « signification » de l'œuvre. Il est clair qu'un narratologue ne s'intéresse qu'à l'auteur au premier sens du terme, c'est-à-dire en tant qu'origine énonciative (indirecte) des récits. Confondre ces deux concepts d'« auteur », c'est confondre deux types de subjectivité qui ont été définis au chapitre 2 : la subjectivité énonciative et la subjectivité psychologique.

dans la fiction, et c'est un être fictif, le narrateur, qui est investi du pouvoir d'énonciation, à partir d'une situation d'énonciation elle-même fictive, et faiblement déterminée, dont le statut appelle naturellement une élucidation.

On peut résumer schématiquement ce qui précède en disant que l'auteur appartient au monde réel (celui des lecteurs), et le narrateur à un monde fictif mis en place par la convention de fiction assumée par l'auteur.

7.2. La fiction comme phénomène énonciatif

Une analyse narratologique classique comme celle qui précède suffit à mettre en évidence la *dualité* constitutive des récits de fiction. Du point de vue du contenu des univers de fiction, on constate que les entités qui les peuplent font l'objet d'expressions désignatives qui *à la fois font et ne font pas référence* et, *stricto sensu*, n'opèrent que des pseudo-références. Lorsque ces entités ont une existence réelle, Napoléon Bonaparte, le Panthéon, la ville de Parme, elles sont *à la fois identiques et différentes* dans le monde réel et le monde fictif.

La distinction entre un auteur « réel », qui énonce sérieusement « ce qui suit est imaginaire », et un narrateur « fictif » qui, de par son statut, ne peut que raconter une histoire fictive et produire des « pseudo-assertions » peut aisément passer pour une description intuitivement juste de ce qui se passe en fiction. Elle ne peut être présentée comme une étude linguistique précise du phénomène énonciatif qui, à partir d'une situation d'énonciation « sérieuse » – celle de l'auteur – donne naissance à un narrateur imaginaire dont les énonciations restent mystérieuses, pourvues d'une forme particulière de sérieux, mais dont l'origine et le statut sont mal déterminés.

❧

La théorie énonciative d'A. Culioli définit un ensemble d'opérations sémantiques associées à un système de représentations à partir duquel on peut rendre compte du mécanisme, intuitivement analysé ci-dessus, qui donne naissance à la fiction littéraire. Elle permet à une narratologie qui se veut linguistique et énonciative de préciser le processus de mise en œuvre du narrateur « fictif » et de donner, à partir de ses concepts explicatifs de base, une représentation cohérente des deux types de narrateurs de fiction et de leur relation à l'énonciateur-origine qui est l'auteur. Le terme de « fictif », qui sera conservé, recevra *ipso facto* un sens technique qui précise le sens usuel du terme.

Il existe dans les langues étudiées ici, le français et l'anglais, d'autres types d'énoncés fictifs que ceux de la littérature. L'analyse proposée devra rendre compte de ce qui leur est commun et, si possible, de ce qui les distingue.

La théorie se devra d'autre part d'utiliser des concepts explicatifs déjà élaborés et justifiés de façon indépendante, faute d'apparaître comme une analyse *ad hoc* qui relierait mal l'énonciation de fiction au phénomène général d'énonciation.

7.2.1. Types de repérages. La distinction locuteur / énonciateur

On reviendra ici, pour fournir des précisions indispensables, sur les deux concepts fondamentaux nécessaires à l'étude de la fiction : celui de repérage, et des types de repérage d'une part, d'autre part celui d'énonciateur, et la distinction locuteur / énonciateur, nécessaire à la distinction de plusieurs types d'énonciateurs (cf. sur ce point 2.3.5).

La notion de repérage (définie au chapitre 2) doit sa valeur explicative considérable à sa généralité : *le repérage est l'opération sémantique fondamentale* dans la théorie énonciative de Culioli. Il est défini comme *un apport de détermination*. À l'intérieur d'un énoncé, un terme peut en repérer un autre : dans « Ce chien est un épagneul », le terme « épagneul » détermine, donc repère le terme « chien ». Le verbe *être* est le marqueur de ce type de repérage, dénommé *identification*.

Dans « Mon voisin a un chien de garde », le terme complexe « chien de garde » est repéré par le terme « voisin », le verbe *avoir* étant le marqueur d'un second type de repérage, dénommé *différenciation* ou *localisation*. La même analyse vaut pour des emplois apparemment fort différents du verbe *avoir*, comme dans « Pierre a son frère qui le soigne », où le terme complexe « son frère qui le soigne » est repéré par différenciation par rapport au terme « Pierre ». Les prépositions *de* et *avec* sont également des marqueurs de différenciation-localisation : « le toit *de* la maison » – « *Avec* son air penaud, il avait l'air d'un coupable ». En anglais, les prépositions *of* et *with*, ainsi que le génitif marquent ce même type de repérage : « the wages *of* labour » – « *With* his satchel, he looked like a schoolboy » – « Her Majesty*'s* government ».

Ces deux premiers types de repérage peuvent jouer à *l'intérieur d'un énoncé*, établissant une relation binaire entre un terme *repère* et un terme *repéré*. L'opération de repérage étant notée ε (epsilon), si *Y est le repéré* et X *le repère* on écrit :

$$< X \varepsilon Y >$$

La première valeur de repérage, *l'identification*, est notée :

Iago est un *monstre*

Y = X

La deuxième valeur, la *localisation* (ou *différenciation*), est notée :

Mon voisin a *un chimpanzé*

X ≠ Y

(*un chimpanzé* est repéré par rapport à *mon voisin*).

L'identification et la différenciation peuvent servir également à des repérages *de type déictique ou énonciatif* : le *repère*, dans cette deuxième catégorie de repérage, *est un élément de la situation d'énonciation*. On a vu au chapitre 2 que le système des pronoms personnels est construit, à partir du repère-origine qu'est l'énonciateur, au moyen de divers repérages :

Je résulte d'une identification (avec l'énonciateur) ;
Tu, vous résultent d'une différenciation (avec l'énonciateur).

Les pronoms de 3ᵉ personne résultent d'un repérage largement illustré par le système des temps verbaux, le *repérage par rupture*, noté ω (oméga). Le passé simple français, on l'a dit, résulte d'un repérage par rupture par rapport au moment de l'énonciation.

Ce troisième type de repérage se distingue des précédents par deux propriétés remarquables, outre le fait qu'il appartient à la catégorie des repérages énonciatifs : d'une part, il est celui qui apporte un *minimum de détermination*, au point qu'en toute rigueur il constitue une sorte de non-repérage. Ainsi, les pronoms de 3e personne, en eux-mêmes, signalent uniquement une *absence* de la situation d'énonciation : « il », « elle », le « he » et le « she » anglais ne font allusion qu'à celui ou celle « qui n'est pas là », qui n'est ni « je » ni « tu ». Ceci explique qu'un *second* repérage, textuel et, plus précisément, anaphorique, devra venir apporter une détermination complémentaire indispensable (voir sur ce point le chapitre 2).

La seconde propriété caractéristique du repérage par rupture est qu'il peut être *composé* avec une identification ou une différenciation. On obtient alors un repérage « mixte », dont on trouvera plus loin plusieurs illustrations.

Le quatrième type de repérage est dénommé *repérage fictif* et il est noté * (étoile). Il marque fondamentalement une *rupture* par rapport à la situation d'énonciation. Il est en outre un repérage *mixte*, c'est-à-dire qu'il *peut associer à la rupture un repérage d'une autre nature* (identification ou différenciation). Il produit donc dans ce cas des valeurs sémantiques complexes, mais cette complexité peut être analysée comme la composition de repérages simples déjà définis[3].

Bien que le mot « fictif » soit ici défini en termes techniques, dans le cadre d'une théorie linguistique spécifique, on a des raisons de supposer que ce type de repérage joue un rôle prédominant dans l'analyse énonciative des récits « fictifs » (au sens usuel du terme).

Le pronom indéfini *on* offre une illustration tout à fait remarquable du repérage fictif. La première propriété de *on*, on le sait (outre le fait qu'il est toujours sujet syntaxique), est d'être *totalement indéterminé*. Dans une situation d'énonciation donnée, *on* peut servir à « désigner » (le mot même est ici impropre) strictement n'importe qui, et seul le contexte permet de l'interpréter. Il est donc, par nature, « *disjoint* », c'est-à-dire résultat d'un repérage en *rupture* par rapport à l'énonciateur (il dénote notionnellement un ou plusieurs êtres humains mais, contrairement à *il*, *ils*, ou *elle*, *elles*, il est par ailleurs absolument indéterminé).

---

3. Le concept de repérage fictif est analysé notamment dans les textes suivants d'A. Culioli : 1983, p. 104 sq. ; 1984, p. 84 ; 1990, p. 149 sq.

Dans un énoncé particulier, *on* va être l'objet d'une seconde détermination due à un élément du contexte. Ainsi, dans « Alors, *on* est en vacances ? », on « signifiera » *tu* ou *vous*, c'est-à-dire qu'un repérage par différenciation (tu $\neq \mathcal{S}_0$, où $\mathcal{S}_0$ note l'énonciateur) viendra se composer avec l'indétermination marquée par la rupture. Dans « On a fait ce qu'on a pu », *on* équivaut à *Je* ou *nous* selon le contexte. Le lecteur vérifiera aisément que, selon les cas, *on* peut valoir pour *je* – *tu* ou *vous* – *il* (*elle*) – *nous* – *vous* – *ils* (*elles*) – *tout le monde* – *n'importe qui*, chacune de ces valeurs résultant de la *composition* de deux références, dont le repérage par rupture, qui est premier, et qui est seul marqué morphologiquement.

En notant toujours $\mathcal{S}_0$ l'énonciateur-origine, on peut écrire $< on \; {}^{*} \; \mathcal{S}_0 >$, soit « *on* est déterminé par un repérage fictif par rapport à l'énonciateur ». Quand « on » a la valeur de « je », ce repérage fictif (mixte) s'analyse comme la composition de :

« on » ω $\mathcal{S}_0$ (« on » est en rupture par rapport à $\mathcal{S}_0$)

« on » = $\mathcal{S}_0$ (« on » est identifié à $\mathcal{S}_0$)

De façon générale, l'idée qu'une forme linguistique puisse être le marqueur d'un repérage, ou résulter de la composition de plusieurs repérages explique le phénomène de la polysémie grammaticale, par exemple le fait que le *présent* dit *historique* soit, en un sens, présent, mais reçoive la valeur d'un passé aoristique, et ainsi puisse s'intégrer à un récit au passé simple.

La linguistique énonciative pose une distinction fondamentale entre *locuteur* et *énonciateur* (cf. 2.3.5) et, de façon générale, entre *situation de locution* et *situation d'énonciation*. Le locuteur est l'être humain qui, à un moment donné, a la parole. Il est physiquement distinct de son destinataire. On doit clairement le distinguer de l'énonciateur dans des cas particuliers, par exemple lorsqu'il *cite*, c'est-à-dire rapporte littéralement les propos d'un autre, lequel sera « l'énonciateur rapporté » de l'énoncé cité.

Dans le cas le plus simple, le locuteur s'identifie à l'énonciateur ou, plus précisément, l'énonciateur est *déterminé par une identification au locuteur*. L'énonciateur, ainsi que les coordonnées spatio-temporelles de la situation d'énonciation sont en effet des *construits*, et non des données physiques.

« Locuteur » et « moment de locution », qui appartiennent au monde extralinguistique, sont notés au moyen de lettres droites, respectivement S_1 et T_1, la « situation de locution » étant notée (S_1, T_1).

« Énonciateur » et « moment d'énonciation » sont notés au moyen de lettres bouclées $\mathcal{S}_0$ et $\mathcal{T}_0$, et sont constitutifs de la « situation d'énonciation » $\mathcal{S}it_0$. On écrit $\mathcal{S}it_0$ ($\mathcal{S}_0$, $\mathcal{T}_0$). $\mathcal{S}_0$ est construit à partir de S_1 : $\mathcal{S}_0 = S_1$. On a de même $\mathcal{T}_0 = T_1$ et $\mathcal{S}it_0 = Sit_1$. La propriété définitoire de $\mathcal{S}it_0$ ($\mathcal{S}_0$, $\mathcal{T}_0$) est d'être *l'origine de tous les repérages* effectués dans les énoncés, origine directe ou indirecte : tout repérage est effectué à partir d'un terme déjà repéré ou d'une origine. Les repérages temporels ont pour origine $\mathcal{T}_0$ (ainsi, un procès au passé composé ou au present perfect anglais est repéré par *localisation* à partir de $\mathcal{T}_0$). Les repérages des personnes ont pour origine $\mathcal{S}_0$ (*il* est en rupture par rapport à $\mathcal{S}_0$).

Il apparaît que les notions d'énonciateur-origine et de moment-origine doivent être diversifiées, en raison de la variété considérable des types d'énoncés que l'on rencontre dans les langues naturelles. L'idée qu'il existe des types d'énoncés n'est assurément pas nouvelle, ainsi les énoncés « génériques » exprimant des « vérités universelles » (« Le lion est carnivore »), ou les énoncés hypothétiques, dénommés « potentiels » ou « irréels » (« contre-factuels ») (« Si tu viens, nous ferons un billard » ; « si tu étais venu, nous aurions fait un billard »). Il est possible de rendre compte de ce foisonnement des formes verbales et de leurs valeurs en les ramenant à une *combinatoire* des types de repérages et de types d'énonciateurs et de situations d'énonciations.

Un énoncé générique (ou « théorique » présente une vérité valable pour tous les énonciateurs et dans toutes les situations d'énonciation possibles : sa relation au repère-origine $\mathcal{S}it_0$ ($\mathcal{S}_0$, $\mathcal{T}_0$) n'est pas celle d'un énoncé quotidien du type « Avez-vous du feu ? ». Au lieu de postuler un « emploi » du présent dit « universel », la linguistique énonciative postule un mode d'énonciation spécifique.

7.2.2. Les énonciations sur le mode fictif

La fiction littéraire n'a guère été envisagée en narratologie « classique » comme un phénomène linguistique. Genette, on l'a dit, est un des rares spécialistes qui aient tenté de rendre compte en termes linguistiques du problème que posent les « pseudo-assertions » de la fiction. La mise en suspens de l'esprit critique *(« suspension of disbelief »)*, terme traditionnel de la critique littéraire, relève de ce qu'on pourrait nommer « psychologie de la lecture », et fait de la fiction littéraire un phénomène absolument spécifique. Elle serait le *seul mode d'utilisation de la langue* dans lequel les temps verbaux, passé simple et imparfait notamment, apparaissent non plus comme visant à présenter comme « réellement » vrai un contenu propositionnel, mais à formuler des pseudo-assertions – celles de la fiction littéraire. Si l'on trouve une solution linguistique au problème de *l'ensemble* des assertions fictives que la langue permet de formuler, celles de la fiction littéraire cessent d'apparaître comme un phénomène spécifique : elles sont le produit d'*un mode d'énonciation* caractérisé par le fait que l'énonciateur est *dissocié de la situation d'énonciation* qui est d'ordinaire la sienne, et qui résulte d'une identification avec la situation de locution. Il est *construit* à partir de la situation d'énonciation la plus usuelle.

Deux types de situations de discours, observables par tous, donnent naissance aux énoncés, et singulièrement aux assertions fictives : les jeux, pratiqués surtout par les enfants, qui se déroulent dans le cadre d'une situation imaginaire mise en place par des assertions du type « Je suis le marchand, vous êtes les clients » ou « Je serais le marchand, vous seriez les clients »[4]. Le locuteur construit *une situation d'énonciation fictive*, où sa *relation à l'énoncé* n'est pas ce qu'elle est d'ordinaire. Cette situation, notée $\mathcal{S}it_0^1$ est *construite par un repérage fictif* à partir de la situation réelle, et l'on note cette opération $\mathcal{S}it_0^1 * \mathcal{S}it_0$. Un espace énonciatif est ainsi ouvert, à l'inté-

4. On note que le conditionnel, mode de l'irréel, n'est pas indispensable à la construction de la situation d'énonciation fictive ; le contexte, l'intonation, la gestuelle peuvent suffire comme *opérateurs de fiction*. L'imparfait est également utilisable : « J'étais le marchand... ».

rieur duquel sont abolies les contraintes de vraisemblance pragmatique qui pèsent sur le discours quotidien. L'enfant qui a lancé le jeu en disant « Je suis le marchand » a créé une situation d'énonciation détachée (« disjointe ») de la situation réelle (la situation de locution, dans laquelle c'est lui qui a la parole). Tous les énoncés proférés dans le cadre de cette simulation sont repérés et interprétables par rapport à un repère-origine fictif dont les deux composantes sont un énonciateur fictif noté $\mathcal{S}^1_0$ et un repère spatio-temporel fictif noté $\mathcal{T}^1_0$. Ceci implique notamment que, *dans ce discours fictif, les locuteurs ne pourront rien asserter du monde réel qui doive être « pris au sérieux »* : comme dans la fiction littéraire, nous ne pouvons trouver que ce qui a été appelé « pseudo-assertion ». Mais le terme apparaît désormais impropre : *il ne s'agit pas d'assertions ou d'actes de langage qui restent à mi-chemin*, et n'assertent ni n'accomplissent rien. Il s'agit d'assertions et d'énoncés bien formés et que rien ne distingue linguistiquement, mais qui trouvent leur pertinence dans leur relation à l'univers imaginaire mis en place par la situation des participants qui, d'un commun accord, décident de « faire comme si », c'est-à-dire précisément d'*énoncer sur le mode fictif*.

On voit que ce mode d'énonciation ludique est très proche de celui des narrateurs de la littérature de fiction : le narrateur fictif a les propriétés d'un *énonciateur fictif* $\mathcal{S}^1_0$, mis en place par l'auteur qui énonce « (Ceci est un) roman, une nouvelle, une fable », etc. et qui construit ainsi, par un énoncé tout à fait sérieux, l'énonciateur-narrateur chargé de raconter l'histoire. L'auteur est, lui, un énonciateur identifiable au locuteur qu'il est, et on le notera $\mathcal{S}_0$. On peut donc écrire : $\mathcal{S}^1_0 * \mathcal{S}_0$.

Un second type de discours fictif est celui qu'utilisent occasionnellement les publicitaires, et qui donne lieu à certaines affiches apposées dans les lieux publics, stations de métro ou autres. On peut lire sur ces annonces des textes tels que :

> *Vous avez quarante ans. Vous souhaitez améliorer votre retraite. Les Assurances Françaises ont un contrat pour vous.*

Nous trouvons là un mode d'énonciation particulièrement complexe, mais où le caractère fictif est nettement perceptible. Le pronom déictique *vous* ne repère (ne « localise ») un destinataire que de façon intermittente et aléatoire. Surtout, les deux premières assertions ont une valeur de simulation analogue à celle des énoncés ludiques. Elles admettent des paraphrases du type de « admettons que... » ou « faisons comme si... » (alors nous avons une information à vous communiquer). Comme le ferait une hypothétique (« Si vous avez quarante ans, alors... »), ces énoncés de forme assertive ouvrent un espace énonciatif dans lequel l'énonciateur est libéré des *contraintes* qui pèsent sur l'assertion : il n'est plus censé se conformer à une vérité quelconque, et il produit des assertions fictives qui construisent une situation imaginaire, ou, en termes logiques, un « monde possible », susceptible d'attirer l'attention du lecteur.

Si les énonciations de type fictif évoquées ci-dessus doivent toutes être rapportées à une situation-origine fictive notée $\mathcal{S}it_0^1$, il faut néanmoins analyser les opérations de détermination qui construisent ces $\mathcal{S}it_0^1$, car elles peuvent porter sur l'un ou l'autre des paramètres constitutifs $\mathcal{S}_0^1$ et $\mathcal{T}_0^1$, ou sur les deux.

Un repérage fictif, on l'a dit, est une opération composite : il comprend toujours un repérage en rupture par rapport à $\mathcal{S}it_0$, et qui ouvre un espace énonciatif détaché de celui défini par $\mathcal{S}it_0$: un énonciatif fictif ne parle pas du réel, mais uniquement des événements et des entités qui se situent dans l'espace fictif, même s'ils sont empruntés au réel.

À l'opération de rupture, qui est fondamentale, peut s'associer un autre repérage, par identification ou localisation. Si l'on examine d'abord les énoncés ludiques et leur fonctionnement énonciatif, on constate que le pronom de 1re personne y figure librement (« Je suis / je serais le marchand »). Le pronom *je* est la marque d'une identification, ici l'identification entre le locuteur L_1 qui dit « je » et un énonciateur $\mathcal{S}_0$ qui construit l'énonciateur fictif également par identification : $\mathcal{S}_0 = L_1$ et $\mathcal{S}_0^1 = \mathcal{S}_0$. D'un autre côté, l'énonciateur fictif construit est, par définition, en rupture avec l'énonciateur réel $\mathcal{S}_0$. On a donc aussi $\mathcal{S}_0^1 \,\omega\, \mathcal{S}_0$. L'énonciateur ludique est donc à la fois *identifiable* à $\mathcal{S}_0$ (lui-même identifié au locuteur L_1 (l'enfant qui a la parole), et *en rupture* avec lui. On a simultanément :

$$\left|\begin{array}{ll} \mathcal{S}_0^1 \;\omega\; \mathcal{S}_0 & \\ \mathcal{S}_0^1 = \mathcal{S}_0 & (\mathcal{S}_0 = L_1) \end{array}\right.$$

Ces deux formules définissent le mode d'énonciation fictif que l'on trouve ici, et le statut de l'énonciateur qui joue un rôle dans le cadre d'une situation imaginaire : il est à la fois lui-même, car c'est lui qui parle, et un autre, car *ses propos ne peuvent se situer que sur le plan énonciatif* défini par cette situation ; il ne peut parler que de ce qui a une existence dans cet espace énonciatif. S'étant posé comme « marchand », il pourra, sur ce thème, donner libre cours à son imagination, mais sans sortir du domaine fictif construit ; il pourra parler des affaires du marchand qu'il est devenu, de ses concurrents, de ses difficultés, et pourra même utiliser des noms propres empruntés à sa vie quotidienne pour désigner des lieux et des personnes, qui pourront avoir ou non une ressemblance quelconque avec les lieux et les personnes qu'ils dénotent dans la vie réelle. Énonçant sur le mode fictif, il ne pourra jamais *parler effectivement* de ces lieux et de ces personnes, mais seulement de leurs représentations, auxquelles il choisira d'attribuer telle ou telle propriété.

Le second paramètre de la situation fictive $\mathcal{S}it_0^1$, la situation spatio-temporelle $\mathcal{T}_0^1$, est analysable de manière analogue. L'opération de repérage fictif peut ne porter que sur lui. C'est ce qui a lieu avec le *présent historique* et les emplois des déictiques *maintenant* et *now* en contexte passé. Un narrateur qui emploie un présent dit « historique » ou « de narration » dans un contexte narratif passé construit un repère temporel fictif $\mathcal{T}_0^1$ par une *double* opération : *identification* par rapport au moment d'énonciation $\mathcal{T}_0$ et repérage *en rupture* par rapport à lui. On a donc à la fois :

$$\left| \begin{array}{l} \mathcal{T}_0^1 = \mathcal{T}_0 \\ \mathcal{T}_0^1 \ \omega \ \mathcal{T}_0 \end{array} \right.$$

Le présent historique marque une *identification* par rapport au repère fictif (d'où la *forme* de présent), mais sa *valeur* d'aoriste passé est déterminée par le caractère *disjoint* (en rupture) du repère fictif par rapport au moment d'énonciation $\mathcal{T}_0$.

Une analyse similaire vaut pour *maintenant* et *now* employés en contexte passé : marqueurs de *présent* (identité entre le moment dénoté et le repère temporel), ils ont valeur de *passés* (approximativement équivalents à *alors* et *then*) si le repère temporel est un repère fictif *en rupture* avec le moment d'énonciation (Frédéric avait *mainte-*

nant toutes les chances de réussir).

Ce type de repérage temporel fictif répond à un besoin d'expressivité. L'impression qu'il produit est celle d'un *rapprochement* du procès évoqué et du moment d'énonciation. Un procès passé exprimé par un présent historique ou repéré par *maintenant* apparaît en quelque façon comme « présent », mais il ne peut être « présent » que par rapport au moment d'énonciation fictif $\mathcal{T}_0^1$, lui-même en rupture avec $\mathcal{T}_0$; en termes non techniques, l'opération consiste à déplacer le moment d'énonciation pour l'identifier au moment du procès passé – mais ce moment d'énonciation construit n'annule pas celui de l'énonciation réelle $\mathcal{T}_0$: il ne peut être qu'en rupture avec lui.

ᴥ

Le fonctionnement de l'énonciation dans les textes de la fiction littéraire peut être décrit à partir de l'analyse des énoncés de type ludique, ou imaginaire en général, mais il comporte une complexité supplémentaire, qui tient à l'existence des deux espèces de narrateurs de fiction, l'autobiographique et l'anonyme.

Le processus de production d'un roman met en jeu un *auteur* (Balzac, Dickens) qui est d'abord *locuteur* (L_1), puisque c'est lui qui parle ou, plus exactement, tient la plume. Quand il énonce, par exemple, « roman » ou « contes et nouvelles », sous-titre qui suit le titre de l'œuvre, il est un énonciateur $\mathcal{S}_0$ construit par identification à partir de L_1 [5]. Entre autres choses, il apparaît par là comme garant de la vérité « réelle » de ce sous-titre, donc de la nature de ce qui suit et de la façon dont le lecteur doit le prendre. Si une « préface » ou un « avertissement au lecteur » accompagnent le sous-titre « roman » ou « nouvelle », ils ont également l'auteur pour énonciateur.

---

5. Ces sous-titres qui indiquent sur le mode « sérieux » la nature de l'œuvre sont, au XXe siècle, assez rares, mais ceci ne change rien à ce qui se passe effectivement. Indiquons que, sous le titre *La chute*, Camus écrit bel et bien « récit », ce qui a pour but de présenter son texte comme authentiquement fictionnel.

Le moment où commence le récit de fiction est toujours nettement marqué ; le lecteur sait qu'à partir de ce moment, il a affaire à un *narrateur*, qui est « construit » par l'auteur, lequel lui donne les caractéristiques qui lui semblent appropriées : le narrateur, quel qu'il soit, est ainsi déterminé, c'est-à-dire *repéré par l'auteur-énonciateur*. S'il est le produit de l'imaginaire, son récit va l'être également, et il ne saurait être question de discuter la vérité de l'histoire racontée – d'où la « *suspension of disbelief* ». En termes techniques, on écrit que *le narrateur est un énonciateur fictif* $\mathcal{S}_0^1$ construit par l'auteur-énonciateur, et objet d'un repérage fictif. On a $\mathcal{S}_0^1 * \mathcal{S}_0$, où $\mathcal{S}_0$ est l'auteur et $\mathcal{S}_0^1$ le narrateur.

Ce repérage fictif du narrateur par l'auteur prend *deux formes différentes* selon que l'on a affaire à un narrateur autobiographique ou anonyme. Le premier, en effet, a le pouvoir de se désigner par *je*. Le pronom de première personne, marqueur d'identification, renvoie à un énonciateur origine, le narrateur, lequel n'est pas totalement indéterminé ; il est muni notamment des propriétés habituelles d'un énonciateur, le pouvoir de faire des assertions non fictives étant seul exclu. Ce narrateur n'est donc pas entièrement en rupture par rapport à l'énonciateur qui le construit : il est également repéré par identification par l'auteur-énonciateur, donc objet d'un repérage fictif caractéristique, *composition d'une identification et d'une rupture*. On peut donc noter ainsi ce narrateur fictif :

$$\mathcal{S}_0^1 \ \omega \ \mathcal{S}_0$$
$$\mathcal{S}_0^1 = \mathcal{S}_0 \qquad (\mathcal{S}_0 = L_1)$$

Ainsi, les énoncés d'un narrateur de fiction de type autobiographique sont repérés par rapport à une situation d'énonciation fictive $\mathcal{S}it_0^1$, dont le premier paramètre, $\mathcal{S}_0^1$ (le narrateur) est l'objet d'un repérage composite, rupture et identification, par rapport à l'auteur-énonciateur $\mathcal{S}_0$.

ꙮ

Cet auteur-énonciateur n'est pas, lui-même, déterminé de la même façon que l'est un énonciateur dans une conversation quotidienne où, dans le cas le plus simple, il s'identifie à un locuteur physiquement présent. Le problème, déjà évoqué, se pose donc ici dans des termes propres aux récits écrits, et notamment aux récits de fiction : doit-on attribuer le statut théorique d'énonciateur S_0 identifié à un locuteur L_1 à un auteur qui s'adresse certes à un destinataire, comme c'est le cas général, alors que la connaissance que le lecteur a de L_1 est le plus souvent limitée ? Si la question mérite d'être posée, la réponse ne semble pas poser de problème insurmontable.

Un auteur de fiction s'identifie par son nom – fût-ce un nom de plume –, il écrit dans une langue donnée, dans un pays donné ; il indique parfois à la fin de l'ouvrage la ville où il a rédigé et terminé son livre, et la date de la rédaction. Même sans tenir compte de la connaissance que l'on peut avoir de lui par ailleurs, le linguiste est autorisé à considérer qu'il a ici affaire à un *locuteur* suffisamment déterminé pour construire un énonciateur $\mathcal{S}_0$, lequel sera le repère-origine du repérage fictif donnant naissance au narrateur de fiction, qu'il soit de type autobiographique ou anonyme.

Le second paramètre constitutif d'une situation d'énonciation $\mathcal{S}it_0$, les coordonnées spatio-temporelles ($\mathcal{T}_0$) est défini par une identification avec la situation de locution T_1, et celle-ci non plus n'est pas déterminée comme elle l'est dans le cas d'une conversation quotidienne. Cette situation de locution n'est pourtant pas totalement indéterminée ; *l'institution littéraire dans laquelle s'inscrivent la rédaction et la publication des œuvres de fiction* fournissent suffisamment d'information sur l'auteur et sa situation pour que la situation d'énonciation $\mathcal{S}it_0$ soit considérée comme construite par le locuteur et la situation de locution, et donc puisse fonctionner comme repère-origine.

Le problème le plus délicat dans l'analyse énonciative de la production des récits de fiction semble être le statut du narrateur anonyme. En dehors de cas très rares où il se désigne par *je* ou *I*, dont *Le Roman comique* de Scarron et le *Tom Jones* de Fielding – cas que l'on peut considérer comme des violations tout à fait occasionnelles des lois narratologiques et linguistiques de la narration anonyme – le narrateur anonyme n'a pas le pouvoir de se désigner ou de se décrire comme une personne. Inversement, il est pourvu, on l'a dit, de pouvoirs qui n'appartiennent pas à un énonciateur (à moins que l'on ne veuille faire de la linguistique l'étude d'un langage proprement surhumain) : il se meut librement dans le temps et l'espace du monde fictif, il a accès à la conscience des personnages, dont il peut analyser et rapporter les pensées. En un mot, il est une conscience énonciative désincarnée, située nulle part et partout. On ne saurait rien dire de lui : *il est totalement indéterminé, et sa situation d'énonciation l'est également*.

Nous avons donc affaire ici à un type de narrateur fictif, construit par l'auteur, mais par recours à un repérage qui est *uniquement en rupture*, et ne le détermine en rien. On doit noter ainsi la situation d'énonciation fictive qui est celle de la narration anonyme :

– le narrateur : $\mathcal{S}_0^1 \ \omega \ \mathcal{S}_0$

– la situation : $\mathcal{T}_0^1 \ \omega \ \mathcal{T}_0$

Le repérage fictif $\mathcal{S}it_0^1 * \mathcal{S}it_0$ se réalise donc ici non par une composition d'une rupture et d'une identification, mais par une *rupture totale* par rapport à la situation d'énonciation de l'auteur.

On peut considérer que les récits de fiction anonymes sont le produit d'une *distanciation maximale*, donc d'une *indétermination*, par rapport à l'auteur-énonciateur. D'un point de vue purement intuitif, c'est bien l'impression qu'ils produisent à la lecture, alors que les récits de forme autobiographique donnent en quelque façon au lecteur le sentiment qu'un locuteur humain s'adresse à lui.

Conclusion

« Innombrables sont les récits du monde », écrivait R. Barthes en 1966 (*op. cit.*, p. 1). Face à cette multitude et à sa diversité, l'analyste qui veut y introduire un certain ordre et tenter de caractériser ces récits doit nécessairement adopter un point de vue unifiant, applicable à tous les récits, à partir duquel il pourra espérer définir une méthode d'étude et, peut-être, de classement de ces récits si divers et si nombreux.

Les récits ont en commun une double propriété : ils offrent à l'observation un *texte* (une séquence linéaire d'énoncés) qui certes exige du lecteur une interprétation, mais n'en renferme pas moins des *marqueurs grammaticaux* (pronoms personnels, marques de temps...) et des *termes lexicaux* aux propriétés connues (ainsi les noms et adjectifs appréciatifs) sur lesquels peut s'exercer le travail de l'analyste ; d'autre part, ce texte est nécessairement le produit d'un *acte de narration* qu'on peut reconstruire à partir précisément de ces marques grammaticales et lexicales.

Ainsi se légitime le choix d'une narratologie énonciative pour laquelle toute activité linguistique renvoie à un acte complexe d'énonciation dont les énoncés produits portent les traces – marques grammaticales et lexicales – et dont les modalités (propriétés de l'énonciateur et de la situation d'énonciation) déterminent les propriétés linguistiques et narratologiques des textes narratifs. L'acte de narration est un acte d'énonciation dont il faut définir la spécificité, mais qui n'en relève pas moins de la théorie générale du langage et de l'énonciation. La narratologie énonciative utilise des concepts narratologiques et des concepts linguistiques pour remplir cette double tâche. Son objet est l'étude des formes que peut prendre l'énonciation littéraire dans les récits.

Dans cette optique, il faut déterminer un certain nombre de propriétés définitoires, ou *catégories*, permettant de caractériser (partiellement) tout récit et, par là, de regrouper en types ou *modèles* les récits répondant aux mêmes catégories. La définition de tous les modèles existants ou possibles, c'est-à-dire d'une *typologie exhaustive* des récits ne peut être qu'un objectif purement théorique, en raison de la multiplicité des récits existants et de la diversité imprévisible des récits possibles.

Outre une méthode d'analyse formelle des récits, une narratologie énonciative se doit de formuler une théorie du phénomène de *fiction* (la *« suspension of disbelief »* des critiques anglo-saxons), problème qui n'a guère attiré l'attention jusqu'à une époque toute récente.

ଔ

Pour remplir le programme esquissé ci-dessus, nous avons dressé une liste de six catégories du récit qui apparaissent comme *les plus générales*, donc les plus susceptibles d'être appliquées à tous les récits. Ces six catégories, dont les deux premières sont universelles, car inhérentes au phénomène « récit de fiction », ont toutes un *corrélat énonciatif* : elles résultent d'une étude proprement narratologique, qui vise à montrer comment les propriétés formelles des récits reposent sur des propriétés énonciatives étudiées par ailleurs et assez bien connues. Pour autant, il n'est pas postulé ici que la caractérisation des récits ne puisse se faire que par corrélation avec des phénomènes linguistiques. Ainsi, la relation entre la chronologie de l'histoire et sa représentation par le récit (la « fidélité chronologique ») se rattache à l'analyse du contenu des récits, non à l'énonciation, et elle n'a pas été abordée.

La thèse défendue ici est que la liste des six catégories proposées (qui ne se prétend nullement exhaustive) permet une caractérisation partielle d'un nombre considérable de récits, et d'esquisser la définition de certains types, ou « modèles » de récits, constitués par la réunion des mêmes catégories. Elle permet aussi de caractériser des « variations » et des « expériences » définies, en contraste avec les « modèles », par le non-respect de telle ou telle norme définitoire d'une catégorie.

Une définition énonciative des catégories majeures des récits permet de proposer des solutions à plusieurs problèmes spécifiques posés depuis longtemps en narratologie, mais qui n'avaient apparemment pas reçu de réponse satisfaisante. Ainsi la catégorie « choix nécessaire de l'un des deux types de narrateurs possibles » conduit à définir précisément les *lois* (pouvoirs et contraintes) qui régissent chaque type. C'est ainsi que, dans le récit autobiographique, l'emploi du même pronom *Je* pour dénoter à la fois le moi-narrateur et le moi-personnage s'explique, en termes énonciatifs, par la distinction entre deux fonctions du narrateur-énonciateur (cf. 4.2.2). Dans le récit « anonyme », le statut du narrateur, baptisé « omniscient », étiqueté mais non analysé, peut se comprendre, avec ses propriétés, par recours au concept d'énonciateur fictif, nécessaire de toute façon à la théorie linguistique, à qui certaines ressources de la langue (le conditionnel, les hypothétiques, etc.) permettent la construction d'un univers fictif apparenté aux « mondes possibles » des logiciens. Dans les récits de fiction, c'est l'*auteur* qui, au moyen d'un « opérateur de fiction » (sous-titre, paratexte) met en place (« repère ») un *narrateur-énonciateur fictif* chargé de gérer le récit.

Le non-respect d'une des catégories proposées permet de caractériser des œuvres qui, selon le cas, constitueront des « variations » ou des « expériences » sans que la distinction soit toujours évidente : l'alternance des deux types de narrateur, ou de deux narrateurs autobiographiques caractérisés comme variations des œuvres comme *Les faux-monnayeurs* de Gide ou *The Collector* de J. Fowles. Le non-respect des catégories universelles caractérise des œuvres auxquelles le terme de *récit* ou de *récit de fiction* devra, de façon plus ou moins évidente, être refusé. Ainsi, dans *Les lauriers sont coupés* de Dujardin, nous trouvons un « personnage » qui en fait se parle à lui-même du début à la fin de l'œuvre : le destinataire des énoncés n'est plus le lecteur, mais l'énonciateur lui-même. L'œuvre quitte le genre du récit pour entrer dans celui du monologue. Une analyse voisine vaut pour le *Planétarium* de N. Sarraute. Le non-respect de la séparation radicale du fictif et du réel (des énonciations sur le mode fictif des énonciations sur le mode « réel ») est une propriété fondamentale de *Tristram Shandy* et de *Jacques le fataliste*, expériences narratives particulièrement audacieuses.

ꝏ

Le programme que l'on peut assigner à la narratologie énonciative ne saurait être de dresser une liste exhaustive des propriétés définitoires des récits. Les six catégories qui ont été proposées ont un degré élevé de généralité et, bien qu'elles puissent faire naître des réserves ou des discussions, elles sont néanmoins assez saisissables. Il est certes possible de poursuivre cette analyse, et de définir d'autres catégories dont, pour nous, la majorité mais non la totalité, aurait un corrélât énonciatif. Mais il est certain d'autre part que, pour allonger la liste des propriétés classificatrices des récits, on devrait en distinguer qui seraient de plus en plus fines, et finiraient par déjouer l'analyse, tout en perdant leur valeur générale. Si l'on conservait le projet d'établir une typologie des récits, comme Genette et d'autres l'ont envisagé, il faudrait clairement établir une limite à un certain niveau de généralité. Nous ne nous sommes pas aventuré dans cette entreprise, dont il n'est pas certain qu'elle puisse être menée à bien de façon satisfaisante.

Cet ouvrage aura atteint son but s'il a, d'une part, clarifié certains concepts essentiels de la narratologie (nature du point de vue et sa relation à l'énonciateur, nature et modalités du monologue intérieur, statut du narrateur anonyme et de la fiction en général, etc.) et s'il a, d'autre part, rendu vraisemblable l'idée que la linguistique énonciative est celle qui peut vraiment apporter une lumière à l'analyse des récits ; s'il a, en un mot, montré que la narration est un type particulier d'énonciation, qui doit être étudiée comme telle. La détermination des propriétés narratives d'une œuvre n'est pas une sorte d'appendice plus ou moins technique de son étude littéraire. Le choix d'un type de narrateur (cf. 4.2.3) est presque toujours imposé par le projet littéraire ; le choix de l'un des deux modes du monologue intérieur caractérise des œuvres bien différentes (cf. 4.4) ; un roman comme *l'Étranger* serait dénaturé par la substitution de passés simples - aoristes aux passés composés, et par l'enrichissement du point de vue narratif par des considérations psychologiques. Mieux peut-être que d'autres, l'étude narratologique d'une œuvre permet de mettre en évidence le fait fondamental que la littérature met en mouvement, d'une façon chaque fois originale, les ressources que lui offre la langue.

Bibliographie

Sauf précision contraire, le lieu d'édition est Paris.

1. Œuvres littéraires citées

AUSTEN, J., *Pride and Prejudice*. Londres, Everyman's Library, 1951.

BALZAC, H. de, *Le Père Goriot*, Nelson, 1950.

— *Œuvres complètes (Eugénie Grandet*, tome V), Club Français du Livre, 1965.

BEAUVOIR, S. de. *La femme rompue*, Folio, Gallimard, 1967.

BRAINE, J. *Room at the Top*, Londres, Penguin Books, 1970.

CAMUS, A. *La chute*, Folio, Gallimard, 1956.

— *L'étranger*, Folio, Gallimard, 1957.

CHRISTIE, A. *The Murder of Roger Ackroyd*, Londres, Dood Mead & Co, 1927.

— *The ABC Murders*, Londres, Fontana Books, Collins, 1970.

DAUDET, A. *Le Petit Chose*, Éditions du Panthéon, 1946.

DEFOE, D. *Moll Flanders*, Londres, Dent & Sons Ltd, 1955.

— *The Life and Strange Surprising Adventures of Robinson Crusoe*, Londres, Penguin Books, 1985.

DICKENS, C. *David Copperfield*, Londres, Collins, 1961.

DIDEROT, D. *Jacques le fataliste et son maître*, Club Français du Livre, 1953.

DOSTOÏEVSKI, F. *Crime et châtiment*, Club Français du Livre, 1957.

DUJARDIN, E. *Les Lauriers sont coupés*, Le Dilettante, 1992.

FIELDING, H. *Tom Jones*, Londres, Collins, 1955.

FLAUBERT, G. *L'Éducation sentimentale*, Flammarion, 1985.

— *Madame Bovary*, Flammarion, 1986.

— *Salammbô*, Flammarion, 1964.

FOWLES, J. *The Collector*, Londres, Pan Books, 1963.

— *The French Lieutenant's Woman*, Triad/Granada, 1982.

GIDE, A. *Les Faux-monnayeurs*, Gallimard, 1925.

HEMINGWAY, E. *For Whom the Bell Tolls*, Londres, Penguin Books, 1955.

HUXLEY, A. *Point Counterpoint*, Londres, Grafton (Collins), 1988.

JAMES, H. *The Ambassadors*, Londres, Dent & Sons, 1950.

JAMES, P.D. *Innocent Blood*, Londres, Sphere Books, 1986.

JOYCE, J. *A Portrait of the Artist as a Young Man*, Londres, Collins, 1990.

LA FAYETTE, Mme de, *La Princesse de Clèves*, Garnier, 1948.

LESAGE, *Histoire de Gil Blas de Santillane*, Garnier-Flammarion, 1977.

MALRAUX, A. *La Condition humaine*, Gallimard, 1946.

MARIVAUX, *La vie de Marianne*, Gallimard, 1997.

MAUPASSANT, G. de, *Contes et nouvelles*, Albin Michel, 1970.

MÉRIMÉE, P., *Romans et nouvelles*, Club Français du Livre, 1957.

MURDOCH, I. *Under the Net*, Londres, Penguin Books, 1962.

— *Bruno's Dream*, Londres, Penguin Books, 1971.

— *The Black Prince*, Londres, Penguin Books, 1973.

— *A Severed Head*, Londres, Penguin Books, 1975.

— *Small g : a Summer Idyll*, Londres, Penguin Books, 1995.

POE, E.A. *Tales of Mystery and Imagination*, Londres, Collins, 1949.

PRÉVOST, Abbé, *Histoire du Chevalier des Grieux et de Manon Lescaut*, Gallimard, 1972.

PROUST, M. *Du côté de chez Swann*, Gallimard, 1954.

— *Le Temps retrouvé*, Gallimard, 1927.

ROUSSEAU, J.-J. *Œuvres complètes (Les Confessions*, t. I ; *La Nouvelle Héloïse*, t. II), La Pléiade, Gallimard, 1959.

SARRAUTE, N. *Le Planétarium*, Gallimard, 1959.

SCARRON. *Le roman comique*, Gallimard, 1994.

STENDHAL. *La Chartreuse de Parme*, Club Français du Livre, 1948.

— *Armance*, Club Français du Livre, 1948.

— *Lamiel*, Club Français du Livre, 1954.

STERNE, L. *Tristram Shandy*, Londres, Collins, 1955.

THACKERAY, W.M. *Vanity Fair*, Londres, Collins, 1954.

VERCEL, R. *Capitaine Conan*, Albin Michel, 1934.

WOOLF, V. *Mrs. Dalloway*, Londres, Penguin Books, 1964.

ZOLA, E. *Œuvres complètes*, Cercle du Livre précieux et C. Tchou (*Le Ventre de Paris*, T. II ; *Au Bonheur des dames*, t. III ; *Germinal*, t. IV ; *La Débâcle*, t. V), 1967.

2. Études littéraires et linguistiques

ADAM, J.-M., *Les textes, types et prototypes*, Nathan, 1992.

ARNAUD et NICOLE, *La logique ou l'art de penser*, PUF, 1965.

ARRIVÉ, M. *et alii*, *La grammaire d'aujourd'hui, Guide alphabétique de linguistique française*, Flammarion, 1986.

ARISTOTE, *La poétique*, Les Belles Lettres, 1965.

AUSTIN, J.L. *How to do Things with Words*, Oxford University Press, 1960, Traduction française *Quand dire, c'est faire*, Seuil, 1970.

AUTHIER, J. « Problèmes posés par le traitement du discours rapporté dans une grammaire de phrase », *Linguisticae Investigationes*, III, 2, 1979.

— « Hétérogénéité montrée et hétérogénéité constitutive, éléments pour une approche de l'autre dans le discours », DRLAV 26, 1982.

— « Pour l'Agrégation, Repères dans le champ du discours rapporté », *Information grammaticale* 55, 1992.

— « Pour l'Agrégation, Repères dans le champ du discours rapporté », *Information grammaticale* 56, 1993.

BANFIELD, A. « Narrative Style and the Grammar of Direct and Indirect speech », *Foundations of language* 10, 1973.

— « Where Epistemology, Style and Grammar Meet Literary History », *New Literary History* 3, 1978.

— « La syntaxe de l'incise narrative et l'attribution de point de vue de phrase en phrase », *Linguisticae Investigationes* III.2, 1979.

BAKHTINE, M. *Le Marxisme et la philosophie du langage*, Minuit, 1977.

BARTHES, R. « Introduction à l'analyse structurale des récits », *Communications* 8, Seuil, 1966.

BENVENISTE, E. *Problèmes de linguistique générale*, Tomes 1 et 2, Gallimard, 1966.

BLIN, G. *Stendhal et les problèmes du roman*, José Corti, 1945.

BONNET, J.-C. « Le fantasme de l'écrivain », *Poétique* 63, 1985.

BOUSCAREN, J. *Initiation à une grammaire de l'énonciation*, Ophrys, 1991.

BOUSCAREN, J. et CHUQUET, J. *Grammaire et textes anglais, Guide pour l'analyse linguistique*, Ophrys, 1987.

BOUSCAREN, J., CHUQUET, J., DANON-BOILEAU, L. *Introduction to a Linguistic Grammar of English, An Utterer-centered Approach*, Ophrys, 1992.

BOUVERESSE, J. « Fait, fiction et diction », *Cahiers du Musée national d'art moderne*, 1992.

BRÉMOND, C. « La logique des possibles narratifs », *Communications* 8, Seuil, 1996.

BUTOR, M. *Répertoire II*, Minuit, 1964.

COHN, D. *La transparence intérieure*, Seuil, 1981 [traduction de *Transparent Minds*, Princeton U. Press, 1978].

CORDESSE, G. « Note sur l'énonciation narrative », *Poétique* 65, 1986.

CULIOLI, A. « Valeurs modales et opérations énonciatives », *Le Français Moderne* 46, [in CULIOLI, A., t. 1, 1978].

— « Valeurs aspectuelles et opérations énonciatives, l'aoristique », *Linguistique, énonciation, Aspects et détermination*, S. Fisher & Franckel eds. Éditions de l'EHESS, 1983.

— *Notes du séminaire de DEA (1983-84)*, U. de Poitiers, 1985.

— *Pour une linguistique de l'énonciation, Opérations et représentations*, Tome I. Ophrys, 1990.

DANON-BOILEAU, L. *Produire le fictif*, Klincksieck, 1982.

DANON-BOILEAU, L. et DUCHET, J.-L., éds. *Opérations énonciatives et interprétation de l'énoncé*, Ophrys, 1993.

DE MATTIA, M. *Le discours indirect en anglais contemporain*, Thèse, Publications de l'Université de Provence, 1997.

DUCROT, O. *Dire et ne pas dire*, Hermann, 1972.

ECO, U. *Lector in fabula*, Poche, Grasset, 1985.

FAUCONNIER, G. *La co-référence : Syntaxe ou sémantique ?* Seuil, 1974.

FONTANIER, P. *Les figures du discours*, Flammarion, 1968.

FREGE, G. « Sense and reference », *Philosophical Writings of Gottleb Frege*, Geach & Black eds, Oxford, Blackwell, 1962.

FROMILHAGUE, C. et SANCIER, A. *Introduction à l'analyse stylistique*, Bordas, 1991.

GARDES, J. et HUBERT, M.-C. *Dictionnaire de critique littéraire*, A. Colin, 1993.

GENETTE, G. *Discours du récit*, Seuil, 1972.

— *Nouveau discours du récit*, Seuil, 1983.

— *Fiction et diction*, Seuil, 1991.

GREIMAS, A.-J. *Sémantique structurale*, Larousse, 1966.

GREVISSE, M. *Le bon usage, Grammaire française*, Duculot, 1969.

— *Le bon usage, Grammaire française*, 12e éd. Duculot, 1991.

GRICE, H.P. « Logic and Conversation », *Syntax and Semantics 3*, 1975 [Trad. française : « Logique et conversation », *Communications* 30, Seuil, 1979].

GROUSSIER, M.-L. et RIVIÈRE, C. *Les mots de la linguistique, Lexique de linguistique énonciative*, Ophrys, 1996.

KERBRAT-ORECCHIONI, C. *L'énonciation : De la subjectivité dans le langage*, A. Colin, 1980.

KURODA, S.Y. « Réflexions sur les fondements de la théorie de la narration », *Langue, discours, société, Pour E. Benveniste*, Seuil, 1975.

LIPS, M. *Le style indirect libre*, Payot, 1926.

MAGNY, C.E. *Histoire du roman français depuis 1918*, Seuil, 1950.

MAINGUENEAU, D. *Éléments de linguistique pour le texte littéraire*, Bordas, 1990.

— *Pragmatique pour le discours littéraire*, Bordas, 1990.

MALINOWSKI, « The Problem of Meaning in Primitive Languages », *The Meaning of Meaning*, C.K. Ogden & I.A. Richard eds. Londres, 1953.

MILNER, J.-Cl. *De la syntaxe à l'interprétation, Quantités, insultes, exclamations*, Seuil, 1978.

PLATON, *Œuvres complètes*, t. 1, La Pléiade, NRF, 1950.

PROPP, V. *Morphologie du conte*, Seuil, 1970.

QUÉRÉ, H. *Récit, fictions, écriture*, PUF, 1994.

QUIRK, R. *et alii. A Grammar of Contemporary English*, Londres, Longman, 1972.

RÉCANATI, F. *La transparence et l'énonciation*, Seuil, 1979.

— *Les énoncés performatifs*, Minuit, 1981.

RICŒUR, P. *Temps et récit*, Seuil, 1995.

RIVARA, A. et R. « Aspects illocutoires des monologues de théâtre », *Sigma* 14, Publications de l'Université de Provence, 1990.

RIVARA, R. « La quantification corrélative ». *Sigma* 4, Publications de l'Université de Provence, 1979.

— « Pour une approche énonciative du monologue intérieur », *Du percevoir au dire, Hommage à André Joly*, L'Harmattan, 1998.

SARRAUTE, N. *L'ère du soupçon*, Gallimard, 1946.

SCHÉRER, *La dramaturgie classique*, Nizet, 1950.

SEARLE, J. *Speech Acts*, Cambridge University Press, 1979.

SIMONIN, J. « Pour une typologie des discours », *Langue, discours, société. Pour E. Benveniste*, Seuil, 1975.

TODOROV, T. *Littérature et signification*, Larousse, 1967.

— *Théorie du fantastique*, Larousse, 1970.

VITOUX, P. « Le jeu de la focalisation », *Poétique* 51, 1982.

ZWICKY, A. « On Reported Speech », *Studies in Linguistic Semantics*, C.J. Fillmore & D.T. Langendoen eds. New York, Holt, Rinehart & Winston, 1971.

Index

Sommaire

656356 - Mai 2016
Achevé d'imprimer par